Gregor Maria Hoff

In Auflösung

Gregor Maria Hoff

In Auflösung

Über die Gegenwart des römischen Katholizismus

HERDER

FREIBURG · BASEL · WIEN

MIX
Papier | Fördert gute Waldnutzung
FSC® C083411

www.herder.de
Umschlaggestaltung: Verlag Herder
Umschlagmotiv: © Boyko.Pictures / shutterstock
Satz: Barbara Herrmann, Freiburg
Herstellung: CPI books GmbH, Leck
Printed in Germany
ISBN Print 978-3-451-39684-7
ISBN E-Book (PDF) 978-3-451-83684-8

Für Ruth

Vorwort

Dieses Buch ist ein sehr persönliches Buch, denn es handelt von der Gegenwart der katholischen Kirche. Genauer: der *römisch-katholischen.* Meine Familiengeschichte und die eigene Biographie sind eng mit dieser Kirche verbunden: durch vier Generationen beruflicher Tätigkeit von Küstern, Organisten, Religionslehrern und Theologen, vor allem aber durch den Bezug eines *kirchlichen Glaubens*, der seine Katholizität in sehr unterschiedlichen Krisen bestimmen musste. Er steht mit den Analysen zur Diskussion, die zur These dieses Buches führen: dass sich das Modell des *römischen Katholizismus*, religiös wie politisch besonders in den historischen Umbrüchen des 16. und 19. Jahrhunderts produktiv, erschöpft hat. Das heißt nicht, dass sich ein Ende der katholischen Kirche abzeichne. Davon kann aus religionssoziologischen Gründen keine Rede sein, aber auch nicht aus theologischen – jedenfalls nicht für den Autor, der hier schreibt.

Ein Forschungssemester in Rom hat die Arbeit an diesem Essay ermöglicht. Er ist in der besonderen Atmosphäre dieser Stadt entstanden: mit einer Reihe von Gesprächen und Entdeckungen vor Ort, die auf eigene Weise Einfluss auf das Buch genommen haben – für einen topologisch argumentierenden Theologen eine konsequente Gelegenheit.

Dazu zählt das *Quartiere Appio Latino* in Rom: mit der Gemeinde der Kirche *San Giovanni Battista de Rossi*, in der ich morgens Eucharistie feiern durfte; mit den Menschen in der *Via Luigi Tosti* 27: Signore Franco und Signora Marisa sowie Alessandra bei abendlichen Gesprächen; mit Carmen, mit Stefano und seiner Musik; mit der immer hilfsbereiten Margherita und ihrem Mann. Einen besonderen Platz nehmen Mario und Rosella aus der literarisch einschlägigen *Taverna Varchi* ein – aber das ergäbe eine eigene römische Geschichte. Sie läuft auf einen Dank zu, den dieses Buch auch in ekklesiologischer Hinsicht abstattet.

In ihn darf ich Etienne Vetö vom Kardinal Bea-Center sowie den Rektor der Hochschule Sant' Anselmo, Bernhard Eckerstorfer OSB, einschließen, die mir Zugang zu ihren Bibliotheken gewährten. Dank gebührt auch der Universität Salzburg für die Gewährung des Forschungssemesters.

Vorarbeiten in Aufsätzen und Zeitungsartikeln haben über einige Jahre die Voraussetzungen für dieses Buch geschaffen. Es steht im Zusammenhang mit einem Drittmittelprojekt der Katholisch-Theologischen Fakultäten von Erfurt, Leuven und Salzburg, das sich mit „Theology in Religious, Cultural and Political Processes of Transformation" beschäftigt. Allen Beteiligten danke ich herzlich für den intensiven, anregenden Austausch. Das gilt auch für das umsichtige Lektorat von Clemens Carl (Verlag Herder) sowie für die kritische Lektüre von Johanna Katharina Voithofer. Ihre vielfältigen Anregungen sind in den Text eingegangen.

Mein besonderer Dank adressiert sich an die Stiftung Porticus, mit der ich seit inzwischen fünfzehn Jahren in vielfältigen Projekten zusammenarbeiten darf und die meinen Forschungsaufenthalt in Rom unterstützt hat: ein Privileg.

Das Buch ist meiner Frau Ruth Kreutzer-Hoff gewidmet, die vom 15. April bis zum 30. Juli 2022 die Zeit in Rom mit mir verbracht hat. Ihre Blicke und Beobachtungen sind in den Text eingeflossen.

Gregor Maria Hoff *Rom im Sommer 2022 – Salzburg Ostern 2023*

Inhalt

Vorwort 7

Einblendung:
In Auflösung? Zur ambivalenten Gegenwart des römischen Katholizismus 13

Erste Blende:
In Auflösung *oder* Im Weltraum römischer Katholizität 21
Welt in Auflösung 21
Glauben im Übergang 27
Auflösung einer Wahrheitsform 29
Auflösung als Wahrheitsform? 33

Zweite Blende:
Römischer Katholizismus – ein Suchbild 38
Ein römischer Vorschlag 38
Katholische Reform à la Franziskus 39
Zum Phänotyp des römischen Katholizismus: Carl Schmitt und Mario Perniola 41
Rom als Topos von Katholizität: historisch-theologische Marker 48
Rom als katholischer Glaubensraum 52

Dritte Blende:
Katholische Kirchenwirklichkeiten – soziologische Perspektiven . 56
Pentekostaler Katholizismus – zur identitären Auflösung des römischen Katholizismus 56
Religionskulturelle Auflösung römischer Katholizität – säkularisierungstheoretische Kartierungen 60
Gegenwarten des politischen Katholizismus 65

Auflösungsprozesse des *römischen* Katholizismus in den gesellschaftlichen Gegenwarten des 21. Jahrhunderts 71

Vierte Blende:
Die Auflösung des Wahrsprechens – der römische Katholizismus im Spiegel seiner Unfehlbarkeit 78
Papa infallibile: Römischer Ausnahmezustand als Normalität? 78
Römische Wahrheit 81
Der Sinn des Unfehlbarkeitsdogmas – und seine innere Auflösungsdynamik 91
Auflösung des Wahrsprechens – der Kontrollverlust der römischen Kirchenwahrheit 94

Fünfte Blende:
Römische Rückzugsgefechte im 21. Jahrhundert – zur tragischen Wahrnehmung Benedikts XVI. 99
Der Papst als römischer Revolutionär? 99
Symbolische Papstwahl und emblematischer Abgang 103
Die Wahrheitskämpfe Joseph Ratzingers/Benedikts XVI.: Anti-Relativismus 110
Päpstliches Nachspiel: Das Münchener Missbrauchsgutachten 117

Sechste Blende:
Katholische Ironie und römische Wahrheit – ein Papst vom anderen Ende der Welt 122
Buona sera – kein Italiener 122
Eine römische Geschichte: Aeneas und die Kirche 126
Von Lampedusa nach Abu Dhabi – Stationen einer Theologie der Entgrenzung 128
Souveräne Ironie? 134
Roma locuta – causa finita? 138

Ambiguität und Ironie – zur Auflösung des römischen Katholizismus im Bergoglio-Pontifikat 144

Siebte Blende:
Auflösung des Vertrauens – der kirchliche Glaubwürdigkeitsverlust im katholischen Missbrauchskomplex 150
Vertrauen in Auflösung: Der Synodale Weg als Fallstudie 152
Katholischer Ausnahmezustand und die Rolle des Papstes als römischer Kirchensouverän 155
Vertrauensbildung in der kirchlichen Auflösung? 161

Achte Blende:
Römischer Katholizismus in digitaler Gesellschaft 166
Magische Vorstellungswelten in digitalen Zeiten 166
Glauben ins Leere? 171
Analoger Kirchenglaube – digitale Kommunikation? . . . 173
Digitale Gesellschaften 176
Römischer Kirchenglaube und digitaler Katholizismus . . 179

Abblendung:
Auflösung des römischen Katholizismus? 186

Anmerkungen 195

Nachweis der Erstveröffentlichungen 222

Einblendung: In Auflösung? Zur ambivalenten Gegenwart des römischen Katholizismus

Erst weißer Rauch und gespanntes Warten. Später dann das „Annuntio vobis gaudium magnum: Habemus papam." Noch bevor der neue Papst am Abend des 13. März 2013 die Benediktionsloggia betrat, jubelte die Menschenmenge bereits. Die Spannung des Augenblicks liegt nicht entscheidend daran, ob man mit genau diesem Papst gerechnet hatte. Vielmehr bestimmt eine Aura ungebrochener Sakralität diesen Moment, der nichts von der Routine eines Regierungswechsels hat. Jeder neue Papst, egal wie kurz oder wie lange sein Vorgänger amtiert hat, verkörpert den Zusammenhang von Epochen. Das galt auch für Jorge Mario Bergoglio, den ersten Papst aus Lateinamerika, den ersten Jesuiten auf dem Stuhl Petri, den ersten, der den Namen des Poverello aus Assisi trägt. Im Bischof von Rom spiegelt sich der Ablauf der Zeit, die als Tradition lebendig bleibt.

Die Wahrnehmung der katholischen Kirche ist von unterschiedlichen Faktoren bestimmt. Von besonderer Anziehungskraft bleibt Rom als Zentrum dessen, was die katholische Kirche ausmacht: als ein Glaubensraum, der Jahrhunderte keinesfalls bruchlos, aber doch als Kontinuität umfasst. Die Attraktion der Stadt drückt sich in der Architektur ihrer Kirchen und den Kunstschätzen von Gotteshäusern und Museen ebenso aus wie in der Vitalität eines Glaubens, der im fortlaufenden Bezug auf das römische Erbe des Katholizismus seine Universalität erweist. Pilgerreisen zu den Stätten, die den apostolischen Ursprung des christlichen Glaubens verbürgen sollen, legen eigene Routen katholischer Kirchenidentität an. Sie kristallisiert sich in Rom. Hier wird Weltkirchentum erfahrbar – im katholischen Spektrum von Menschen aus allen Kontinenten, mit der Vielfalt von Orden und geistlichen Gemeinschaften, in einer entspannten Zugehörigkeit über Sprachgrenzen und kulturelle Unterschiede hinweg. Bei jeder Papstwahl wird dies spürbar. Tagelang harren Menschen aus der ganzen Welt auf dem Petersplatz aus, um eine Nachricht zu erhalten, die sie ebenso aktuell auf ihren Smartphones empfangen könnten. Aber vor Ort zu sein, macht den Unterschied direkter Anschauung, eines Empfindens von historischer Unmittelbarkeit, für die der Bischof von Rom steht. Als entscheidender Marker *römischer Katholizität* bestimmt der Papst die ästhetische Unverwechselbarkeit einer Religionsgemeinschaft, die ein einzigartiges kulturelles Gedächtnis speichert. In der Figur des *Stellvertreters Christi* auf Erden weiß sich die katholische Kirche auf eine Weise autorisiert, die liturgisch die Gegenwart Gottes erschließt und sich mit einer besonderen Rollendarstellung verbindet. Im Papst nimmt die *repraesentatio Christi* eine Form an, in der sich Nähe und Distanz, greifbare Erfahrung und der Entzug des sakralen Akteurs verbinden. Sie schaffen die Faszinationsform repräsentativer Anschaulichkeit, für die das römische Ensemble katholischer Kirchlichkeit steht.

Dieses Ensemble verlangt eine theologische Bestimmung. Denn die Frage ist, was es über seine ästhetische Anziehungskraft hinaus heute bedeutet. Dafür braucht es einen Blick in die Entwicklungsgeschichte dieses Kirchenmodells. Der römische Katholizismus hat vor allem seit der Neuzeit eine formative Macht entfaltet. In der Kirchenkrise des 16. Jahrhunderts wirkte er stilbildend. Seitdem hat er dogmatisch wie pastoral das Erscheinungsbild des römischen Katholizismus geprägt: mit dem *Catechismus Romanus*, dem *Missale Romanum*, dem *Breviarium Romanum*, nicht zuletzt mit der *Congregatio de Propaganda Fide*. In Rom liefen die Fäden der weltweiten missionarischen Aktivitäten der katholischen Kirche zusammen. Bis heute bestimmt die römische Kurie die Agenden der Kirche maßgeblich: von der Zuständigkeit der einzelnen Dikasterien, die weitreichende Verfügungsmacht über ortskirchliche Anliegen besitzen, über die Verkörperung des römischen Lehramts in der Glaubenskongregation bis hin zur Bischofskongregation. Die freie Ernennung der Bischöfe durch den Papst, die nur in Ausnahmen eine Wahlbeteiligung von Domkapiteln vorsieht, spielt in diesem Zusammenhang eine entscheidende Rolle. Denn Loyalitätserwartungen an die Bischofskandidaten bildeten und bilden ein Profil heraus, das lange Zeit eine eigene römische Handschrift trug: die Signatur katholischer Einheitlichkeit, um nicht zu sagen Uniformität in der Darstellung kirchlicher Positionen.

Dieses römische Bestimmungsmoment des Katholischen besitzt weiterhin eine starke Bindungskraft. Es wirkt nicht zuletzt ästhetisch. In die Wahrnehmung des römischen Katholizismus gehört dabei ganz entscheidend seine klerikale Darstellung. Sie verbindet sich optisch mit dem römischen Kollar. Wer in Rom durch die Straßen flaniert, begegnet ihm überall – bis hin zu den allgegenwärtigen Kalendern mit jungen Priestern. Das Kollar vermittelt sich als katholischer Phänotyp, jederzeit erkennbar. Das sakralisierte Selbstbild von Kirche nimmt damit eine unverwechselbare Gestalt an. Auf eine Formel gebracht: Die katholische Repräsentationskultur bestätigt sich in der Sakralisierung des priesterlichen Amtes. Diese römisch-katholische Ästhetik erweist sich freilich zugleich als prekär, ja als toxisch. Denn sie rückt einen neuralgischen Punkt katholischer Kirchengegenwart in den Fokus: den katholischen Missbrauchskomplex. Zunehmend bestimmt er die Wahrnehmung der römisch-katholischen Kirche im 21. Jahrhundert. Bischöfe und Kardinäle mussten und müssen aufgrund von Missbrauchsfällen, sei es als Täter, sei es als Vertuscher von Taten, ihre Posten räumen. Engste Berater des Papstes stehen unter Verdacht – ein Verdacht, der sich auf einer anderen Ebene verdichtet, nämlich mit den Finanzskandalen des Vatikan. Was zunächst unverbunden erscheint, ergibt einen inneren Zusammenhang. Denn dass die römische Kirchenleitung in diesen Vorgängen versagt hat, lässt sich einer säkularen Öffentlichkeit mit rechtsstaatlichen Ansprüchen nicht ausreden. Die Innensicht des Vatikan, die kirchlichen Entschuldigungen oder auch Beschwichtigungen verfangen nicht mehr. Vor allem die weithin fehlende Bereitschaft, eine *systemische*

Lösung des Missbrauchskomplexes herbeizuführen, belastet die katholische Kirche an einem entscheidenden Punkt: in ihrer Glaubwürdigkeit. Der kirchliche Vertrauensverlust zieht dramatisch zunehmende Austritte von Mitgliedern nach sich – nicht nur in den Ortskirchen des Westens, sondern weltweit. Dieser Entwicklung stehen allerdings auch kirchliche Wachstumsphänomene gegenüber, vor allem in Afrika und Asien. Damit ergibt sich ein weltkirchlich paradoxes Bild. Und genau das ist charakteristisch. Denn diese gegenläufigen Entwicklungen machen das Bild der katholischen Kirche zu Beginn des 21. Jahrhunderts aus: die Ungleichzeitigkeit von Prozessen, der Abschied von der Vorstellung katholischer Einheitlichkeit. Was auf den ersten Blick lose verbunden erscheint, soll im Folgenden als Zusammenhang von kirchlichen Momenten beschrieben werden, in denen sich die Auflösung nicht der katholischen Kirche, wohl aber des *römischen Katholizismus* vollzieht.[1] Römische Bindungsmacht und einheitliche Außenansicht nehmen in veränderten gesellschaftlichen Konstellationen eine neue kirchliche Form an. Die These lautet: Es handelt sich um die Verwandlung eines historischen Phänomens, die sich in Echtzeit beobachten lässt. Kurzum: Es geht um Sterbeprozesse einer Kirchenform, die seit dem 16. und 19. Jahrhundert formativ wirkte.

Diese These steht nicht im Dienst einer kirchlichen „Insolvenzrhetorik".[2] Im Sinne einer erkenntnisleitenden Hypothese wird möglichst nüchtern die Frage verhandelt, wie sich die Gegenwart der katholischen Kirche darstellt. Bis heute bildet Rom das religiöse Zentrum der katholischen Kirche – zumal als globaler Ansprechpartner mit ökumenischen und interreligiösen Kontakten. Rom bleibt ein transnationaler Ort für die verschiedenen Kirchen. Politisch-diplomatisch laufen hier weltweite Fäden zusammen. Aber dieses Zentrum verschiebt sich *innerhalb* der katholischen Kirche in verschiedener Hinsicht. Ekklesiologisch nimmt das ortskirchliche Selbstbewusstsein zu, wie sich in jenen synodalen Prozessen zeigt, die Papst Franziskus als Bischof von Rom angestoßen hat. Das betrifft unterschiedliche Glaubensformen und kirchliche Haltungen, die sich in Diskussionen um die Sexualmoral oder die Frauenordination gegenseitig herausfordern. Kaum auflösbare Konflikte rücken ins katholische Bildfeld. Organisatorisch gewinnt mit dem synodalen Projekt des Papstes eine neue Verhältnisbestimmung von Orts- und Universalkirche Raum. Im berühmten „Streit der Kardinäle“ hatten sich zur Jahrtausendwende die deutschen Theologenbischöfe Walter Kasper und Joseph Ratzinger einen öffentlichen Schlagabtausch um ihre Zuordnung geliefert.[3] Der spätere Vorsitzende des Päpstlichen Einheitssekretariats, Kasper, rief dem kommenden Papst zu, Rom stehe in der Gefahr, sich mit der Weltkirche zu verwechseln. Der Vatikan beschneide ortskirchliche Anliegen und Zuständigkeiten. Kasper argumentierte historisch: Kirche habe sich aus konkreten Gemeinden entwickelt. Für Ratzinger existiert die Kirche vor aller Zeit: als Idee Gottes[4], der das Heil der Menschen will.[5]

Der Gegensatz in der theologischen Denkform spiegelt sich in der Zuordnung von Dogma und Pastoral, die vom 2. Vatikanischen Konzil als eine Wechselwirkung entwickelt wurde. Er bildet sich in den unterschiedlichen Perspektiven ab, die zwischen den beiden letzten Pontifikaten genau jene Auflösung des römischen Katholizismus vollziehen, die der vorliegende Essay untersucht. Denn zwischen Benedikt XVI. und Franziskus liegen Richtungsentscheidungen, die heute ermöglichen, was vorher ausgeschlossen schien: etwa mit Blick auf die Zulassung wiederverheirateter Geschiedener wie nichtkatholischer Partner in konfessionsverbindenden Ehen zur Kommunion – woran sich damals der „Streit der Kardinäle“ entzündete. Die Auflösung betrifft die Organisation der Kirche in ihrer dogmatisch-rechtlichen Gestalt, insofern es um den Anspruch weltkirchlich von Rom verordneter Katholizität geht. Einheit läuft dabei nicht selten auf Einheitlichkeit hinaus. Das synodale Kirchenmodell des Papstes vom anderen Ende der Welt ermöglicht demgegenüber eine Einheit, die im Zeichen christlicher Barmherzigkeit unterschiedlichen pastoralen Gewichtungen Raum gibt. Entscheidungen brauchen Zeit. Sie müssen geistlich ausgehandelt werden. Wohin diese Prozesse wiederum weltkirchlich führen, lässt sich kaum absehen. Aber dass sie an verschiedenen Punkten aus dem Format des *römischen Katholizismus* ausscheren, legt die – zunächst heuristische – Rede von seiner *Auflösung* nahe. Denn eine Neuauflage dieser Form zentral-uniformierender Kirchenregierung ließe sich nur als Restitution, und zwar als *gespenstische* denken: als Wiederbelebung eines kirchlichen Formats, das für einen erheblichen Teil des katholischen Kirchenvolks einer anderen Epoche angehört und sich in einer digitalisierten Weltgesellschaft selbst überholt.

Im vorliegenden Essay sollen exemplarische Auflösungsprozesse des *römischen Katholizismus* analysiert und theologisch bestimmt werden. Selbstverständlich hängt viel an der Auffassung des spezifisch *römischen* Moments des *Katholizismus*. Eine eigene Festlegung hat die katholische Kirche, die sich bis in staatliche Taufregister hinein als römische identifiziert, nicht vorgelegt. Die Rede vom römischen Katholizismus wird im Folgenden historisch umrissen und dient als Suchscheinwerfer. Ein Aspekt leitet die Suche nach der Gegenwart des *römischen Katholizismus* an: Seine Auflösung vollzieht sich weder simultan noch überall gleich. Aspekte des römischen Katholizismus bleiben sowohl in Ortskirchen als auch in universalkirchlichen *Bezügen* stark. Aber sie verändern sich. Die These lautet: Das *römisch*-katholische Bindungsmuster verliert die normative Kraft und die kulturelle Verbindlichkeit, die mit diesem ekklesiologischen Paradigma seit der Neuzeit des 16. Jahrhunderts und der Moderne des 19. Jahrhunderts entwickelt wurde. Aber auch seine Auflösung bleibt in die Ungleichzeitigkeit einer „Gesellschaft der Gegenwarten“[6] eingelassen, in der sich jene kirchlichen Pluralisierungseffekte ereignen, die aus dem Paradigma des *römischen Katholizismus* auswildern. Von daher kann es auch keinen Standpunkt jenseits dieser Prozesse geben, schon gar nicht für einen katholischen Theologen. Die folgenden Beobachtungen und Einschätzungen sind zudem zwischen Analyse und Prognose angesiedelt. Sie bewegen sich u. a. entlang dem methodischen Leitfaden jener kirchlichen Gegensätze, die sich nicht mehr in ein katholisches Ganzes in der Passform des *et ... et*, eines einschließungsfähigen *sowohl ... als auch* integrieren lassen. Mit dem Blick auf die Auflösung des *römischen Katholizismus* lässt sich von *gespenstischen* Widersprüchen sprechen, in denen das Kirchenmodell der *societas perfecta* noch Wirkung zeigt, an dem der *römische Katholizismus* haftet: etwa wenn sich die katholische Kirche synodal im Zeichen offener Gesellschaften verfasst, diesen Weg aber mit den Mitteln der geschlossenen Gesellschaft – nämlich päpstlich dekretiert – aufnimmt und Entscheidungen durchsetzt. Es gehört zu den katholischen Ungleichzeitigkeiten und Widersprüchen, dass sich das Modell der Kirche als *societas perfecta* im 19. Jahrhundert und bis weit ins 20. Jahrhundert als produktiv erwies, dass es unter den gesellschaftlichen Bedingungen des späten 20. und frühen 21. Jahrhunderts jedoch an jenen inneren Widersprüchen scheitert, die nicht nur, aber maßgeblich mit dem katholischen Missbrauchskomplex vor Augen stehen.

Das vorliegende Buch untersucht Auflösungsprozesse, was sich in der Architektur des Textes niederschlägt. Es handelt sich nicht um einen abgeschlossenen ekklesiologischen Traktat. Das Thema bestimmt vielmehr Genus und Form. Als theologischer Essay angelegt, bevorzugt der Autor die perspektivische Arbeit mit *Blenden*. Sie führen in szenische Gegenwarten des römischen Katholizismus ein. Ihren Ausgangspunkt bilden Überlegungen zu einer Welt in Auflösung, die sich unter pandemischen Bedingungen als ein Spiegel der kirchlichen Situation zu Beginn des 21. Jahrhunderts anbietet (Szene 1). Auf dieser Basis lässt sich das Suchbild des spezifisch *römischen* Katholizismus präzisieren – in seiner ästhetischen, politischen und ekklesiologischen Konfiguration (Szene 2). Soziologisches Material reichert dieses Profilbild an, um die vielfältigen Gegenwarten des Katholischen aufzufassen (Szene 3). Sie sind an den Anspruch des römischen Katholizismus auf eine verbindliche Form kirchlichen Wahrsprechens zu vermitteln (Szene 4). Vor diesem Hintergrund erweist sich das theologische Profil der beiden letzten Päpste als ein Sinnbild der Auflösung des römischen Katholizismus gerade in der Form, in der Tradition überzeitlich garantiert werden soll (Szene 5) und sich doch nur als eine Transformationsgeschichte vollziehen kann (Szene 6). Im Zeichen des katholischen Missbrauchskomplexes nimmt diese Transformation eine radikale Form an – im Modus konsequenter Auflösung des römischen Kirchenmodells, das an inneren Widersprüchen scheitert (Szene 7). Unter den Bedingungen einer digitalisierten Gesellschaft steht die katholische Kirche vor der Herausforderung, sich eine neue Form zu geben: Es gilt, ihre Einheit im Glauben pluraler, aber auch kontroverser zu entwickeln – *in*, nicht *jenseits von* kirchlichen Ungleichzeitigkeiten, mitlaufenden Widersprüchen und unaufhebbaren Ambiguitäten (Szene 8).

Der szenische Darstellungsansatz mit Blenden nimmt genau dieses Bestimmungsmoment auf. Er ergibt eine andere Abfolge als in Kapiteln, die systematisch aufeinanderfolgen. So bleibt es bei einem Versuch, der in Echtzeit (und das in Rom) die Gegenwart des römischen Katholizismus untersucht. Teilnehmende Beobachtung nennt dies die Sozialforschung; für katholische Theologie lässt sich dies anders kaum denken.

Erste Blende: In Auflösung *oder* Im Weltraum römischer Katholizität

Welt in Auflösung

Eine einzelne Gestalt in Weiß vor dem Petersdom. Es regnet. Mühsam geht der Pontifex maximus die Stufen des Petersdoms hoch. Man merkt dem Papst an, dass ihm dieser Weg schwerfällt, nicht nur wegen seines Alters. Das kolossale Panorama des Petersplatzes gerinnt zur Miniatur einer Welt, die sich unter dem Druck der Corona-Pandemie aufs Nötigste reduziert. Der Segen *Urbi et orbi*, den Papst Franziskus erteilt, scheint ins Nichts zu gehen: Auf der Piazza San Pietro herrscht Menschenleere.

Die Bilder der Fernsehübertragung vom 27. März 2020 gingen um den Globus. Franziskus gehörte selbst zur am meisten gefährdeten Risikogruppe. In Italien konnten zu diesem Zeitpunkt über achtzigjährige Menschen, die an Covid-19 erkrankt waren, oft nicht mehr beatmet werden. Der Papst befand sich mitten in einem Sturm, der die Welt erfasst hatte. Was nötig war zum Leben, was ein Leben zählte, wurde biopolitisch neu definiert. Das Corona-Virus griff das Immunsystem der globalisierten Welt mitten in ihren Funktionsmustern an. Auch auf dem Petersplatz schien es, als müsse sich die Welt abstellen, um überleben zu können. Im Regen von Rom verloren sich einzelne Figuren im Schatten des Doms. Der Papst sprach in einen menschenleeren Raum. Die ganze Einsamkeit dieses Moments kann wohl nur empfinden, wer von diesem Punkt aus sonst zu zehntausenden Menschen spricht. Sieben Jahre vorher hatte Franziskus sich einer jubelnden Masse als neuer Bischof von Rom vorgestellt. Aber die Fülle politischer und religiöser Macht, die sich in Rom über Jahrtausende im Zeichen des Imperium Romanum und dann in den Stellvertretern Christi konzentrierte, war an diesem Märzabend mit einer Welt in Auflösung konfrontiert. Im Zentrum der katholischen Kirche kam sie sinnbildlich zum Ausdruck. Der Petersplatz spiegelte eine Leere, die alle Macht in ihrer Vergänglichkeit einholt.

Dabei steht die religiöse Macht des Papstes für eine unverrückbare religiöse Wahrheit, für die Stabilität apostolischer Überlieferung, für theologische Sicherheitsgarantien. In einer Welt, deren eingespielte Abläufe sich auflösen, wird alles ungewiss. Das gilt auch für die römisch-katholische Kirche, die sich durch eine Haltung auszeichnet, die Mario Perniola als „weltliches Fühlen" charakterisiert, als einen „Katholizismus der verweltlichten Form".[1] *Weltliches Fühlen* meint: Im unterscheidenden Kontakt *zu* und *in dieser Welt* bestimmt die katholische Kirche den Ort, an dem ihr Gotteskontakt haftet. Inkarnation wird als kirchliche Lebensform greifbar – im konkreten Weltbezug. So funktionieren die Sakramente der Kirche. Sie sind aus dem Material der Welt. Stofflich. Hier wird sichtbar, spürbar, wie Glaube mit seinen Zeichen wirkt. Wer sich auf den Sinngehalt des Glaubens einlässt, kann mit seinen Sinnen erfahren, wie er verwandelt: etwa bei der Eucharistie Teil einer Mahlgemeinschaft zu sein, die Ausschließungen überwindet; oder im Sakrament der Krankensalbung förmlich angefasst zu werden, herausgenommen aus der Isolation von Schmerz, Angst, Einsamkeit. Mit ihren sakramentalen Zeichen verwandelt die Kirche die Welt, aber auch sich. Was tödlich wirkt, wird im Zeichen des Lebens neu aufgefasst, indem die Kirche der Reich Gottes-Botschaft Jesu Raum gibt. Indem sie seine Zeichenhandlungen aufnimmt. Indem sie ihn im Wortsinn *repräsentiert.*

Deswegen greift eine Welt in Auflösung tief in die Form ein, in der sich die katholische Kirche begreift und darstellt. Die Endlichkeit des Lebens, mit der die Pandemie alle Menschen auf der Welt einholte, setzte eine eigene Zeitform in Kraft: eine *permanente akute* Bedrohung. Der Mensch als Gefahr! Abstand erschien lebensnotwendig. Distanz als Körperform: das stellt die inkarnatorische Selbstaufhebung der Kirche als Leib Christi dar. Unter diesem Vorzeichen veränderte sich nicht nur die liturgische Praxis der Kirchen, sondern ihre kommunikative Form. Sie führte in den sakramentalen Widerspruch gebotener Entfernung. Abstand aus Verantwortung als die Weise, in der Gott dem Menschen in einer pandemischen Welt nahekommen kann? Im Paradox dieses Augenblicks sah sich die Kirche einer Welt in Auflösung ausgesetzt. Diese Situation forderte sie mit einer schier unfassbaren Option heraus: dass sich auch ihr Glauben in und als Auflösung vollzieht. Leben und Glauben in anhaltender Auflösung – wie soll das gehen? Apokalyptische Dringlichkeit lässt sich emotional nicht auf Dauer stellen. Sie führt in neue Routinen. Alltag distanziert vom Leben in der Gegenwart des Todes. Aber die Erfahrung dieser globalen Krise verdichtete sich unter einem Mehrfachdruck: mit der sich vollziehenden ökologischen Katastrophe und nicht zuletzt mit dem Ukraine-Krieg zwei Jahre später. Die Drohung einer nuklearen Eskalation stellt in einer Weise, die man seit dem Ende des Kalten Kriegs nicht mehr für vorstellbar hielt, alles Leben unter den Vorbehalt seiner Vernichtung. Das Bild der pandemisch eingefrorenen Welt überlagert sich mit der Vorstellung einer „Welt ohne uns".[2] An ihr muss sich ein Glaube messen, der die unbegrenzte schöpferische Lebensmacht Gottes zur Geltung bringen will – gerade wenn er diese Botschaft an eine einzigartige Autorität koppelt: an die repräsentative Vollmacht des Papstes als Stellvertreter Christi. Im Wahrsprechen des Bischofs von Rom hebt sich die Kontingenz dieser Welt auf. Er verbürgt die Gegenwart Gottes in ihr. Mehr noch: Er bringt sie zur Anschauung – wie eben auf dem Petersplatz in Rom.

Genau das erscheint so faszinierend wie unfassbar in einer Welt, die vor der eigenen Leere steht: vor dem tödlichen Aspekt ihrer Vollzüge. Die Aufhebung der Kontingenz im Moment ihrer Bestimmung – das leisten Religionen mit ihren Ritualen, mit ihren Aussichten auf ein Leben nach dem Tod, mit Vorstellungen von Erlösung und Vollendung. Für den römischen Katholizismus gibt es dafür einen Haftpunkt, der sich ausgerechnet an einer geschichtlichen Katastrophe festmacht: an der Hinrichtung des Jesus von

Nazareth durch die römischen Besatzer Jerusalems. Sie wird wiederum mit den hermeneutischen Mitteln einer anderen historischen Katastrophe, der Zerstörung des zweiten Tempels in Jerusalem 70 n. Chr., erneut durch die Römer, so verbunden, dass sich ein christliches Deutungsmonopol auf das Handeln Gottes in der Geschichte entwickelte. Die Ablehnung Jesu wurde im Zeichen der Vernichtung des jüdischen Zentralheiligtums gedeutet. Die wahre Gegenwart Gottes wird – mit der Passionsgeschichte des Markusevangeliums – im Zerreißen des Tempelvorhangs sichtbar: im Blick des römischen Hauptmanns auf den Gekreuzigten, den er als Sohn Gottes erkennt (Mk 15,38f.). Damit wird der Weg für eine neue Religionsform frei. Die römische Religion, die sich als katholisches Christentum entwickelte, schuf ein Repräsentationsformat des Göttlichen, das vor allem eins erlaubte: im Entzug seines Ursprungs, nämlich des Gekreuzigten, seine bleibende Präsenz zu gewährleisten. Das geschieht in symbolisch-ritueller Erinnerung, vor allem in der Eucharistiefeier. Sie bildet den Erfahrungsraum wirklicher Gegenwart des auferstandenen Christus. Das letzte Abendmahl Jesu wird zum rituellen Echtzeitdrama. Dargestellt durch einen Priester, spricht Jesus selbst: „Das ist mein Leib. Das ist mein Blut."

Ihre ultimative Verdichtung gewinnt diese repräsentative Religionsform in der Vollmacht, die dem Stellvertreter Christi zugewachsen ist.[3] Er verfügt nicht nur über die höchste juristische Gewalt in der römisch-katholischen Kirche, sondern ist der Ort eines ständigen Transfers von Transzendenz und Immanenz. Denn der römische Papst vertritt die geschichtliche Wahrheit einer göttlichen Offenbarung, deren Gehalt er garantiert – vom 1. Vatikanischen Konzil im Jurisdiktions- und Lehrprimat des Stellvertreters Christi verfügt. Diese einzigartige repräsentative Macht hebt die Geschichte nun aber nicht auf. Sie koppelt sich vielmehr an die historische Wirklichkeit, in der sich die *repraesentatio Christi* vollzieht, indem sie die Botschaft vom Reich Gottes durch die Zeiten trägt. Dieses Reich Gottes besitzt eine sichtbare Erfahrungsseite, wenn es im Glauben wächst und zu einem Leben im Geist Jesu Christi veranlasst. Es bleibt aber auch entzogen wie der auferweckte Gekreuzigte, der sich nicht anders als in erinnernder Vergegenwärtigung vermittelt. Indem seine Botschaft wirkt, erweist er sich als lebendig.

Darin liegt der alltägliche Sinn der sakramentalen Gegenwartsform kirchlicher Handlungen. Sie bestimmen jeden Moment des Lebens im Zeichen drohenden Todes: in der Verletzlichkeit des Lebens von seinem Anfang bis zu seinem Ende, umstellt von der tödlichen Wirklichkeit menschlicher Schuld und Sünde. Sie tendieren darin auf die Vernichtung des Todes selbst, weil die schöpferische Lebensmacht Gottes, die der Genesis-Glaube Israels als Anfang von und in allem erkennt, Macht schlechthin darstellt. Um diese Macht geht es, wenn sich ein alter Mann im Regen von Rom der Leere des Petersplatzes aussetzt, die zum Sinnbild einer pandemisch geräumten Welt gerinnt.

Das Leben im Zeichen seiner Endlichkeit, die globalisierte Welt in der Auflösung ihrer ökonomischen, sozialen, medizinischen Ordnung – beides verdichtete sich am 27. März 2020 in der Figur des römischen Papstes. Dafür gibt es einen spezifisch religiösen Grund. Jeder Papst fungiert als Stellvertreter. Er hat bloße Verweisfunktion – allerdings eine, in der sich die Gestalt des Apostels Petrus von der römischen Antike des 1. Jahrhunderts in der historischen Konfiguration einer ungebrochenen Überlieferungskette vermittelt. Sie verlängert sich in jede Gegenwart. Jeder Papst *ist* Petrus. Zugleich stellt der Papst genau deshalb eine Gestalt der Auflösung dar. Als Person nimmt er ein Amt wahr, das nur auf diese Weise die Wahrheit dieser repräsentativen Religionsform bewahrt: in einem ständigen Übergang. Ein entscheidendes Moment bleibt dabei unbestimmt, unerreichbar – die bezeichnete Ursprungsfigur. Dass sie im neutestamentlich umrissenen Petrus eine eigene Figur der Auflösung des Glaubens darstellt, namentlich mit der Verleugnungsepisode der Passionsgeschichten (Mk 14,53–72; par.), stellt mehr als ein bloßes Relief des Petrus dar. Die Leere im Glauben, das permanente Risiko des Abfalls, des Verlusts erweist sich angesichts der Herausforderung, das Leben im Zeichen des Todes zu bestimmen, als Niveaugrenze. Darunter lässt sich Glaube nicht haben. Darunter aber auch nicht ein Amt, das eben nur im Verweis auf den Grund des Glaubens funktioniert – auf den entzogenen Herrn.

Das muss gedacht und gelebt werden. Das bedarf nicht zuletzt einer repräsentativen, eben auch päpstlichen Performance. Konfrontiert mit der Leere des Glaubens, der in den apokalyptischen Drohbildern der Gegenwart auf dem Spiel steht und sich in der Pandemie als höchst fragiler Bezugspunkt erwies, stellt sich die Frage nach der religiösen Bedeutung des Glaubensverlusts – und was er für die Verfassung der römisch-katholischen Kirche im 21. Jahrhundert bedeutet. Ist der römische Katholizismus imstande, die Wahrheitsform der eigenen Auflösung auch theologisch ernst zu nehmen? Krisenzeiten fordern Religionen in ihren Deutungskapazitäten besonders heraus. Die kulturelle Leistungsfähigkeit, die Plausibilität von Glaubensüberzeugungen steht auf dem Prüfstand. Krisenzeiten sind eben auch religiöse Risikozeiten. Und genau mit dieser Wahrheit konfrontierte die Pandemie des Jahres 2020 den römischen Papst und seine Kirche: mit der Leere der Welt wie der eigenen Glaubensform.

Was ist damit gemeint? Die Artikulation von Wahrheit verlangt eine Form: in definitorischen Sätzen, in metaphorischen Konzepten. Die repräsentative Form der kirchlichen Wahrheitsbestimmung setzt auf personale Darstellung, auf Stellvertretung. Sie nimmt in der apostolischen Sukzession wiederum eine eigene Form an – etwa über Bischofslisten, in rechtlichen Festlegungen, nicht zuletzt mit dem Aufbau einer episkopalen Kirchenordnung. Diese Wahrheitsform ist einerseits stabil, andererseits aber auf eine besondere Erschütterung gebaut: auf die Vergegenwärtigung des entzogenen Auferstandenen. Dazu kommt, dass sich die Wahrheit des Glaubens nur im eschatologischen Aufschub, in einer Art Vorzeitigkeit (vor der Wiederkunft Christi und dem Gericht) vermittelt. Das wiederum bedeutet, dass sich in jede Bestimmungsform des kirchlichen Glaubens immer auch ein Moment der Auflösung des Glaubens einkalkulieren lassen muss – die Achtsamkeit für den je anderen, je größeren Gott. Gerade angesichts der Karsamstagserfahrung muss sich der Glaube geistlich darauf einstellen, dass er mit dem eigenen Abgrund konfrontiert bleibt. Insofern ist die Form der kirchlichen Wahrheitsbestimmung des Glaubens an die Frage nach der Wahrheitsform der Auflösung der jeweils gegebenen Kirchengestalt zu vermitteln. Diese Herausforderung nimmt in der Pandemie Gestalt an.

Glauben im Übergang

Papst Franziskus nahm diese Herausforderung im März 2020 an, indem er die Ängste, die Zweifel benannte, die in diesem historischen Moment alle Menschen bedrängten. Das war mehr als ein Auftakt für den Segen, der folgte. Es war seine Bedingung. Im Segen *Urbi et Orbi*, der die Stadt Rom und den gesamten Weltkreis umfasst, schloss Franziskus die Menschen in ihrer Isolation zusammen. Vom Beten allein wurde und wird niemand vor dem Virus gerettet, aber ohne den Zusammenhalt von Menschen bricht jedes soziale Immunsystem zusammen.

Das passende Bild lieferte ein Text aus dem Markusevangelium (Mk 4,35–41).[4] Jesus befindet sich mit seinen Jüngern in einem Boot, als sie ein Sturm überrascht. Während seine Begleiter panische Angst packt, schläft Jesus. Die Frage des Papstes: Schläft Gott jetzt? Gerade weil diese Frage im Raum stand, setzte der Papst auf den Ausnahmefall eines besonderen Segens: *Urbi et Orbi*. Ihn umgibt eine Aura, aber er wirkt nicht als magischer Eingriff. Er verweist auf den antiken Machtanspruch, der sich von Rom aus auf die Welt erstreckte. Aber Papst Franziskus war an keiner imperialen Macht interessiert. Er aktivierte die Kraft eines Glaubens, der sich in Achtsamkeit und Respekt, in der Zuwendung zu jedem einzelnen Menschen zeigt. „Leben aus dem Heiligen Geist“ nannte

Franziskus das. Jesus vermittelt es. Im Evangelium genügt ein Wort, den Sturm zu beschwichtigen. In pandemischen Zeiten reicht das nicht. Aber der theologische Sinn der Geschichte hat ohnehin eine andere Blickrichtung. Der Evangelist Markus weiß, dass dieser Jesus in den Tod geht. Doch er glaubt mit Jesus, dass der Tod angesichts der unbegrenzten schöpferischen Lebensmacht Gottes nicht das letzte Wort hat.

Darauf verwies der *Stellvertreter Christi* an diesem Abend. Er setzte alle Menschen in dasselbe Boot und schlug vor, der Orientierung zu folgen, die von der Lebensgestalt Jesu ausgeht. Der verschläft die drohende Katastrophe nicht, sondern fasst seine Freunde im Glauben zusammen. Das Leben unter Risikobedingungen wird damit kein bisschen ungefährlicher, aber es lässt sich anders erfahren. Unter diesen Voraussetzungen wird das gemeinsame Gebet zum Segen. Es hebt die Selbstimmunisierung des Lebens auf, die der Papst als entscheidende Risikofaktoren der globalisierten Welt markierte:

> „Der Sturm legt unsere Verwundbarkeit bloß und deckt jene falschen und unnötigen Gewissheiten auf, auf die wir bei unseren Plänen, Projekten, Gewohnheiten und Prioritäten gebaut haben. Er macht sichtbar, wie wir die Dinge vernachlässigt und aufgegeben haben, die unser Leben und unsere Gemeinschaft nähren, erhalten und stark machen. Der Sturm entlarvt all unsere Vorhaben, was die Seele unserer Völker ernährt hat, ‚wegzupacken‘ und zu vergessen; all die Betäubungsversuche mit scheinbar ‚heilbringenden‘ Angewohnheiten, die jedoch nicht in der Lage sind, sich auf unsere Wurzeln zu berufen und die Erinnerung unserer älteren Generation wachzurufen, und uns so der Immunität berauben, die notwendig ist, um den Schwierigkeiten zu trotzen."

Im Regen von Rom, vor der Leere der Welt bot Franziskus eine Gegenmacht auf, die wie aus einer anderen Zeit zu stammen scheint.

Aber der Segen, den der Papst über die Welt sprach, beanspruchte nicht die Zauberkraft eines Wortes, das alle Probleme löst. Das auf Zuruf gesund macht. Vielmehr machte dieser Segen deutlich, was der Welt fehlt, wenn sie ohne die Perspektive auf die schöpferische Lebensmacht Gottes ihrer eigenen Leere ausgesetzt bleibt. Franziskus gab dabei der Leere auch im eigenen Glauben Raum: im Fragen nach der Gegenwart Gottes. Damit band er die Macht der *repraesentatio Christi*, die er als Papst verbürgt, an ihren Entzug – an den schlafenden Christus in dem Boot, als das sich die Kirche versteht. Es ist dieser religiöse Übergang im Moment einer epochalen Krise, der zugleich als symbolische Anschauungsform für die geschichtliche Wahrheit einer anderen Auflösung steht: für die Auflösung des römischen Formats im katholischen Christentum des 21. Jahrhunderts. Diese Auflösung ist allerdings nicht nur eine der Kirchengestalt. Sie betrifft auch die Wahrheitsform der römisch-katholischen Kirche: ihrer Traditionsbildung und -absicherung.

Auflösung einer Wahrheitsform

Am 1. Mai 2022 jährte sich der Todestag von Papst Pius V. zum 450. Mal.[5] Sein Grab befindet sich in Santa Maria Maggiore. Der einbalsamierte Leichnam ist in einen Glassarg eingelassen, über dem der Papst in der Geste eines Lehrers der Christenheit thront. Auf der linken Seite zeigt ein Relief den Sieg von Lepanto (1571) über die Türken, auf der rechten Seite wird sein Kampf gegen die Waldenser inszeniert. Nicht deshalb entspricht dieser Papst in mancher Hinsicht seinem aktuellen Nachfolger. Ein Ordensmann wie Franziskus, lebte er persönlich asketisch. Er wirkte volksnah und war auf die pastoralen Anliegen der Menschen bedacht. Als innerkirchlicher Reformer wurde er zum Architekten der katholischen Reformen des 16. Jahrhunderts, die mit der Umsetzung der Beschlüsse des Tridentinischen Konzils dem römischen Katholizismus seine bestimmende Form gaben. So fielen in seine Amtszeit die Überarbeitung und Neuedition des *Catechismus Romanus* (1566), des *Breviarium Romanum* (1568) sowie des Missale Romanum (1570).[6] Die Langzeitwirkung dieser Reformen lässt sich kaum überschätzen. Sie normierten das liturgische und geistliche Leben für Jahrhunderte und legten die Weltkirche auf Formate fest, die von der römischen Zentrale bestimmt wurden. Die römische Kirchenleitung entwickelte sich auf diese Weise zu einer religiösen und theologischen Disziplinarmacht, die ein Netz globaler kirchlicher Kommunikation im Zeichen des neuzeitlichen Kolonialismus und missionarischer Expansion aufspannte. Diese Form römisch-katholischer Gouvernementalität etablierte sich

- auf dem Feld kirchlichen Lebens als Pastoralmacht.[7] Mit der Konfessionalisierung von Milieus wurden zugleich katholische Lebensläufe formatiert. Die Herrschaft über die Seelen ließ Abweichungen und Unterschiede zu, war also nicht als totalisierende Macht wirksam. Jedoch prägte das römisch-katholische Ideal nicht zuletzt als rechtwirksame Norm;[8]
- auf dem Feld dogmatischer Auseinandersetzungen. Die katholische Regierung verstand sich als Wahrheitsmacht, die mit dem Katechismus eine Grammatik verbindlicher Glaubenswahrheiten entwickelte und als kirchliches Lehr- und Lernprogramm funktionierte;
- auf dem Feld kirchlicher Organisation als Zentralmacht. Mit der Neuordnung der römischen Kurie etablierte sich eine modern arbeitende Verwaltungsbehörde, die eine Rückbindung der Ortsbischöfe an Rom vorsah. Rom diente als Appellationsinstanz in innerkirchlichen Konflikten und bei der Klärung offener Fragen. Mit der Inquisition sowie im 17. Jahrhundert dann mit der *Propaganda fide* schuf die Kurie effektive Instrumente eines römischen Paradigmas von Katholizität als kirchlicher Einheitsform.

Pius V. erscheint in diesem Zusammenhang wie eine Drehscheibe einerseits der Etablierung, andererseits der Auflösung dieser römisch-katholischen Kirchenform des 16. Jahrhunderts. Mit der

Bulle *Quo primum* vom 14. Juli 1570 legte er die sogenannte tridentinische Form der Messfeier als universalkirchlich verbindlich fest.

> „Von nun an soll in allen kommenden Zeiten auf dem christlichen Erdkreis nicht anders als nach dem von Uns herausgegebenen Missale gesungen oder gelesen werden … Wir setzen fest und ordnen an, daß diesem Unserem gerade herausgegebenen Missale niemals etwas hinzugefügt, daraus etwas weggenommen oder an ihm etwas verändert werden darf."[9]

Die Bulle ordnet dies in der Form eines Befehls an, der keine Abweichung zulässt. Nichts darf hinzugefügt oder weggelassen werden. Das betrifft zunächst die Bischöfe, wird aber zugleich als mediale Kontrollmacht wirksam – per Strafandrohung für die Buchdrucker. Das *römische* Missale erhält weltkirchlich verbindlichen Rang.

Die Bulle beansprucht dafür ein spezifisches Zeit-Regime.[10] In der Form einer Ewigkeitsklausel setzt sich die Macht des römischen Papstes über die gesamte Kirche durch. Sie wird als Herrschaft über die Zeit wirksam: „in allen kommenden Zeiten". Diese päpstliche Selbst-Äternalisierung erstreckt sich aber nicht nur auf das liturgische Feld. Sie nimmt mit der selbstverständlichen Beanspruchung päpstlicher Vollmacht auch ein doktrinal-rechtliches Gepräge an. Es stellt die sprachpragmatische Voraussetzung päpstlichen Handelns dar: als eine Kommunikation, die im Sprechakt verbindlich wirkt, nämlich „überall auf der Erde". Die klassische katholische Kirchenformel des Vinzenz von Lérins, wonach katholisch sei, „was überall, was immer und was von allen geglaubt" werde[11], läuft bei Pius V. auf eine Enthistorisierung des kirchlichen Regulativs hinaus. Sie beansprucht in einem konkreten geschichtlichen Augenblick, mit der Umsetzung der Beschlüsse des Trienter Konzils, eine überzeitliche Geltung. Das schließt einen kirchlichen Formwillen ein. *Römisch*-katholisch zu sein, erweist sich in *Einheitlichkeit.* Sie wird von der Bulle *Quo Primum* als selbstverständlich und immer gültig vorausgesetzt,

„da es sich gar sehr geziemt, daß in der Kirche Gott auf einheitliche Art gelobt und die Messe auf einheitliche Art gefeiert werde".

Das theologische Dispositiv dieser Bulle erweist sich in mehrfacher Hinsicht als Schlüssel zum Verständnis jener römisch-katholischen Gouvernementalität, die Pius V. vorantrieb. Sie ordnete im liturgischen Bereich, was sich zugleich in der dogmatischen Wahrheitsform spiegelte. Der Kampf dieses Papstes gegen die Reformation, gegen die muslimischen Türken, nicht zuletzt sein scharfer Antijudaismus basieren auf dem Anspruch einer ewigen Wahrheit. Sie wird vom *römischen* Papst *katholisch* verwaltet. Diese Wahrheit bestätigt sich im Recht der *ecclesia militans*, der streitenden Kirche, auf eine umfassende, weder zeitlich noch räumlich beschränkte Durchsetzung katholischen Glaubens. Bei Pius V. wirkte sie nicht nur im Krieg gegen das osmanische Reich imperial, sondern auch im Versuch des vormaligen Großinquisitors und Bischofs von Mondovi, die Waldenser zu vernichten. Das Massaker von Guardia Piemontese vom 5. Juni 1561 wird in Italien seit dem Jahr 2008 als ein *Tag der Erinnerung* begangen, während sich das Gedenken an den Reformpapst Pius V. in die historischen Archive verschoben hat.

Als Papst heiliggesprochen, wirkt sein Erbe heute nicht nur wie aus der Zeit gefallen, sondern steht im direkten Gegensatz zu Glaubensüberzeugungen, die das 2. Vatikanische Konzil und Papst Franziskus mit ihren katholischen Reformprojekten vertreten. Religionsfreiheit, ökumenische Konsenssuche, Verständigung mit dem Judentum auf der Basis der Anerkennung der bleibenden Erwählung Israels, Religionsdialoge als Voraussetzung für eine globale Friedenspolitik: nicht nur in den Themen und ihrer Bestimmung, sondern in seiner Haltung erscheint der Katholizismus des 21. Jahrhunderts im historischen Rückblick auf Pius V. als eine Kirche, die es aus seiner Sicht zu bekämpfen gälte. Dass sich entgegen der Ewigkeitsklausel seiner Bulle *Quo primum* das 2. Vatikanische Konzil auf eine Liturgiereform verständigte und Papst Franziskus die Messfeier im tridentinischen Ritus stark eingeschränkt hat, zeigt, wie sich das pianische Modell auflöst. Ironischerweise wird dessen Perspektive inzwischen von katholischen Schismatikern vertreten: von der nach Pius X. benannten Bruderschaft, auf deren Homepage *Quo primum* als Beweis der eigenen Kirchenwahrheit dokumentiert wird. Indes steht diese Form der bewahrenden Erinnerung unter Auflösungsvorbehalt, wie der 450. Todestag Pius' V. veranschaulicht. Eine einzelne Rose lag an seinem Grab, während die Touristen an seinem Leichnam vorbeischlenderten, ohne etwas von diesem Gedenktag zu ahnen. Dieser heilige Papst, Architekt des römischen Katholizismus im 16. Jahrhundert, wirkt im 21. Jahrhundert als Figur der Auflösung einer Kirchenwahrheit, die den geschichtlichen Augenblick ihrer Bestimmung in die Konstruktion der eigenen Ewigkeit verschob.

Damit stellt sich aber noch einmal verschärft die Frage, was diese Auflösung theologisch bedeutet, was sie für die kirchliche Bestimmung heute austrägt.

Auflösung als Wahrheitsform?

Die katholische Kirche ist am Beginn des dritten Jahrzehnts des 21. Jahrhunderts mit mehreren Herausforderungen konfrontiert, die jeweils eigenes Krisenpotenzial besitzen:

- mit Säkularisierungsprozessen, die in den verschiedenen Weltzonen unterschiedlich greifen, aber mit Langzeiteffekten verbunden scheinen;
- mit der medialen Revolution der digitalisierten Gesellschaft, die nicht nur die Kommunikationstechnik betrifft, sondern Wissensformen verändert;[12]
- mit einer ökologischen Krise, in der sich gerade im säkularen Gebrauch des Schöpfungscodes das religiöse Verständnis auflöst;
- mit der Corona-Pandemie, in der sich die Frage nach der lebensweltlichen Bedeutung von religiösen, nicht zuletzt kirchlichen Deutungskulturen stellt;

- mit dem Drohszenario eines atomaren Krieges im Zuge der russischen Invasion in die Ukraine seit dem 24. Februar 2022, in dem die Wirkungslosigkeit kirchlicher Friedensinitiativen (wie bei Papst Franziskus) den charakteristischen Anspruch des römischen Katholizismus auf eine eigene Form politischer Theologie aushöhlt;[13]
- schließlich stellen KI-basierte Technologien eine Krise des religiösen Humanismus und jener theologischen Anthropozentrik dar, mit der auch das christliche Inkarnationsmotiv unter Plausibilitätsdruck gerät. Das wirkt u. a. auf die Form zurück, in der personale Stellvertretung Jesu Christi *repräsentativ* gefasst wird – verdichtet im römischen Papst;
- die durchgreifende Gestaltbarkeit von „Natur“ betrifft in diesem Zusammenhang nicht zuletzt die kulturelle Form, in der die römisch-katholische Kirche ihre moraltheologischen Normen begründet und die mit Blick auf die Einschätzung von Homosexualität, aber auch von gendertheoretischen Fragen (post-)moderne Plausibilitätsgrenzen markiert.

Entlang dieser Herausforderungen vollziehen sich religionskulturelle Transformationen, die mit Ab- und Auflösungsprozessen *in der römisch-katholischen Kirche* verbunden sind. Sie sind wiederum eingelassen in religionsgeschichtliche Verschiebungen, mit denen Religionsgemeinschaften im 21. Jahrhundert konfrontiert sind. Die römisch-katholische Kirche versteht sich mit dem 2. Vatikanischen Konzil als eine *ecclesia semper reformanda.*[14] Sie hat vom Katechismus bis zum Kirchenrecht, von Kurienreformen bis hin zu profilierter *synodaler Katholizität* eine Transformation vollzogen – nicht zuletzt mit der allmählich sich vollziehenden Umstellung von einer eurozentrisch geprägten Kirche auf ein weltkirchliches Format.[15] Dabei zeichnet sich ab, dass das 2. Vatikanische Konzil – sechzig Jahre nach seiner Einberufung – in der Wahl seiner Themen und in den Formen ihrer Bearbeitung einer weiteren Entwicklung bedarf.[16] Mit Blick auf die römisch-katholische Kirche gefragt:

- Wo und wie vollziehen sich kirchliche Transformationsprozesse[17], die auf das Format *römischer Katholizität* einwirken?
- Welche Konsequenzen haben sie für die Form, in der sich die katholische Kirche in den gesellschaftlichen Gegenwarten[18] des 21. Jahrhunderts organisiert und kommuniziert?
- Was bedeuten diese Prozesse theologisch?

Die theorieleitende Frage nach der Auflösung des *römischen Katholizismus* stellt sich vor diesem Hintergrund.

- Entscheidend ist dabei, dass es *nicht* um die Auflösung der katholischen Kirche geht, auch nicht um die religionsgemeinschaftliche Form, die sich auf unabsehbare Zeit mit *Rom* als Bindungsort von Katholizität verbindet. Es geht vielmehr um das religionskulturelle Paradigma *römischer Katholizität*, das in den gesellschaftlichen Gegenwarten des 21. Jahrhunderts Auflösungsprozesse zeigt.[19]
- Die fundamentaltheologische Frage lautet, ob und wie die katholische Kirche diese Prozesse wahrnimmt und in der eigenen Traditionsbestimmung zur Geltung bringt. Pointiert gefragt: Lässt sich die Auflösung der eigenen, sprich: *römischen* Kirchen*form* als eine *Kirchenwahrheit* fassen und produktiv machen?[20]

Um die letzte Frage möglichst präzise stellen zu können, bedarf es methodisch eines vergleichenden Blicks auf Anlässe und Ursachen für Auflösungsprozesse von religiösen Traditionen. Für den Untergang von Religionen gibt es unterschiedliche Modelle und Fallszenarien.[21] In religionsgeschichtlicher Sicht scheinen mehrere Faktoren eine besondere Rolle zu spielen:

- Naturkatastrophen, nicht zuletzt Epidemien, in denen ganze Zivilisationen und Kulturen untergehen;
- Kolonialisierungsprozesse, die militärisch wie religionskulturell wirken;
- mangelnde Fähigkeit zur Bearbeitung neuer komplexer Herausforderungen;[22]
- religionskultureller Konkurrenzdruck wie etwa bei der Ausbreitung des Islam in Nordafrika;[23]

- die Bedeutung medialer Innovationen für die Ausbildung einer neuen Religionsform.[24]

Methodisch ist dabei eine Korrelation des Untergangs von Religionen mit Szenarien der Entstehung von Religionen ins Auge zu fassen:

- Welche Funktionen haben Religionen verloren, die sie einmal erfüllten?
- Wie funktionieren Ab- und Auflösungsprozesse?
- Wie werden sie codiert, also ggf. durch Deutungen von Religionsgemeinschaften wie der katholischen Kirche aufgefasst und auf diese Weise systemisch wieder integriert?
- Angesichts der epistemischen Bedeutung der Teilnehmerperspektive von religiösen Akteur:innen sind in diesem Zusammenhang aus synchroner Sicht die – empirisch fassbaren – Gründe für den Abschied von Religionsgemeinschaften bzw. religiösen Überzeugungen zu analysieren.[25]

Vor diesem Hintergrund stellt sich die Frage, *wo* und *wie* sich Auflösungsprozesse in der römisch-katholischen Kirche vollziehen.

- Was bedeutet es, dass einerseits das katholische Christentum weltweit an Mitgliedern zunimmt, und zwar in absoluten Zahlen wie im prozentualen Anteil an der Weltbevölkerung, und dass andererseits in den religionskulturellen Ursprungszonen des *römischen* Katholizismus eine säkularisierungsbezogene Marginalisierung des kirchlich verfassten Christentums zu beobachten ist?
- Welchen Sogeffekt haben massenhafte Austritte aus der römisch-katholischen Kirche, die wiederum unterschiedliche Gründe haben, mit dem Missbrauchsskandal aber eine eigene Dynamik annehmen?
- Wie verschieben sich Plausibilitäten *in der katholischen Kirche* – und welche Bedeutung hat die Kirchenform des *römischen Katholizismus* für ihre Bearbeitung, vor allem mit Blick auf die Organisation des Zusammenhangs und der Einheit der Kirche in ihren Gegensätzen, ja Widersprüchen?[26]

Aus kirchenhistorischer Sicht stellt sich die Frage, inwiefern die römisch-katholische Kirche in ihrer heutigen Form auf dem Boden untergegangener Christentümer ein *neues Kirchenformat* darstellt, das sich im Modus seiner Deutungspraktiken zugleich als Aktualisierung und Fortsetzung verstehen lässt, aber eben auch die Auflösung des römischen Paradigmas von Katholizität vollzieht. Gerade weil die katholische Kirche in fundamentaltheologischer Sicht den Zusammenhang von Schrift und Tradition *in der Auslegung durch das kirchliche Lehramt* betont (DV 10), stellt sich in diesem fortlaufenden Prozess der Kirchenbestimmung die Frage, welche Rolle das römische Lehramt einnimmt. Es wird durch den Papst repräsentiert. Mit welcher Rollenperformance füll(t)en von daher zum Beispiel die beiden letzten Päpste ihr Amt? Das muss schon deshalb interessieren, weil zum ersten Mal in der Neuzeit ein amtierender Papst mit seinem Vorgänger leben musste.

Die Bedeutung der Tradition und der Traditionsgewähr für die katholische Kirche verschärft die Frage nach der Form, in der sich ihr Zusammenhang abbildet – und wie er im gelebten Kirchenglauben rezipiert wird.

Zweite Blende: Römischer Katholizismus – ein Suchbild

Ein römischer Vorschlag

Im Oktober 2021 legte der emeritierte Kardinal Walter Brandmüller, ehemaliger „Chef-Historiker“ des Vatikan, einen Vorschlag für eine Reform des Konklave vor.[1] Aus geschichtlichen wie aus theologischen Gründen sollte das Wahlgremium des Papstes aus Kardinälen zusammengesetzt sein, die ein spezifisch *römisches* Profil aufweisen. Der Papst sei zunächst Bischof von Rom und garantiere in dieser Funktion die Einheit der Universalkirche, die ihr Zentrum in Rom und seiner kurialen Verwaltung habe.

> „That the papal ministry is linked to the episcopal see of Rome follows from the fact that the first of the apostles suffered martyrdom and was buried in this city. But that Peter worked in Rome, suffered martyrdom there, and was buried there is not simply the result of chance. The believing eye sees in this the hand of divine Providence. In any case, Peter's martyrdom and burial in Rome are credited with essential theological importance.“

Der historische Ursprung der Kurie liegt im Klerus der Stadt Rom. Dass jedem Kardinal eine römische Titularkirche zugewiesen wird, bringt dies symbolisch zum Ausdruck. Für Brandmüller stellt sich die Frage, ob sich die eigene ortskirchliche Verantwortung der Kardinäle wiederum angemessen mit der Anbindung an die römische Ortskirche vereinbaren lässt – wobei diese wiederum die Anliegen der Universalkirche vertritt. Der Kreis der Papstwähler müsste nach Brandmüller deshalb ein spezifisch *römisches* Gepräge erhalten. Sie sollten mindestens fünf Jahre an der Kurie gearbeitet haben, um beide Aufgaben eines Papstes erfüllen zu können: als Bischof von *Rom* mit einer *gesamtkirchlichen* Perspektive zu handeln und Verantwortung zu tragen. Entsprechend sollte auch der Kreis der wahlberechtigten Kardinäle auf Kurienkardinäle begrenzt werden:

> „given the current composition of the college of cardinals, in which most of the electors are geographically dispersed, do not know each other and know even less about the real demands of the Petrine ministry, an essential prerequisite for responsible voting is missing."

Dieser profiliert *römisch*-katholische Vorschlag für eine Reform des Konklaves wirft ein Licht sowohl auf das Format des römischen Katholizismus in seinem historisch wie theologisch begründeten Selbstverständnis als auch auf die Auflösung dieses Formats. Weder ist Brandmüllers Vorschlag in der weltkirchlichen Diskussion als eine ernsthafte Option wahrgenommen worden, noch erweist sich das Modell einer in der Weise bestimmten *römischen Kirchenform* unter weltkirchlichen Globalisierungsbedingungen als realistisch. Im Gegenteil: In seinem historischen Begründungsansatz erscheint Brandmüllers Intervention zu Beginn des 21. Jahrhunderts förmlich referenzlos. Sie zeigt an, dass sich dieses Verständnis von römischer Katholizität aufgelöst hat.

Katholische Reform à la Franziskus

Das Pontifikat von Papst Franziskus zeichnet sich demgegenüber durch Reformagenden aus, die das universalkirchliche Profil des Bischofs von Rom über ein anderes kuriales Setting laufen lassen. Der Akzent auf die Anforderungen der Kirchen vor Ort verbindet sich dabei mit ihrem kirchlichen Mitspracherecht. Es zeigt sich in der Zusammensetzung von Kurie und Kardinalskollegium. Anders als es Brandmüller vorschwebt, hat Papst Franziskus das Kollegium entschieden globalisiert.[2] Bischöfe auf angestammten (europäisch-westlichen) Kardinalssitzen gingen leer aus. Vermeintlich sichere Anwärter wurden übergangen, unerwartete Kandidaten (zumal aus nicht-europäischen Weltregionen) ernannt.

Die Kurienreform des Papstes, die 2022 erfolgt ist, greift ähnlich tief in die Organisation und in das Management der römisch-katholischen Kirche ein.[3] Über die Neuordnung von Dikasterien und Zuständigkeiten hinaus ist dabei die Perspektive von Franziskus entscheidend. Seit Amtsantritt hat „der Papst vom anderen Ende der Welt“[4] in verschiedenen Ansprachen Missstände in der Kurie scharf kritisiert:

> „Die Kurie ist, wie jeder menschliche Körper auch, von Krankheiten bedroht … Der Katalog der Krankheiten: fangen wir an mit der Krankheit, sich unsterblich zu fühlen, oder auch immun gegen Kritik zu sein und sich unersetzlich zu fühlen. Eine Kurie, die nicht selbstkritisch ist, ist ein kranker Körper.“[5]

Das Bild gewinnt (auch vor dem Hintergrund der Corona-Pandemie) an besonderer Eindringlichkeit, weil Franziskus seine engsten römischen Mitarbeiter mit einer Perspektive auf Veränderungen konfrontiert – mit der spirituellen Herausforderung, sich *in* der Wahrnehmung der eigenen Position und Aufgaben zugleich für die eigene Ersetzung offen zu halten. Zwei Auflösungsmomente bestimmen diesen Blick: die innere Auflösung eines kranken Kirchenkörpers, der auf Selbsterhalt zielt, und die Auflösung eines gegebenen kirchlichen Organisationsmodells. Im Blick auf die Frage nach der *Auflösung des römischen Katholizismus* zeichnet sich damit eine ekklesiologische Perspektive ab, die *von Rom her*, vom Papst betrieben wird. Gerade vor dem Hintergrund des historisch begründeten Brandmüller-Vorschlags ist von daher zu präzisieren, was genau das *römische* Moment katholischer Kirchenbestimmung ausmacht.

Zum Phänotyp des römischen Katholizismus: Carl Schmitt und Mario Perniola

Carl Schmitt hat in seiner Studie „Römischer Katholizismus und politische Form“[6] als methodischen Ausgangspunkt zur Bestimmung spezifisch *römischer* Katholizität den Widerstand gegen sie gewählt – den „anti-römischen Affekt“.[7] Er ist emotional aufgeladen zwischen „nervöser Unruhe“, die sich habitualisiert hat, und „dämonischer Wut“ bei einem Politiker wie Cromwell oder „Entsetzen“ bei einem Autor wie Dostojewski.[8] Der Abstoßungseffekt lädt sich an der „unfaßbaren politischen Macht des römischen Katholizismus“[9] auf. Diese Macht erweist sich als untergründig wirksam, in geheimdiplomatischer Vorteilsnahme, taktisch, aber auch in offenen Machtavancen, also strategisch.[10] Sie tritt nach außen als politischer Faktor und nach innen als Disziplinarmacht auf. Dabei stellt sie in ihren fordernden Geltungsansprüchen, moraltheologisch wie dogmatisch, eine hohe Anpassungsfähigkeit unter Beweis. „Ihre Elastizität ist in der Tat erstaunlich.“[11] Dabei deutet Schmitt die Widersprüche in der kirchlichen Politik, die je nach Land und Regierungsform unterschiedliche Positionen der Ortskirche erlauben, als „Folge und Begleiterscheinung eines politischen Universalismus“.[12] Hier verortet Schmitt die

> „Kontinuität von katholischer Kirche und römischem Imperium. Zu jedem Weltreich gehört nun ein gewisser Relativismus gegenüber der bunten Menge möglicher Anschauungen, rücksichtslose Überlegenheit über lokale Eigenarten und zugleich opportunistische Toleranz in Dingen, die keine zentrale Bedeutung haben.“[13]

Aus der historischen Allianz von römischem Reich und katholischem Christentum seit der Konstantinischen Wende des 4. Jahrhunderts hat sich eine habituelle Koinzidenz ergeben. Sie wird in einer spezifischen Form des theologischen Denkens wie der institutionellen Organisation wirksam: als jene „*complexio oppositorum*“[14], die wiederum die Ekklesiologie der katholischen Kirche bestimmt: „Es scheint keinen Gegensatz zu geben, den sie nicht umfaßt.“[15] Darin dokumentiert sich eine Souveränität der Welt gegenüber, von der sich römisch-katholisches Denken nicht ablöst. Seine überzeitliche Wahrheitsperspektive fasst die römische Kirche weltbezogen und welthaltig.

> „Von der politischen Idee des Katholizismus aus betrachtet, liegt das Wesen der römisch-katholischen complexio oppositorum in einer spezifisch formalen Überlegenheit über die Materie des menschlichen Lebens, wie sie kein Imperium gekannt hat. Hier ist eine substantielle Gestaltung der historischen und sozialen Wirklichkeit gelungen, die trotz ihres formalen Charakters in der konkreten Existenz bleibt, lebensvoll und doch im höchsten Maße rational ist.“[16]

Dafür gibt es wiederum einen Sachgrund, der *formal* in der Architektur von Theologie und kirchlicher Organisation, *material* in Liturgie, Pastoral und eben auch der Bestimmung der Glaubenslehre wirkt:

> „Diese formale Eigenart des römischen Katholizismus beruht auf der strengen Durchführung des Prinzips der Repräsentation.“

Diese Repräsentationslogik haftet an der vergegenwärtigenden Darstellung Jesu Christi, die einerseits dem Amt eine einzigartige Macht der Stellvertretung einräumt, es andererseits aber fortlaufend relativiert. Stellvertretung ist persönlich und funktional zugleich angelegt. Sie lässt sich weder zur einen noch zur anderen Seite hin auflösen und besitzt insofern eine *subjektive Objektivität.*[17]

Das bestimmt die Machtform der römischen Kirche:

- Als *ecclesia militans* tritt sie vornehmlich geistig auf, im Kampf für ihre Rechte, wobei sich militärische Ambitionen von Päpsten als Konsequenz ihres religiös begründeten Anspruchs darstellen.

- Als Rechtskörper eigener Art schafft sie sich eine Rechtsform, die sich katholisch universalisiert. Rechtsgenauigkeit, Rechtssicherheit, formale Korrektheit und zugleich Anpassung an situative Erfordernisse: In ihrer durch personale Repräsentation begründeten Autorität erweist sich zugleich ihre „Fähigkeit zur juristischen Form“ und zeigt sich die römisch-katholische Kirche als „wahre Erbin der römischen Jurisprudenz“.[18]
- Ihre Ökonomie besteht in einer gnadenbasierten Heilsökonomie, die sie sakramental verwaltet und zugleich als reine Gabe vermittelt.

Das scheint unpolitisch, wirkt aber sowohl im Widerspruch gegen jede Politik, die der Kirche ihre Rechte streitig macht, als auch im Einspruch gegen ideologische Systeme. Sie halten dem komplexen Spannungsmotiv menschlicher Existenz *zwischen* dem Natürlichen und Übernatürlichen, Welt und Geist, Mensch und Gott, Immanenz und Transzendenz nicht stand. Römischer Katholizismus ist anti-totalitär – in Frontstellung gegen politische und gesellschaftliche Optionen, in denen sich das Spannungsgleichgewicht von Endlichem und Unendlichem verliert. Das macht gottbezogene Humanität aus.

Für Schmitt bestimmt diese Perspektive die kulturelle Form der katholischen Kirche. Sie wird von der repräsentativen Verfassung des römischen Katholizismus in dreifacher Hinsicht getragen: ästhetisch als Anschauungs- und Darstellungsform, politisch als gesellschaftlich wirksame Weltgestaltung, juridisch in institutioneller Verfassung. Dabei zeigen sich Spannungsbögen der Vermittlung: ästhetisch im Konkreten das Allgemeine; politisch in pragmatischer Anpassung die Zielbestimmung; juristisch in der Austarierung von Prinzip und Fallgenauigkeit. Dies ließe sich jeweils anhand der entscheidenden Handlungsmuster der Kirche übersetzen: in der repräsentierenden Inszenierung des liturgischen Geschehens; in der gesellschaftlichen Einmischungsfähigkeit von kirchlichen Akteur:innen (nicht zuletzt ihrem Bildungsauftrag); im Dienst am Menschen, der sich an der Gerechtigkeit des Glaubens misst und zugleich dem rechtlichen Rahmen Raum gibt, in dem sich Leben in dieser Welt vollzieht. Mit Carl Schmitt:

> „Diese Welt hat ihre Hierarchie der Werte und ihre Humanität. In ihr lebt die politische Idee des Katholizismus und seine Kraft zu der dreifach großen Form: zur ästhetischen Form des Künstlerischen, zur juridischen Rechtsform und endlich zu dem ruhmvollen Glanz einer weltgeschichtlichen Machtform."[19]

Indem sich die Kirche als bildgebendes Verfahren der Gegenwart Gottes nicht zuletzt in ihrer Liturgie begreift, wird sie zur repräsentativen Institution. Darin besteht aber zugleich ihr Widerspruch als geschichtliche Form. Denn als Medium echter Transzendenzerfahrung kann sie sich nur in der auflösenden Überschreitung ihrer jeweils konkreten Gestalt konstituieren. Die Frage ist also gerade von Schmitt her, ob die katholische Kirche den römischen Impuls imperialer Selbstbehauptung in ein nachkonstantinisches Format zu übertragen vermag. Die historische Wirkmacht des römischen Imperiums erweist sich jedenfalls christentumsgeschichtlich in den religionskulturellen Transformationen einer Weltkirche.

Dem entspricht die Perspektive, mit der Mario Perniola im Anschluss an Carl Schmitt eine glaubensdistante Form *römischer* Katholizität ins Spiel bringt. Nicht im Dogma, nicht in moralischer Regie, nicht in pastoraler Gouvernementalität sieht Perniola das spezifische Moment *römischer* Katholizität, sondern in einem „katholischen Fühlen".[20] Gemeint ist die Form des Weltkontakts: eine einbeziehende Differenz zur Welt. Perniola fasst sie als „Ent-Haltung in der Erfahrung der Welt".[21] An der Welt und in ihr, zugleich im Unterschied zu ihr wird die Welt zu dem Ort, wo sich Ungeahntes, Unerwartetes ereignet.[22] „Weltliches Fühlen"[23] oszilliert zwischen den fest verfugten Polen des

Subjektiven und Objektiven. Es meint insofern auch nicht einen Erfahrungsprimat im Sinne Schleiermachers, sondern setzt die Verzauberung der Welt mit dem Verzaubertsein durch die Welt in Gang.[24] Entscheidend ist der anhaltende Vorgang der Vermittlung – im Sinne von Carl Schmitt die repräsentative Form des römischen Katholizismus. Deswegen ist er universalisierungsfähig *konkret*. Heiliges und Profanes lösen sich nicht auf, sondern werden aneinander bestimmt. Dieser Weltbezug macht nun wiederum das entscheidende Plus des *katholischen Fühlens* aus, weil es die dogmatische Distanz universalisierter Satzwahrheiten unterläuft. In der kirchlichen *Repräsentation* geschieht genau dies: im Ereignis einer Vergegenwärtigung, die sich personal gebunden vollzieht und zugleich aufhebt; die eine dogmatische Referenz besitzt, weil man an dieses Geschehen glaubt, dies aber zugleich nur *im* und *als* Geschehen, also in akuter Vermittlung kann. Feinsinn für Unterschiede erweist sich von daher nach Perniola als katholische Form – und zwar in einer Haltung, die an der ignatianischen Unterscheidung der Geister ihr Maß findet. Die ignatianische Differenz ermöglicht eine *Ent-Haltung* gegenüber allem, was uns entgegentritt; was uns von Gott angeboten wird; worin wir den Willen Gottes für uns entdecken.

Der römische Katholizismus hat nun – nach Perniola – seit der Gegenreformation des 16. Jahrhunderts und dann im katholischen Antimodernismus des 19. Jahrhunderts diese Erfahrungsform verdrängt. In den Lehrkonflikten mit Reformation und säkularistischer Moderne hat er sich als *dogmatische* Kirchenform identitätssichernd eingerichtet. Damit vollzog sich laut Perniola die Auflösung des eigentlich *römischen* Katholizismus, der mit Carl Schmitt in der religionskulturellen wie politischen Form einer *complexio oppositorum* besteht, nach Perniola im spannungsoffenen Differential katholischer Glaubensform.

In einer Welt, in der sich der dogmatisch festgelegte Kirchenglaube auflöst[25], stellt sich für Perniola die Frage, ob nicht dem ursprünglichen Modell römischer Katholizität gerade in der technizistisch-ökonomischen „Epoche des Nihilismus“[26] eine eigene Attraktion zukommt:

> „In einer so beschaffenen Situation, für die es charakteristisch ist, dass sie alles Wissen auf das empirisch Beobachtbare und alles Verhalten auf das ökonomisch Nützliche beschränkt, läge für die Religion eine letzte Chance gerade im Appell an die Dimension der Erfahrung, darin, Erfahrung so in Richtung auf ein weltliches Fühlen hinzuentwickeln, dass sie nicht an die uns umfließende Struktur der technisch-ökonomischen Plausibilität anstößt. Der Katholizismus der verweltlichten Form, wie er sich bei Guicciardini und López de Loyola zeigt, wäre für die heutige Welt also die geeignetste Form von Christentum, weil sie Elemente des Wissens um die Differenz einführt und zu einem ernsthaften und vernünftigen Verhalten anleitet, ohne jede erkenntnisbezogene oder moralische Verpflichtung und das heißt ohne jede Orthodoxie und Orthopraxie.“[27]

Perniolas „Glaube ohne Dogma“[28] erlaubt es einerseits, Auflösungsmomente in der Form *römischer Katholizität* in den Blick zu nehmen, löst andererseits aber auch den propositionalen Gehalt des katholischen Kirchenglaubens auf. Perniolas Definition erweist sich zudem als unhistorisch, also förmlich *unweltlich*, weil sie die inkarnatorische Form des kirchlichen Glaubens nicht ernst nimmt. In dem, was man retrospektiv als dogmatische Form bestimmt, vor allem in den kirchlichen Auseinandersetzungen um Christologie und Trinitätstheologie der Alten Kirche, vollzieht sich katholische Kirchlichkeit, indem sie sich eine normative Gestalt gibt. Das ist nicht ausschließlich an die Konzils-Entscheidungen der Alten Kirche gebunden, die den gemeinsamen *katholischen* Glauben von Ost- und Westkirche zur Geltung bringen. Aber gerade in diesen Prozessen hat sich das spezifisch *römische* Identifizierungsmoment von Katholizität herausgebildet – mit dem Papst als repräsentativem Bezugspunkt und kirchlichem Organ.[29]

Die phänotypischen Bestimmungsmuster, die Schmitt und Perniola vorschlagen, haben ihre Stärke in der Aufmerksamkeit für das habituelle Moment *römischer* Katholizität. Sie findet in der Figur des Papstes als Bischof von Rom ihre repräsentative Gestalt. Zugleich werden in den Deutungsfiguren eigene Auflösungsmomente wirksam:

- Carl Schmitt argumentiert mit einer schematischen Exklusivität, die das römische Repräsentationsdenken von der Moderne einerseits, von den Kirchen der Reformation anderseits scharf unterscheidet. In den gesellschaftlichen Gegenwarten des 21. Jahrhunderts, zumal unter Digitalisierungsbedingungen, erweisen sich die Übergänge von repräsentativer Form und ästhetisch-technischer Rationalität als komplexer. Sie schaffen eigene Auflösungsformen der von Schmitt identifizierten Repräsentationslogik auch innerkatholisch.[30] Kurz gesagt: Ambiguitäten überlagern Eindeutigkeiten ästhetisch, dogmatisch und insofern die repräsentative Form des römischen Katholizismus.
- Mario Perniola wiederum entkoppelt den Konnex des römischen Katholizismus, den Schmitt dogmatisch entwickelt. Dabei blendet Perniola das Moment der Konstruktivität *römischer Katholizität* aus – sprich: das Problem der Entscheidung darüber, was *als katholisch* gelten kann. Die dogmatische Deutungsmacht des Katholischen erweist sich demgegenüber als Bindeglied römisch-katholischer Kirchenbildung, und zwar von der Antike bis in die Gegenwart.

Die Problemüberhänge phänotypischer Definitionen *römischer Katholizität* verlangen von daher nach historischer Rückvergewisserung. Methodisch wird sie sich an Momenten der *Konstruktion* von „Rom" als Ort katholischer Identitätsbestimmung orientieren müssen. Denn auch die geschichtlichen Bezüge katholischer Kirchenbindung an Rom als einen realen Ort der Kirchengeschichte sind Aspekte einer apostolischen Deutungsgeschichte. In ihr tritt Rom als historisch-theologischer Referenzraum auf.

Rom als Topos von Katholizität: historisch-theologische Marker

Die besondere Signifikanz der römischen Ortskirche für die Entwicklung des Christentums als einer *katholischen*, also weltumspannend zusammenhängenden, *allgemeinen* und *einen* Kirche zeichnet sich bereits mit dem Petrus-Bezug neutestamentlicher Texte ab. Im engsten Kreis um Jesus von Nazareth wird Kephas/Petrus eine Sonderrolle zugewiesen, die in der Folge aus der historischen Gestalt zu einer apostolischen Referenzfigur des christlichen Glaubens ausgebaut wird. Petrus ist Auferstehungszeuge (1 Kor 15,5; Lk 24,12; Joh 20,3–7) und kann Paulus gegenüber Autorität beanspruchen – wenn auch keine unanfechtbare, wie sich in der Auseinandersetzung um die Beschneidung der nichtjüdischen Christen zeigt (Gal 2,11–21). Der Weg, der Paulus wie – gemäß frühchristlicher Überlieferung[31] – Petrus von Jerusalem nach Rom führt, macht die Hauptstadt des Imperiums zu einer Schaltstelle apostolischer Erinnerung und zugleich der Vergegenwärtigung authentischer Christus-Tradition. Ignatius von Antiochien († zwischen 110 und 116) spricht der Kirche, „die den Vorsitz führt in der Gegend des Stadtgebietes der Römer", den „Vorsitz in der Liebe unter dem Gesetz Christi" zu.[32] Er artikuliert damit „eine allgemeine religiös-geistliche Bedeutsamkeit, ohne daß man von einem rechtlich zu verstehenden ‚Vorsitz' sprechen könnte."[33] Es handelt sich um mehr als eine Freundlichkeitsadresse, mit der sich Ignatius an die Kirche in Rom wendet. Vielmehr bringt er eine Überzeugung zum Ausdruck, die sich zunehmend verfestigt: dass Rom „als Ort privilegierter Tradition"[34] anzuerkennen sei. So hält Irenäus von Lyon fest: „(M)it dieser Kirche muß ihrer besonderen Gründungsautorität wegen jede andere Kirche übereinstimmen, das heißt die Gläubigen ringsum".[35] Eine besondere Rolle spielt dabei die römische Bischofsliste als Garant apostolischer Sukzession.

Während der römischen Ortskirche eine besondere Dignität zugesprochen wird, nehmen die Bischöfe von Rom zunehmend eine gesamtkirchliche Verantwortung wahr. Im Osterfeststreit des ausgehenden 2. Jahrhunderts macht sie sich erstmals kirchenpolitisch bemerkbar. Der Papst beansprucht hier eine direktive Macht: Er will entscheiden. Was Viktor von Rom nicht schafft, bleibt *als Anspruch* wirksam. Der Bezug auf die Kirche in Rom und ihren Bischof dient zunehmend als eine *katholische Referenz*, die vor allem in kirchlichen Konflikten Wirkung zeigt. Auf Dauer setzt sich die Position der römischen Kirche nicht nur machtpolitisch durch, sondern ihr kommt eine besondere theologische Autorität zu. Damit entwickelt sich Rom zunehmend zu einem „Zentrum der Communio“[36] – im Gefüge der anderen Ortskirchen, namentlich der Kirchen mit jener apostolischen Gründungsgeschichte, die sie zu *Patriarchaten* macht (Rom, Konstantinopel, Alexandrien, Antiochien, Jerusalem).[37]

Auf dieser Linie lässt sich die katholische Signifikanz der römischen Kirche bestimmen, die als einziges Patriarchat des Westens zur lateinischen Kirche wurde:

- Sie haftet an einem Ort, der über die politische Geschichte des *Imperium romanum* eine infrastrukturelle, organisatorische, nicht zuletzt kulturelle Zentripetalkraft besitzt.
- Sie verfügt nach der Zerstörung Jerusalems mit der Doppeltradition der Apostelmärtyrer Petrus und Paulus über einen Raum repräsentativer Erinnerung an die Ursprünge der Jesus-Bewegung.
- Sie formiert erinnerungspolitisch eine Doppelreferenz von apostolischer *auctoritas* und *potestas*, die sich rezeptionsgeschichtlich verstetigt und sich auf Dauer in einem eigenen Amt des Bischofs von Rom *als Papst* emanzipiert.[38]
- Im Zuge der Konstantinischen Wende und der Anerkennung als Staatsreligion gewinnt der *römische Katholizismus* eine theologisch-politische Doppelsignatur, die sich in den Auseinandersetzungen des Mittelalters zwischen Päpsten und Kaisern als umkämpfter, wandelbarer, für die Kirche des Westens aber selbstverständlich akzeptierter *katholischer Primat* durchsetzt.

– Machtanspruch der römischen Bischöfe und Machtzuschreibung durch andere Ortskirchen ergänzen und verstärken sich: Die Bindungskraft der römischen Kirche mit dem Papst bildet eine theologisch wie organisatorisch wirksame Einheitsreferenz, die sich nicht zuletzt angesichts des politischen Drucks von außen auf Ortskirchen bewährt.[39]

Die Entwicklung der römischen Primatsidee und -lehre zeichnet sich dabei durch wechselwirksame Bezüge auf weltliche Herrschaft aus. Sie stellt eine entscheidende Leitdifferenz *römischer* Katholizität dar. Anders als in der Kirche des Ostens gibt es zwar Koalitionen zwischen weltlicher und geistlicher Macht, aber das Profil des römischen Katholizismus schärft sich gerade im Modus fortlaufender Auseinandersetzungen – etwa im Investiturstreit. Diese Grammatik katholischer Differentialität bewährt sich auch innerkirchlich. Der Bischof von Rom schafft es zu keinem Zeitpunkt, seine Macht zu totalisieren oder als absoluter Souverän zu regieren. Dafür sorgt theologisch das Bindungsmoment der kirchlichen Lehrentwicklung und machtorganisatorisch die Tatsache, dass jeder Papst gewählt werden muss und dem Spiel kirchlicher Interessen ausgesetzt ist – was im Großen Schisma (1378–1417) dazu führte, dass unklar war, wer der gültige Papst sei. Diese Entwicklung mündete in den Konziliarismus des 15. Jahrhunderts. Ein Konzil als repräsentatives Organ der katholischen Christenheit wählte einen Papst – womit sich ein Grundwiderspruch in das römisch-katholische Gedächtnis einschrieb. Der Konziliarismus löste ein papales Kirchenproblem durch eine gültige Papstwahl, während seine konziliaristischen Dekrete in der Folge nicht rezipiert wurden.

Das gilt unter anderen Vorzeichen auch für das 1. Vatikanische Konzil. Es legte den Vorrang des Papstes, ja seine Unabhängigkeit in der Wahrnehmung des Lehr- und Jurisdiktionsprimats fest. Es brauchte dafür aber eben ein Konzil, das die dogmatische Begründung, institutionelle Absicherung und rechtliche Festlegung dieser Primatsfassung lieferte. In ekklesiologischer Hinsicht war das Konzil die Voraussetzung für diese Primatsformel. Ihre theologische Brisanz liegt in der Doppelformation des römischen Katholizismus. Der Primat des Bischofs von Rom erstreckt sich auf die Universalkirche. Er regiert souverän. Aber auch Pius IX. konnte seinen Anspruch auf den *unfehlbaren Lehrprimat* nicht selbst dekretieren: Er brauchte die Mehrheitsentscheidung eines Konzils.

Dieser Umstand ist entscheidend für das Verständnis des *römischen Katholizismus*. Er wird durch den Papst als Bischof von Rom repräsentiert, und zwar mit jenen Mitteln dogmatischer und juristischer Letztverbindlichkeit, die auch vom 2. Vatikanischen Konzil bestätigt wurden. Aber er wird nicht als absoluter Herrscher oder als monarchischer Souverän konfiguriert. Er bleibt eingebunden in das komplexe Zueinander von Orts- und Universalkirche, von Bischofskollegium und Papst, aber auch in ein kirchliches Lehramt, das unfehlbares Lehren im gesamten Volk Gottes verortet – mit unterschiedlichen rechtlichen Zuständigkeiten, aber eben doch in einem differenzbezogenen Koordinatensystem nicht zuletzt der verschiedenen Orte, an denen sich *katholische Kirche* formiert.

In den konziliaren Prozessen der päpstlichen Kompetenzfestlegung erweist sich das Grundmuster *differenzbewusster Katholizität*, die einen Doppelbezug aufweist:

- in der Referenz auf Rom als dem Ort, an dem sich diese Katholizität in ihrer universalkirchlichen Reichweite historisch entwickelt hat,
- zugleich aber auch in der topologischen Funktion Roms, die sich vor allem in der Wahrung der authentischen apostolischen Tradition erweisen muss.

Bezogen auf theologisch-kirchliche Herausforderungen, namentlich auf den Stellenwert und die Bedeutung des Bischofs von Rom, zeigt sich dabei, dass es sich um einen fortlaufenden, dynamischen Prozess der Aushandlung und Bestimmung dieser Katholizität handelt. Mit anderen Worten: Die apostolische Referenz ist entscheidend. Sie haftet an dem religionskulturellen Erinnerungsort *Rom* – sie ist aber nicht darauf beschränkt. Der *römische Katholizismus* stellt insofern eine kirchliche Organisationsform wie einen theologischen Memorial-Code dar. Er läuft über Zuschreibungen. Er bildet eine Deutungsgeschichte und ist damit Aspekt der epistemischen Ordnung, die für die römisch-katholische Kirche bestimmend wirkt – für das komplexe Gefüge von Schrift, Tradition und Lehramt (DV 10), das wiederum als eine eigene Interpretationsgeschichte vorliegt und entwickelt werden kann.

Rom als katholischer Glaubensraum

Rom bildet in zweifacher Hinsicht jenen *zentralen* katholischen Glaubensraum, der sich in der Bezeichnung der *römisch*-katholischen Kirche konzentriert:

- als topographischer Ort, an dem sich die Gegenwart des katholischen Glaubens mit den antiken Ursprüngen des Christentums verbindet: in archäologischen Zeugnissen, nicht zuletzt mit Kirchen, in denen sich die historischen Schichtungen der Glaubensgeschichte nachvollziehen lassen und die zugleich als Orte gelebten Glaubens lebendig bleiben;[40]
- als topologische Bestimmung katholischen Glaubens, der – im Sinne der Lehre von den *loci theologici* – die Kirche von Rom mit dem Papst als eigene Autorität zur Geltung bringt.[41]

Die topologische Qualität von Rom als Ort katholischer Glaubensbestimmung läuft

- über den aktualisierenden Bezug auf Rom als Ort lebendiger apostolischer Tradition;
- über die repräsentierende Stellvertretung des Bischofs von Rom;
- über die fortlaufende Aktualisierung eines kulturellen Gedächtnisses, das in seiner Historisierung eine theologische Bestimmungsform authentischen, wahren Glaubens zur Verfügung stellt.

Als realer Ort gewinnt Rom seine katholische Bedeutung durch seine apostolische Referenz, aber auch durch die formative Macht jener kirchenbildenden Maßnahmen, die Universal- und Ortskirche zusammenschließen. Sie laufen über die verbindlichen Rückbindungen an römische Normierungen, die wiederum historisch unterschiedliche Phasen und Formen aufweisen. Dabei ist festzuhalten, dass sich der Bezug auf Rom als formativ, aber nicht als konstitutiv darstellt. Auch in Avignon (1309–1376) residierten gültig gewählte Päpste und überdauerte die katholische Kirche. Sie wies weiterhin in vielerlei Hinsicht Züge des römischen Katholizismus auf, war aber eben nicht an Rom als Ort der Kirchenbestimmung gebunden. Dazu passt ekklesiologisch-institutionell, dass es keine durchgängige Linie in der Entwicklung der römischen Zentralmacht gibt. Klaus Schatz weist darauf hin, dass im 11. Jahrhundert

> „Gregor VII. seinen Primat noch nicht als zentralistische Gewalt versteht, von der alle Rechte ausgehen. Dem entspricht, daß die von ihm eingeleitete Reformbewegung zunächst darauf aus ist, die altkirchlichen Communio-Strukturen wiederherzustellen, die im überlieferten kirchlichen Recht ihren Niederschlag gefunden hatten, aber durch die Einfügung der Kirche in die frühmittelalterliche Herrschaftsordnung verschüttet waren. Sie wollte die Synoden und Konzilien wiederherstellen – und sie wollte die Bischofswahlen wiederherstellen. Und doch kommt es bis zum Spätmittelalter dazu, daß diese synodal-episkopalen Strukturen ihre Selbstständigkeit verlieren und einerseits einem absolutistischen Papsttum, andererseits dem Staatskirchentum der beginnenden neuzeitlichen Staaten zum Opfer fallen.“[42]

In Rom konzentriert sich auf Dauer die päpstliche Macht über die Kirche – aber sie bleibt eingelassen in ein Spiel kirchlicher wie weltlicher Mächte. Auf unterschiedliche Herausforderungen reagiert die katholische Kirche mit unterschiedlichen Lösungsmodellen auch in der Disposition jener Leitungsmacht, die auf das römische Erbe rückverweist, es aber als Aneignung einer Tradition jeweils aktualisiert. Das zeigt sich nicht zuletzt an den beiden

Schnittstellen, an denen sich das neuzeitlich-moderne Modell *römischer Katholizität* herausbildet:

- im 16. Jahrhundert mit der Umsetzung des tridentinischen Reformprogramms, das mit den bereits angesprochenen Instrumenten des *Catechismus Romanus* (1566), des *Breviarium Romanum* (1568), des *Missale Romanum* (1570) sowie im Folgenden mit der Einrichtung der *Propaganda Fide* im Bereich der katholischen Missionen ein weltumspannendes Netz römischer Katholizität aufbaute; mit dem Aufbau des tridentinischen Seminars für die Priesterausbildung, den Berichtspflichten der Bischöfe, mit den katholischen Bildungsprogrammen und nicht zuletzt der barocken Ästhetik sowie der Rolle der auf unbedingten Papstgehorsam verpflichteten *Societas Jesu* entstand ein religionskulturell innovatives und pastoral alle Lebensbereiche einschließendes Modell von Katholizität, das von der römischen Disziplinarmacht gesteuert wurde und abhing;
- im 19. Jahrhundert mit dem Ausbau der Rolle des Papstes im ultramontanistischen Kampf gegen eine Moderne, die als Gefahr katholischer Kirchenwahrheit begriffen wurde – mit dem Fanal der Auflösung des Kirchenstaates und seiner Reduzierung auf vatikanische Grenzen, die bis zu den Lateranverträgen 1929 die sogenannte *Römische Frage* offen ließen. Die zeitliche Konstellation von 1. Vatikanischem Konzil (1869/70) und der Besetzung Roms (20.9.1870) durch italienische Truppen weist emblematisch auf die Funktionsweise einer ganz im Zeichen der päpstlichen Vollmachten ausgerichteten *römischen Katholizität* hin: auf den Anspruch einer theologisch-religiösen Souveränität, die sich im Dogma von der Unfehlbarkeit des Papstes ins Ewig-Unhintergehbare zurückzieht, aber zugleich auflöst, weil sie das Moment der geschichtlichen Wahrheit *dieser römisch-katholischen Wahrheitsbestimmung* übergeht.

Genau darin erweist sich *Rom* als Konstruktionspunkt einer Kirchenform, die ihre topologische Bedeutung nicht auf das Moment ihrer geschichtlichen Bestimmung festlegt – mithin auch nicht auf den Ort dieser Katholizität. Im Sinne des Glaubensbekenntnisses bildet die apostolische Tradition den Raum katholischen Glaubens. Im Blick auf die *römische* Dimension dieses Glaubens ist von daher festzuhalten:

1. „Rom“ dient als Konstruktionspunkt katholischer Kirchenidentität – im Sinne einer topologischen Bestimmungsform.
2. Was man unter „Rom“ versteht, unterliegt dem Wandel und erweist sich geschichtlich als hoch different und plural.
3. „Rom“ wirkt als Bindungspunkt von Einheit gerade in historischen Transformationsprozessen.
4. „Rom“ muss als Code einer kollektiven kulturellen Erinnerungsgeschichte in jeder Gegenwart neu angeeignet werden.

Dritte Blende: Katholische Kirchenwirklichkeiten – soziologische Perspektiven

Pentekostaler Katholizismus – zur identitären Auflösung des römischen Katholizismus

Nebelschwaden in einem intensiven Lichtensemble. Eine Monstranz wird hochgereckt. Begeisterte Gesichter junger Menschen, eng aneinandergedrängt, Hände nach oben. Der Enthusiasmus des Augenblicks überträgt sich in einer Aura kalkulierter Sakralität. Was wie die Präsentation eines Pokals nach einem Fußballfinale oder wie eine Szene auf einem Rockfestival wirkt, spielt sich im Salzburger Dom ab. In jedem Jahr kommen um die 10.000 Jugendliche zum Pfingst-Event der Loretto-Bewegung.[1]

> „Pfingsten ist das Fest des Heiligen Geistes. Die Geburtsstunde der Kirche in Jerusalem. Wir glauben, dass die Kraft aus der Höhe kommen wird. Wie in Jerusalem – so an allen Pfingstlocations 2022. Are you ready?!“[2]

> „Ein Abend voll von der sanften Gegenwart Gottes. Mit stimmungsvollem Worship, tiefen Gebeten, Möglichkeit zum Sakrament der Versöhnung und Heilung, praystations und Anbetung. Lass dich hineinfallen in die Umarmung deines himmlischen Papas.“

Programm und Sprache sind auf ein Publikum zugeschnitten, das für eine „Vision“ gewonnen werden soll:

> „Wir sehnen uns nach einem neuen Feuer des Heiligen Geistes in unserem Land, nach einem neuen Pfingsten. Im Herzen der

> Kirche wollen wir daher für eine Erneuerung der Kirche beten, wirken und leben. Im Vertrauen auf die Gnade und Charismen Gottes schaffen wir Räume, in denen Gott erfahrbar und geliebt wird. Wie ins Haus von Nazareth kann Er in unser Leben einziehen. Ein Leben in Gemeinschaft macht uns heiler. Als Jünger Jesu wollen wir uns gegenseitig auf dem Weg der Heiligkeit ermutigen."

Die pentekostale Handschrift der Loretto-Bewegung zieht sich durch alle Initiativen und bestimmt ihre Spiritualität. Sie setzt auf eine hohe Vergemeinschaftungsdichte in Gebetskreisen, in Liturgien, in ihren „Jüngerschulen". Auch hier ist von einer „Vision" die Rede:

> „VISION: Menschen in die Freiheit & Schönheit Gottes führen
> METHODE: Jüngerschaft – der Weg, den Gott uns gezeigt hat
> STRATEGIE: Lokale Kirche bauen & Influencer im deutschsprachigen Raum sein"[3]

Der Weg Gottes findet sich im Evangelium. Seine Auslegung geschieht in einer Hermeneutik der gemeindlichen Anwendung und der persönlichen Erfahrung. Die Unmittelbarkeit der religiösen Empfindung verbindet sich dabei mit einem kirchlichen Rahmen, in dem eucharistische Frömmigkeit und sakramentale Buße besondere Akzente setzen. Die Glaubensform ist traditional geprägt, was sich nicht zuletzt in einer Sexualmoral zeigt, die dem katholischen Anforderungsprofil des Katechismus entspricht und einen Unterscheidungsmarker gerade für Jugendliche setzt. In einem Beziehungsleben, das auf Sex vor der Ehe verzichtet, wird die Entscheidung für den Weg des Evangeliums greifbar.

Das ganzheitlich-existenzielle Programm entspricht in strategischer Hinsicht der Arbeit mit „Influencern", die in die Gesellschaft wirken, indem sie selbstwirksame biographische Modelle präsentieren. Religionsästhetisch spiegelt es sich in der pentekostalen

Inszenierung einer Begeisterung, die den Glauben mit permanenter Intensität auflädt. Bilder und Gesichter bilden ein Energiefeld des Glaubens. Dieses Ensemble erlaubt Gemeinschaftserfahrung in einer stark individualisierten Lebenswelt. Es koppelt sie im Format eventreligiöser Katholizität an einen Glauben, der eine hohe Sicherheit im Wissen um den Willen Gottes und seinen Weg *für uns* verspricht.

Dabei ergeben sich Spannungsmomente in der theologischen Disposition dieses katholisch-pentekostalen Projekts:

- bei der Koordination von persönlichen Bedürfnissen (subjektive Erfahrungsdimension von Religion) und ihrer Formatierung durch die Gemeinschaft (objektivierte Wahrheits- und Geltungsansprüche): zwischen Autonomie-bezogenen Lebensgestaltungserwartungen und ethisch-religiösen Forderungen in einer heteronom ausgerichteten Glaubensform[4] (Offenbarung in der Heiligen Schrift *als solcher*; sexualethische Normen);
- in der ästhetischen Regie wird die Unverfügbarkeit eines offenbarungsbasierten Glaubens mit einer „starken Regulation von Affekten“ verknüpft.[5] Mit „affektiv-verkörperten Skripten“ werden Erfahrungen gelenkt. Was als Gnade codiert wird, erweist sich medientheoretisch als „Erzeugen eines holistischen Erlebnisses“.
- Das Spannungsgefüge von Autonomie und Heteronomie wird inszeniert, aber nicht thematisiert: „Außergewöhnlichkeit wird hergestellt und mit einer speziellen Subjektivierung verknüpft, die den expressiven Auftrag (Zeugnis) mit introvertierter Frömmigkeit und Bußbedürftigkeit zusammenbringt.“

Die Widerspruchsform individualisierter Event-Objektivität tritt damit subjekttheoretisch, theologisch und medial auf. Es handelt sich um ein religionsproduktives Format, das auf Performance setzt und reflexives Wissen um die Inszenierung ausschaltet. Gegenwart Gottes wird zum Event. Sie greift *direkt*, *unmittelbar*. Der theologische Anspruch wirkt mit Bezügen auf das Evangelium und die Sakramente aus dem Hintergrund. Aber er wird *untheologisch* eingespielt: ohne kritischen Abstand zum Erfahrungsgegenstand, zur beanspruchten Glaubenswahrheit. Es handelt sich um ein religionskonsumtives Format. Von religiöser Seite wird bedient, was sich im säkularisierten Kapitalismus mit einer eigenen Produktion von Sakralem beobachten lässt: die Einrichtung einer Scheinwelt in der Produktion von Bedürfnissen.[6] In der Loretto-Welt werden sie als unhintergehbar gesetzt, als Wahrheitsform. Aber sie bleiben in den spirituellen Warenfluss eingelassen. Sie bedürfen eines hohen Aktivierungslevels und stehen unter jenem ästhetischen Druck, den sie mit der Intensität der Events erzeugen. Sie sind hoch professionell, marketing-logisch ausgerichtet und nicht zuletzt deshalb im ausgewählten Jugend-Sektor attraktiv.[7]

Religionsästhetisch wird Religion hier als Ware inszeniert – im Paradox verfügbarer Unverfügbarkeit des Allerheiligsten. Die Bilder realer Gegenwart werden selbst zu einer – im Wortsinn – *Reklame des Sakralen.* Werbung stellt eine postsäkulare Kommunikationsform dar. Sie ist selbstbezüglich, indem sie ein Produkt in den Mittelpunkt stellt, das von seiner Inszenierung abhängt. Das soll zwar bei den Pfingst-Events von Loretto theologisch nicht der Fall sein, aber in der Medien-Event-Religion *offenbart sich* die Inszenierung als Wahrheitsform einer Teilhabe am Göttlichen. Es wird wie in den eingangs geschilderten Prozessionsbildern mit dem Allerheiligsten offeriert.

Bei der Loretto-Bewegung handelt es sich um eine religiös-säkulare Transformation, in der sich – und darum geht es im gegebenen Zusammenhang – entscheidende Marker *römisch-katholischer* Kirchenform auflösen:

- das Moment ästhetischer Objektivität wird seinerseits inszeniert und subjektiviert;[8]
- die kirchliche Wahrheitsmacht wird beansprucht, aber in einer evangelikal-pentekostalen Kommunikationsform zugleich überschritten;
- die katholische Sakralform des Amtes wird auf das Modell einer Jüngerschaft hin erweitert, das im charismatischen Ereignis den Drehpunkt sakraler Gemeinschaftsbildung besitzt.

Dieser Transformationsprozess ist mit mehreren gesellschaftlichen Dynamiken verbunden: mit religiös-säkularen Transfers, die auf politischer Ebene wie im Innenraum katholischer Kirchenzuschreibung ablaufen.

Religionskulturelle Auflösung römischer Katholizität – säkularisierungstheoretische Kartierungen

Die „europäischen Sonderwege" (Friedrich Wilhelm Graf) religiöser Traditionen auf dem politischen Feld, aber auch in ihrer kulturellen Bedeutung sind im 21. Jahrhundert zunehmend global verwoben.[9] Friedrich Wilhelm Graf hat in diesem Zusammenhang von einer „Wiederkehr der Götter"[10] gesprochen und seine Überlegungen unter dem Stichwort „Götter global"[11] präzisiert. Graf identifiziert „vier Prozesse religiöser Globalisierung: die weltweite Ökumene, die Glaubensrevolution der Pfingstchristen, die kreationistische Internationale und die Wiederkehr des Heiligen Krieges" (13). Diese Prozesse sind global bedingt und werden lokal sichtbar, zunehmend auch in Europa, wo sich die Religionsgegenwarten dramatisch verschieben. Die Loretto-Bewegung stellt dafür katholisches Anschauungsmaterial bereit.[12] Hier zeigt sich religionskulturell die Kontaktzone einer „Vielfalt der Christentümer" (14ff.), die einen christentumsgeschichtlichen Pluralisierungsschub auch in den Kirchen selbst auslösen. Über rasant zunehmende Migrationsströme erreicht er auch die pastorale Organisation der großkirchlichen Gemeinden in Europa. Im Zuge einer immer greifbareren Entkonfessionalisierung verändert sich der europäische Religionsmarkt mit flottierenden Zugehörigkeiten. Die historisch gewachsene Anpassungsfähigkeit des Christentums ermöglicht hier unterschiedliche Anschlüsse. Seine Inkulturationskompetenz basiert dabei auf der Ausbildung einer theologisch-religiösen Grammatik, die mit Differenzen umzugehen erlaubt. „Das christliche Symbolsystem ist in sich sehr spannungsreich und widersprüchlich, stark geprägt von zahlreichen Vorstellungselementen der religiösen Umwelt.“ (20) Dem entsprechen unterschiedliche Formen kirchlicher Vergemeinschaftung, wobei sich die nationalkirchlichen Traditionen auflösen und andere kirchliche Erfahrungsräume nicht zuletzt im Zeichen von Event-Religiosität schaffen.

Die Pentekostalisierung und Evangelisierung der römisch-katholischen Kirche (Weltjugendtage, Nightfever, Loretto-Bewegung) belegt, wie sich die von Graf markierten Trends zum Teil überschneiden und wechselseitig verstärken, aber auch wie marktförmig sie dabei als Angebotsinszenierung formatiert sind. Religiöse Distinktionen schärfen Profile und liefern – auch fundamentalistische – Identifizierungsmöglichkeiten.[13] Sie lösen angesichts religionskultureller Verunsicherung – auch durch das Anwachsen muslimischer Communities – kulturelle Irritationen aus. Dabei kann man nach Graf nicht von einem *clash of civilizations* (Samuel Huntington) sprechen, weil diese These

> „die Homogenität und innere Geschlossenheit von Gesellschaften überschätzt. Religionspolitisch viel gewichtiger, gerade in Europa, sind die normativen Konflikte innerhalb religiös pluralistischer Gesellschaften.“ (33)

Man muss hinzufügen: und innerhalb von Kirchen und religiösen Gemeinschaften selbst. Anhand von bioethischen Fragen und symbolpolitisch aufgeladenen Diskussionen über sexuelle Identitäten („Gender-Ideologie“) und ihren rechtlichen Status entzünden sich reguläre Kulturkämpfe. In ihnen bilden sich wiederum konservative Allianzen über konfessionelle und religionsgemeinschaftliche Grenzen hinweg. Im Hintergrund wirkt Skepsis gegenüber dem Pluralismus säkularisierter, offener Gesellschaften. Dabei entspricht diese Form von transversaler Religiosität spiegelverkehrt der „Bricolage“ von „Sinnbastlern“ (34): „Alles Mögliche, Sport, Politisches, die Kunst, auch Sex, kann mit religiösem Sinngehalt aufgeladen werden." (35) Das wiederum führt zu religionskonfliktiven Entladungen, wie sie sich zum Beispiel in konservativen kirchlichen Allianzen in den USA zeigen.[14] Teile der US-amerikanischen katholischen Bischofskonferenz belegen Politiker, die liberale Positionen in der Abtreibungsfrage vertreten, mit einem Kommunionverbot. Ihre Verbündeten stammen aus dem weit gesteckten Trump-Lager, in dem sich evangelikale, pentekostale, fundamentalistische Religionsakteur:innen zu einer religionspolitischen Ökumene vereinbaren. Aber nicht nur im Kampf gegen liberale Politiker:innen, sondern auch in der religionskulturellen Disposition finden hier Religionsgemeinschaften zusammen. Für die römisch-katholische Kirche bedeutet das mehr als nur Spannungen unter Bischöfen, sondern auch zum Papst und zu anderen katholischen Ortskirchen. Die fundamentalistische Glaubensform (sei es mit Letztbezug auf die Bibel oder auf das kirchliche Lehramt) und eine politische Agenda, die auf kompromisslose Eindeutigkeit und eine binäre Logik von Wahr-Falsch-Unterscheidungen setzt, entspricht auf der einen Seite den Anspruchsformularen des Katechismus und des Kirchenrechts. Sie hebt aber auf der anderen Seite jene differenzierte katholische Kirchenform auf, die seit dem 2. Vatikanischen Konzil das Verhältnis von Dogma und Pastoral, von Kirche und Welt als ein dynamisches Spannungsgefüge darstellt. Universal- und Ortskirche, Papst und Bischofskollegium, Schrift, Tradition und Lehramt (DV 10), besonderes und allgemeines Priestertum: diese Marker einer differenzierten ekklesiologischen Grammatik bestimmen die Form, in der sich die römisch-katholische Kirche im Kontakt mit der „Welt von heute" (GS) *ad intra* wie *ad extra* kommuniziert.

Dabei tritt ein inneres Spannungsmoment auf, das sich wiederum in den religionskulturellen Verschiebungen einer evangelikal-pentekostalen Ökumene zeigt. Der Papst als Garant der römisch-katholischen Kircheneinheit muss zugleich ihre Überschreitung verbürgen. Er vertritt die katholische Differenz *als Bischof von Rom*. Das wird zur katholischen Widerspruchsform, wenn Papst Franziskus Positionen einnimmt, die von konservativen Bischöfen und Kardinälen als unvereinbar mit der römisch-katholischen Lehrtradition angesehen werden.[15] Die Einheit der römisch-katholischen Kirche läuft dann über wechselseitige Auflösungen einer trennscharfen katholischen Identität:

- im Vorwurf einer päpstlichen Abweichung von der Lehre, die er qua Amt mit allen Vollmachten zur Geltung bringen kann;
- in der paradoxen Intervention eines Papstes, der genau das macht, was er tun soll: die Reinheit der Lehre zu bewahren, dies aber mit einer Überschreitung der vorliegenden *Lehrform dogmatischer Eindeutigkeit* zu verbinden.[16]

Gerade weil religiöse Sprache konstitutiv mehrdeutig ist, ermöglicht sie plurale Anwendungen. Sie erlaubt aber auch eine theologisch begründete Ambiguitätstoleranz. Als zivilisatorisches Gegengift kann sie angesichts religionspolitischer Übergriffe auf die eine Wahrheit im Namen des jeweils eigenen Gottes wirken. Damit stellt sich das katholische Feld allerdings auch religionspolitisch hoch ambig dar. Katholische Abtreibungsgegner in den USA unterstützen nicht nur Donald Trump, der in sexualethischer Hinsicht persönlich vielem widerspricht, was die katholische Morallehre verlangt, sondern ebenso seine restriktive Einwanderungspolitik, die der Menschenrechtsagenda von Papst Franziskus entgegensteht. Innere Widersprüche des Katholizismus werden aber nun genau von dieser kirchlichen Position aus bekämpft. Das Ringen um katholische Eindeutigkeit pluralisiert das religiöse Feld vor diesem Hintergrund paradoxerweise. Religionskulturelle Gegensätze lassen sich in der katholischen Kirche durch Amt und Person des Bischofs von Rom nicht nur nicht aufheben. Sie verstärken sich.

Dieses Auflösungsmoment des *römischen* Katholizismus besitzt eine globale Dimension. In dem Maße, in dem die Pfingstkirchen zu Hauptprofiteuren auf den globalen Religionsmärkten des 21. Jahrhunderts werden, verändern sie die Formen gelebter Religiosität. Sie pluralisieren und individualisieren kirchliche Zugehörigkeit entlang von Kriterien, die im gemeindlichen Innenbezug spirituelles Erleben und charismatische Erfahrung betonen, im gesellschaftlichen Außenbezug eine distinkte Moral, eine Ästhetik der Unterscheidung von liberalen Einstellungen sowie eine wertkonservative Politik vertreten. Aber dieses Setting bleibt nicht nur Aspekt einer differenzierten Gesellschaft auch kirchlicher (und mithin katholischer) Gegenwarten, sondern verstärkt die Pluralisierungseffekte. Der Religionsmarkt wird erweitert und bestückt.

Der Blick auf die USA macht deutlich, dass dies religionspolitische Konflikte nach sich zieht, die sich besonders bei den Präsidentschaftswahlen 2016 und 2020 zeigten. Sie haben sich so verstetigt, dass sich zwischen Demokraten und Republikanern kaum noch politische Zusammenarbeit vorstellen lässt. Dieser Spannung entspricht wiederum die Eskalation von religionskulturell wirksamen Einstellungen. Globale Religionskonflikte bestimmen die politischen Agenden des 21. Jahrhunderts in einem eminenten Maß. Vor diesem Hintergrund plädiert Friedrich Wilhelm Graf für eine Domestizierung der Religion durch Religion (251) und setzt auf Religionskulturen, die den Glauben an Gott mit Differenzierungsmustern reflexiv verbinden. Sie geben Transzendenz auch in der Weise Ausdruck, dass die unterschiedlichen religiösen Bezugsformen die eigene Kontingenz markieren (79ff.). Im Gegenzug ergibt sich das Problem, dass sich z. B. „religiöse Schöpfungssemantik" (80) ins Beliebige auflöst und als allgemeine Sakralisierungstechnik in säkulare Kontexte übergreift. Als soziologische Tatsache mit theologischem Vermerk ist von daher festzuhalten: „Der eine Gott wird von unterschiedlichen Akteuren auf je eigene Weise ausgelegt und vergegenwärtigt." (81)

Genau das wirkt *innerkatholisch* auf die Rolle des Bischofs von Rom und das kulturelle Kirchenformat des *römischen Katholizismus* zurück. Das bestimmende Einheitsmoment löst sich in den Gegensätzen auf, in denen sich katholische Identitätsinteressen kanalisieren.

Gegenwarten des politischen Katholizismus

Carl Schmitt hat in seiner Schrift „Römischer Katholizismus und politische Form“[17] die „Kontinuität von katholischer Kirche und römischem Imperium“ betont. Es herrsche dabei ein

> „gewisser Relativismus gegenüber der bunten Menge möglicher Anschauungen, rücksichtslose Überlegenheit über lokale Eigenarten und zugleich opportunistische Toleranz in Dingen, die keine zentrale Bedeutung haben.“[18]

Das Bindungsmoment der römischen Kirchenzentrale wird damit bestätigt, aber zugleich offengehalten. Das lässt sich als ein weiteres Kriterium römischer Katholizität in Anschlag bringen: die disziplinäre Beweglichkeit bei dogmatischem Feststellungsinteresse. Theologische Verbindlichkeit gestattet Deutungsspielräume. Allerdings hat sich diese spezifische Kultur einer katholischen Abweichung erst auf dem Boden der historischen Doppelformation des römischen Katholizismus seit dem 16. und 19. Jahrhundert entwickelt. Theologiegeschichtlich kann man sie am Gnadenstreit des 16. und 17. Jahrhunderts beobachten, der qua päpstlicher Entscheidung offen ausgeht.[19] Der Papst verweigerte die Verurteilung eines der oppositionellen Ansätze von Dominikanern (Domingo Báñez) und Jesuiten (Luis de Molina). In der Form einer differenzbezogenen Dogmatik, die unterschiedlichen Perspektiven Raum gibt, wird zugleich eine politische Theologie betrieben. Denn die handelnden Päpste trugen den beteiligten Ordensgemeinschaften wie dem Interesse des spanischen Königs Philipp III. Rechnung, der als katholischer Monarch sowie als König von Sizilien und Neapel direkten politischen Einfluss auf Rom besaß.

Mit der politischen Dimension des römischen Katholizismus ist nach Carl Schmitt eine Anpassungsfähigkeit verbunden, die sich in der formativen Phase des 16. Jahrhunderts in den Akkommodationspraktiken der katholischen Missionen, vor allem der Jesuiten, zeigt.[20] Sie erweist sich aber auch im dogmatischen Bereich: einerseits als eine Technik zur Konfliktlösung, andererseits als eine differenzbezogene Wahrheitsform. Die entscheidende Frage ist dabei, wie weit der „gewisse Relativismus" (Carl Schmitt) in Konflikten trägt, wenn gegen einen solchen Ansatz interveniert wird. Das betrifft zum einen den päpstlichen Kampf gegen jede Form eines Relativismus, wie ihn Benedikt XVI. programmatisch geführt hat. Das berührt zum anderen den politischen Katholizismus, der sich an Identitätsmarkern wie der Abtreibungsfrage auflädt.

In den USA spielen sich die Auseinandersetzungen im Rahmen eines religionspolitisch offenen Feldes ab, das der Staat nicht reguliert. Es wird von Demokraten und Republikanern in der Weise besetzt, in dem sich religiöse Identitäten an der gesetzlichen Ermöglichung z. B. eines Schwangerschaftsabbruchs festmachen. Katholisch identitäre[21] Abtreibungspositionen werden politisch über die Legislative und Judikative nicht zuletzt dann wirksam, wenn – wie von Präsident Trump 2020 – Richterposten am Supreme Court nachbesetzt werden. Das konservativ dominierte Oberste Gericht hat im Jahr 2022 die Entscheidung im Prozess Roe versus Wade von 1970[22] kassiert, mit der eine Abtreibung unter bestimmten Bedingungen möglich wurde.[23]

Hier zeigen sich Überschreitungen von religionsgemeinschaftlichen Linien, die nach innen identitär besetzt sind, aber nach außen nicht nur Koalitionen gestatten, sondern einen mentalitätsbildenden Zusammenhang bilden. Im religionspolitischen Feld erweist sich der römische Katholizismus dabei nicht nur als plural, sondern in internen Konflikten als gespalten. Damit löst sich ein wichtiges Moment seiner formativen Kraft auf: die *bestimmende Wahrung kirchlicher Einheit von Rom her.*

Das lässt sich am religionskulturell weit aufgefächerten Feld des römischen Katholizismus in Lateinamerika zeigen – einem Kontinent, der in mehrfacher Hinsicht besonders aufschlussreich für Auflösungsprozesse des römischen Katholizismus ist:

- mit der kulturellen Prägekraft des Katholizismus seit der Conquista und der römisch-katholischen Missionsarbeit seit dem 16. Jahrhundert;
- mit einer bis in die Gegenwart mehrheitlich katholischen Bevölkerung, in der aber pentekostale Bewegungen zunehmend an Boden gewinnen;[24]
- mit der Bedeutung Lateinamerikas für die Gegenwart des römischen Katholizismus, die im Zeichen von Reformagenden des ersten Papstes aus diesem Kontinent steht.

Die katholische Kirche in Zentral- und Lateinamerika war nach dem 2. Vatikanischen Konzil von innerkirchlichen Zerreißproben bestimmt, die *politisch* die Rolle der Kirche in südamerikanischen Militärdiktaturen und *innerkatholisch* die Rolle der Befreiungstheologie betrafen. Der Kampf gegen die Befreiungstheologie wurde im Pontifikat von Johannes Paul II. gegen prominente Vertreter wie Leonardo Boff[25] sowie am wirksamsten über Bischofsernennungen geführt. Das ausdrückliche Verbot des Papstes, dass sich Priester wie Ernesto Cardenal in Nicaragua politisch engagierten, legte die ambivalente politische Rolle der katholischen Kirche in Lateinamerika offen. Einerseits sollten sich religiöse Akteure politisch zurückhalten, andererseits profitierte die Kirche von ihrer Nähe vor allem zu rechten autoritären Regimen. Sie waren mit einem katholischen Traditionalismus verbunden, den Gemeinschaften wie das *Opus Dei* innerkirchlich unterstützten. In sich verstärkenden Wechselwirkungen blieb der politische Katholizismus überaus einflussreich. Er bevorzugte dabei eine Kultur politischer Einbindung, die sowohl Johannes Paul II. als auch der Präfekt der Glaubenskongregation Joseph Ratzinger und spätere Papst Benedikt XVI. eigentlich kritisierten – wobei besonders Johannes Paul II. das *Opus Dei* förderte.

In der Konsequenz ihres Kampfes gegen die Befreiungstheologie und die katholischen Basisgemeinden stärkten sie die bischöfliche Hierarchie, lösten damit aber eine kirchliche Einflusssphäre auf, die vor allem von pentekostalen Gemeinden besetzt wurde. Indem sie das politisch konservative Milieu stärkten, behinderten sie basisgemeindliche Dynamiken und religiöse Erwartungen, die evangelikal-charismatische Gruppen seit den 1990er Jahren nutzten. Mit der Umformung des religionspolitischen Felds löste sich aber nicht nur der formierende Zugriff der römisch-katholischen Kirche in Südamerika allmählich auf. Die pentekostale Transformation ist als globales Phänomen selbstwirksam. Sie kann zwar katholisch über charismatische Gemeinschaften reintegriert werden, überschreitet sie aber religionskulturell mit ihrer Rekombination von individuell-religiösen, spontanen und religionsgemeinschaftlich transversalen Bindungen.

> „Viele Gläubige kann man als ‚amorph religiös' bezeichnen, insofern sie bedarfsorientiert in verschiedensten Organisationen praktizieren. Eine Informantin eines Forschungsprojektes in brasilianischen *favelas* (geleitet von Paulo Barrera, São Paulo) ist bei den pfingstlichen Assembleias de Deus wegen deren Gemeinwesenarbeit engagiert; wenn sie Ruhe vom Stress der Stadt braucht, geht sie zur katholischen Messe; und wenn sie krank ist, zum afroamerikanischen Candomblé."[26]

Für den römischen Katholizismus ist diese religionskulturelle Transformation von besonderer Bedeutung, weil sich ihr Traditionsbezug markant verändert. Er wird nicht aufgegeben, aber in einen pluralen religiösen Bewegungsraum eingeordnet. Die katholische Tradition wird zu einem Reservoir. Sie lässt sich bedarfsorientiert abrufen. Rekombinationen entsprechen allerdings nicht dem Selbstverständnis des römischen Katholizismus mit seinen exklusiven Bindungsansprüchen. Das hat Folgen auch für die politische Dimension des römischen Katholizismus:

> „Im Katholizismus ist die Legitimation über die kirchliche Tradition etabliert. Die Tradition ist auch dann noch der entscheidende Operator, wenn – wie im katholischen Fundamentalis-

mus etwa des Opus Dei – moderne Identitätspolitiken rational entworfen werden. Letztere bedienen sich immer der kirchlichen Tradition als Argumentationsmuster und mobilisieren ihre Anhänger mit entsprechenden Inhalten. Die wohl wichtigste Entwicklung im US- und lateinamerikanischen religiösen Feld dürfte hingegen eine Verschiebung hin zur charismatischen Legitimation seit den 1970er Jahren sein. Im Unterschied zur rationalen und traditionalen Legitimation entwickelte sich seit Beginn des 20. Jahrhunderts mit der Pfingstbewegung die Idee einer charismatischen Legitimation durch direkte göttliche Offenbarung. Seit den 1970ern breitet sich das Modell der charismatischen Legitimation immer stärker auch auf Evangelikale und Katholiken (Charismatische Erneuerung) aus – und zwar im Zusammenhang mit der Herausbildung einer technokratisch gebildeten Schicht sozialer Aufsteiger (in den USA insbesondere im *Sun belt* und dem sich verändernden *Bible belt*). Etwas später fand auch in den meisten Ländern Lateinamerikas eine ähnliche Entwicklung statt. Alternativ zum sperrigen Biblizismus, aufwändiger theologischer Argumentation oder zur Autorität kirchlicher Tradition entwickelte sich so eine postmoderne Legitimationsstrategie von starker ritueller Dynamik und hoher Mobilisierungskraft. Diese wurde sowohl in den USA als auch in Lateinamerika auf vielfältige Weise von der religiösen Rechten zur Legitimierung des herrschenden neoliberalen Gesellschaftssystems nutzbar gemacht.“ (43)

Entlang dieser Linienführung wird der innerkirchliche Konflikt zwischen Liberalen und Konservativen scharf. Er führt an die Grenze der Regulierungsfähigkeit durch die römische Kirchenzentrale, weil er an katholisch unterschiedlich anschlussfähigen Mentalitäten hängt. In diesen Konflikten löst sich das Paradigma jenes römischen Katholizismus auf, in dem Carl Schmitt seine politische Form ausmachte. Für Lateinamerika bedeutet das:

> „Die stabileren und mit Strategien der Distinktion verbundenen sozialen Positionen werden tendenziell eher von der Katholischen Kirche vertreten – je traditioneller der Lebensstil, umso stärker dem traditionalistischen Katholizismus zugeneigt. Die neueren, weniger stabilen, aber in Aufstiegsdynamik befindlichen Positionen tendieren eher zum postkonziliaren Katholizismus oder zu neopentekostalen Angeboten, die beide mit fließenden Grenzen zwischen Klientel aus der Oberschicht und (oberen) Mittelschicht operieren." (250)

In Lateinamerika hat die katholische Kirche ihre politische Nähe zur Macht seit der Kolonialzeit erhalten – vornehmlich zu Regierungen, die ökonomische Besitzverhältnisse und den gesellschaftlichen Status quo erhalten sowie zugleich den privilegierten Ort der Kirche im Staat stärken. Das gilt auch für die Einflusssphären in einem Land wie Brasilien[27], dessen Verfassung „ein Verhältnis der Verbindung oder Abhängigkeit zu einer Religionsgemeinschaft oder Kirche" untersagt.[28] Die katholische Kirche hat hier lange Zeit eine Vormachtstellung angestrebt.

> „Dieses Projekt der Hegemonie ist unter den Bedingungen der religiösen Diversifizierung in den letzten Jahrzehnten problematisch geworden. Um eine Perspektive auf so etwas wie persönliches Heil und Wohl zu erlangen, weichen immer mehr Menschen auf protestantische Kirchen aus. Die Katholische Kirche reagiert darauf mit einem Projekt der Evangelisation der Kultur und der Zivilgesellschaft. Bei diesem Projekt ist die Katholisch-charismatische Bewegung von besonderer Bedeutung, die mit der Pfingstbewegung und der Neopfingstbewegung wichtige religiöse Dispositionen teilt. Damit hat sie ebenfalls eine Tendenz zur charismatischen Legitimation, die allerdings anders als bei den Neopfingstlern durch die gleichzeitig weiter bestehende traditionale Legitimation der kirchlichen Hierarchie konterkariert wird. Für die mobilisierende Wirkung

dieser Bewegung unter katholischen Gläubigen ist allerdings das kollektive Erleben der charismatischen Versammlungen entscheidend; und von dort her wird auch die Berechtigung charismatischer Legitimationsweisen immer wieder bestätigt. Damit teilt also die Katholisch-charismatische Bewegung bis zu einem gewissen Grad die postmoderne Logik, mit der neopfingstliche Experten sich nach Belieben aus dem Anspruch direkter göttlicher Offenbarung die Legitimität ihrer Interessen ableiten, sei es für autoritäre Kirchenleitung, sei es für kategorische politische Urteile oder auch für die Zuschreibung göttlichen Wohlgefallens auf bestimmte Politiker.“ (260)

Damit lässt sich die Auflösung des römischen Katholizismus mehrfach fassen:
- in seiner politischen Dimension,
- in seiner kulturell bestimmenden Kraft,
- in den soziologischen Transformationsprozessen differenzierter Gesellschaften[29] sowie
- in den religionskulturellen Transferzonen der globalisierten Gegenwarten des 21. Jahrhundert.

Auflösungsprozesse des *römischen* Katholizismus in den gesellschaftlichen Gegenwarten des 21. Jahrhunderts

Dieser Befund lässt sich mit einer Kirchenbindungsstudie der Diözese München-Freising präzisieren.[30] Sie ist aufgrund ihrer methodischen Qualität von hoher Aussagekraft, aber auch wegen des besonderen Stellenwerts dieser Diözese, die traditionell katholisch geprägt ist und aus der Joseph Ratzinger stammt, der zunächst als Erzbischof des Bistums und dann später als Papst amtierte.

Ihre Befunde sind in verschiedener Hinsicht zu kontextualisieren:
- mit Blick auf die Eigendynamiken katholischer Kirchentraditionen in unterschiedlichen Regionen und Ortskirchen, die je ei-

gene Herausforderungen, Lebensformen und Verwirklichungen *römischer* Katholizität aufweisen;

- in Wahrnehmung der globalen Religionsstatistiken, denen zufolge die römisch-katholische Kirche in absoluten wie in relativen Zahlen an Mitgliedern weiterhin zunimmt – allerdings mit einer deutlichen regionalen Verschiebung in die südliche Hemisphäre und einem Stillstand in Europa;[31]
- mit Blick auf die Prognosen der Mitgliedszahlen von Religionsgemeinschaften, die bis 2050 eine markante Dynamik zugunsten des Islam in Aussicht stellen.[32]

Damit ist zum einen Europa – und insofern auch die Erzdiözese München-Freising mit ihrer Kirchenbindungsstudie – als ein Sonderfall zu betrachten. Zum anderen stellt sich die Frage, ob sich in den spezifischen Formen religiöser Vergemeinschaftung und katholischer Kirchenbindung ein Szenario zeigt, das unter den Bedingungen einer politisch offenen, säkularisierungsaffinen, digitalisierten Gesellschaft relevante Trends und Entwicklungen sichtbar macht. Damit verbindet sich der Blick auf Prozesse in anderen Weltkirchen-Regionen. So haben auch in so unterschiedlich geprägten Ländern wie Polen und den USA die Mitgliederzahlen der katholischen Kirche in einem mittelfristigen Längsschnitt abgenommen.[33] Diese Entwicklung hängt mit religionskulturellen Umbrüchen zusammen, nicht zuletzt mit der Aufdeckung des Missbrauchsskandals. Bei zunehmend konsequenter Aufklärung in allen Ortskirchen und unter Berücksichtigung der Täterzahlen ist zum einen damit zu rechnen, dass sich Missbrauchsfälle analog wie in den bereits veröffentlichten Studien aus der Weltkirche darstellen, zum anderen, dass sich damit auch immer mehr Kirchenaustritte verbinden werden. Einen weiteren Faktor stellen die kirchenstatistischen Auswirkungen der Corona-Pandemie dar. Für Italien als ein Stammland des Katholizismus spricht die Gruppe *Essere qui*[34] um den Soziologen Giuseppe de Rita von einer „verschwundenen Herde“ und einem rapiden Relevanzverlust der katholischen Kirche.[35]

Die Rückwirkung auf die religionskulturelle Prägekraft der katholischen Kirche sowie auf die gelebte Mitgliederbindung lässt sich noch nicht absehen – womit wiederum die Modellbildung von Kirchenbindungsformen in der Münchener Studie an Bedeutung gewinnen kann. Denn diese Studie ist vor der Veröffentlichung der MHG-Studie und vor der Corona-Pandemie entstanden.

Der soziologische Rahmen der Studie, die mit den Methoden der Sinus-Milieu-Studien entstand, lässt sich mit einem Theorievorschlag von Armin Nassehi verbinden, der in einer funktional differenzierten Gesellschaft ihren Zeitbezug profiliert und damit wiederum den angesprochenen unterschiedlichen Gegenwarten Rechnung trägt. „Alles Sehen und Wahrnehmen findet stets gegenwärtig statt – es gibt nichts, was nicht jetzt und hier stattfindet.“[36] Nassehi verbindet diese zeitphänomenologische Grundeinsicht mit einem operativen Gesellschaftsbegriff. Alles, was geschieht, ereignet sich in gesellschaftlichen Gegenwarten, in denen man agiert, in denen man kommuniziert. Diese Gegenwarten sind unter Digitalisierungsbedingungen hoch vernetzt – mit Rückkopplungen und Anschlüssen, die eben auch die Bedeutung von lokalen kirchlichen Ereignissen, Vollzügen und Haltungen (wie in der Münchener Kirchenbindungsstudie ausgewiesen) in einem Komplex kirchlicher Gegenwarten verzeichnen. Diese Gegenwarten werden operativ hergestellt und fortlaufend prozessiert. Das bedeutet, dass sich Gesellschaft zugleich nur perspektivisch vermittelt – in performativer Teilnahme wie im reflexiven Abstand. Das wiederum heißt, dass „die unterschiedlichen Perspektiven sich in geradezu unterschiedlichen Welten aufhalten.“ (14) Damit löst sich die Vorstellung einer zentralen Perspektive auf Gesellschaft auf – sie wäre wiederum nur Aspekt einer gesellschaftlichen Gegenwart. Das wiederum schließt systemtheoretisch eine unhintergehbare Relativität von gesellschaftlichen Lebensformen, Handlungsmustern, Einstellungen und der operativen Herstellung von gesellschaftlichem (und eben auch religiösem) Sinn ein. Dieser Sinn lässt sich weder ein für alle Mal festlegen noch als ein zentraler

Code verallgemeinern. Die globalisierte Welt stellt sich angesichts der Pandemie, der ökologischen Krise sowie eines drohenden Atomkriegs im Zuge des Ukraine-Kriegs als eine Haftungsgemeinschaft dar, in der niemand den Folgen entkommt. Aber die Wahrnehmung, Bearbeitung und Steuerung globaler Phänomene findet nur in gesellschaftlichen Gegenwarten statt – was verständlich macht, dass man auch unter extremem Problemlösungsdruck nicht zu *einer Generallösung* findet.[37]

> „Eine *Gesellschaft der Gegenwarten* ist also eine Gesellschaft, die in erster Linie auf Perspektivendifferenz gebaut ist, auf Unversöhnlichkeit, auf widersprüchliche Praxisformen. Es entstehen dadurch unterschiedliche Anschlüsse, unterschiedliche Gegenwarten, unterschiedliche Kontexte, und gesellschaftliche Modernität scheint sich dadurch auszuzeichnen, mit dieser Differenziertheit klarzukommen." (18)

Für die katholische Kirche ist diese Herausforderung von besonderem Interesse, weil sie *als römische Ortskirche* zugleich einen *universalkirchlichen Anspruch* kommuniziert – in pastoral-praktischer wie in dogmatisch-theoretischer Hinsicht. In einer Gesellschaft der Gegenwarten erweisen sich aber die Kirchenbindungen und die Glaubensformen in einer Weise als übergängig, dass sich *mit den Mitgliedern der katholischen Kirche* zugleich die Einheitsform des Glaubens verschiebt. Sie hebt sich in der pastoralen Organisation von kirchlichen Glaubensräumen sowie den moralisch-dogmatischen Regulativen der katholischen Normmacht *performativ* auf. An verschiedenen Orten und in verschiedenen Zeitzonen – letzteres in einem temporalen wie kulturellen Sinn – entsteht katholischer Glaube je neu. Er wird operativ hervorgebracht, auch in ausdrücklich traditionalen Anschlüssen, die ihm eine Geltung eben *in dieser kirchlichen Gegenwart* verschaffen.

Das zeigt sich empirisch in der Kirchenbindungsstudie der Erzdiözese München und Freising.[38] Was und wo katholische Kirche ist, wird schillernder, uneindeutiger, zonaler. Die Motive und Formen katholischer Kirchenverbundenheit zeigen Übergänge in Glaubensbiographien und religiösen Einstellungen an. Umbrüche bilden sich in den persönlichen Glaubenszuschreibungen ab, die die Studie ausweist. Sie sind nicht ohne weiteres mit den festgelegten kirchlichen Glaubensformularen kompatibel: Wenn sich zum Beispiel 52 % der Katholik:innen ihrer Kirche „kritisch verbunden“ fühlen (16), wenn ein Drittel „mehr oder weniger austrittsgefährdet“ ist (27), wenn hochgerechnet nur drei Viertel Mitglieder der Kirche sind, „weil man an Jesus Christus glaubt“ (54; vgl. 38) und zwei Drittel ihren Glauben als „tragend“ mit einem „Gottvertrauen in allen Lebenslagen“ (43) qualifizieren, stellt sich in theologischer Hinsicht die Frage, woraus die katholische Kirche eigentlich besteht:

- Was bedeutet es, wenn sich die Kern-Verbundenheit auf eine Hälfte reduziert?
- Welche Konsequenz für die Bestimmung der Kirche als *Glaubensgemeinschaft* hat es, wenn ihre Kerninhalte von einem beträchtlichen Teil der Kirche in Frage gestellt werden?
- Wie geht die Kirche damit um, dass Kirchenmitgliedschaft *lebenspraktisch* und die Vorstellung von Kirche *inhaltlich* zu höchst ambigen Konzepten werden?

Diese Fragen setzen wiederum ein Normwissen von Kirche voraus, das sich im Katechismus der katholischen Kirche und ihrem Gesetzbuch sicher abrufen lässt, das aber selbst bereits den idealisierten Typus einer gelebten Kirchlichkeit *im Paradigma römischer Katholizität* voraussetzt. Womöglich, ja wahrscheinlich wurde dieser Idealtyp so nie gelebt. Aber er besitzt seit dem 16. und 19. Jahrhundert eine Modellfunktion und leitet Glaubensformen und -biographien an. Die Abweichungen von ihm werden von Theologie und Kirchenrecht berücksichtigt: als Sünde, gegebenenfalls mit Kirchenstrafen belegt. Dabei werden bestimmte Fragen seitens der Kirche praktisch erst gar nicht gestellt, um den Zugang zu Sakramenten nicht zu riskieren – etwa bei den vorbereitenden Gesprächen für eine Eheschließung. Auf die Frage, ob man sich eine Scheidung vorstellen und eine spätere Heirat ausschließen könne, dürften die meisten Brautleute eine Antwort geben, mit der ihre Ehe nicht gültig zu schließen wäre. Also verzichtet man auf zu genaues Nachfragen – was im Übrigen auch das Verständnis der Sakramentalität der Ehe von kirchlicher Seite verändert. Entscheidend ist an dieser Stelle ein anderer Aspekt: Die Festlegung katholischer Kirchenidentität beruht auf einer deduktiven Logik der Erfassung von Zugehörigkeiten. Der Weg führt vom Glaubenssatz zur Wirklichkeit. Vom Typus zum Einzelfall. Von der „großen Gottesidee Kirche“[39] zur individuellen Eingliederung in die Kirche nach dem CIC.

Diese Logik der Kirchenmitgliedschaft löst sich in einer *Gesellschaft der Gegenwarten* auf – wie die Münchener Kirchenbindungsstudie zeigt. Die normative *römisch-katholische* Kirchenform führt in Widersprüche, die wiederum durch neuere kirchliche Regelungen zum Kommunionempfang (wiederverheiratete Geschiedene, nichtkatholische Partner in konfessionsverbindenden Ehen) bearbeitet wurden. Das Modell des zentral organisierten römischen Katholizismus mit seinen kirchlichen Bindungsmustern hält im Horizont der Münchener Kirchenbindungs-Studie auf das Problem zu, dass sich die katholische Kirche in ihrer Ekklesiologie auf die lebensweltliche Wirklichkeit von übergängigen Glaubensbiographien einstellen muss. Damit verschiebt sich wiederum das Setting, in dem Katholizität erfasst werden kann: Wie versteht sich die katholische Kirche in ihrem Glauben, wenn sie von den Glaubensräumen der Menschen ausgeht, die Erfahrungen mit Gott, mit Jesus Christus und der Kirche machen? Es ergibt sich ein Spannungsgefüge von Wechselwirkungen, in dem die Bestimmung Gottes durch die Kirche und ihre (sakramentalen) Handlungsformen von religiösen Codierungen und Praktiken herausgefordert wird, die *kirchlich bezogenen Glauben* in *anderen Glaubensräumen* mit *je eigenen gesellschaftlichen Gegenwarten* aufsetzen.

Im Modell der Münchener Kirchenbindungs-Studie, die systemtheoretisch auf eine Gesellschaft der Gegenwarten abgebildet wurde, nimmt die Bestimmung der Kirche eine unabsehbare Dynamik an. So liegt die eigentliche theologische Herausforderung der Studie darin, dass sie zum Nachdenken über einen katholischen Kirchenbegriff als offene Suchbewegung bei der Entdeckung christlicher Glaubensräume auffordert. Und genau das überschreitet das *römisch*-katholische Kirchenmodell, indem es seine Auflösung in einer Gesellschaft der Gegenwarten verortet.[40]

Wo stehen wir? Die religionssoziologische Perspektive lenkte den Blick auf Auflösungsmomente des römischen Katholizismus, die einerseits mit pfingstlich-evangelikalen Bewegungen in der katholischen Kirche, andererseits mit Säkularisierungsprozessen verbunden sind. In einer hoch differenzierten Gesellschaft, in der man förmlich in unterschiedlichen Gegenwarten lebt, stellt sich die Frage, wie sich der innere Zusammenhang katholischer Kirchenidentität fassen und verwirklichen lässt. Dafür stand im antimodernen Konflikt der katholischen Kirche seit dem 19. Jahrhundert vor allem die Wahrheitsgarantie des Glaubens über die Absicherung der apostolischen Tradition. Die Frage ist, ob sie auch unter den Bedingungen einer globalisierten Weltgesellschaft mit ihren Pluralisierungseffekten trägt.

Vierte Blende: Die Auflösung des Wahrsprechens – der römische Katholizismus im Spiegel seiner Unfehlbarkeit

Papa infallibile: Römischer Ausnahmezustand als Normalität?

Die Szene ist berühmt. Von Anfang an wurde sie als ein Fanal päpstlicher Wahrheitsmacht gedeutet.[1] Als am 18. Juli 1870 die Dogmatische Konstitution *Pastor aeternus* von den Vätern des 1. Vatikanischen Konzils mit 533 Ja- bei nur zwei Gegenstimmen angenommen wurde, ging ein massives Unwetter über Rom nieder. Im Petersdom herrschte Dunkelheit. Der Text der Konstitution musste bei Kerzenlicht verlesen werden, während es blitzte und donnerte. Die Bischöfe der Minorität waren zu diesem Zeitpunkt bereits weitgehend abgereist: ein Protest nicht nur gegen die gegebene Definitionsform päpstlicher Unfehlbarkeit, sondern auch gegen die Art und Weise, mit der sie durchgesetzt wurde, nicht zuletzt vom Papst selbst. Das römische Gewitter wirkte wie die Bestätigung des Geschehens – auch in den unterschiedlichen Interpretationen, die es auslöste.

> „Deuteten es einige Gegner als Zeichen göttlichen Zornes gegen die Vergötzung eines Menschen, so gab es gleich drei Deutungen der Anhänger. Die einen sprachen von einer feierlichen Beerdigung des Gallikanismus, andere sahen darin ein Zeichen der letzten ohnmächtigen Wut der Mächte der Unterwelt, die vergebens gegen den Felsen Petri wüten. Am meisten jedoch machte schon in der Aula der Spruch die Runde: *Wir sind auf dem Sinai.*“[2]

Was unter Rückgriff auf die biblische Vorlage offenbarungstheologisch gedeutet wurde, erscheint im Rückblick als dramatische

Ironie. Unterschiedliche Perspektiven machten sich an einem Vorgang fest, der für kirchliche Erkenntnissicherheit sorgen sollte. Auch wenn es in diesem römischen Deutungsgewitter nicht um Letztgewisses ging: Das Rad der Interpretationen nahm Schwung auf. Es lässt sich auch mit definitiven Sätzen nicht abstellen. Das gelingt selbst dann nicht, wenn ein päpstlicher Spruch letztverbindlich entscheiden soll. Und so wird der kirchliche Sonderfall, dass eine Lehre der Kirche unfehlbar festgelegt wird, zum Bild einer Normalität, der die katholische Kirche in der Moderne nicht entkommt. Die Definition der päpstlichen Unfehlbarkeit stellt dabei einen normalisierten Ausnahmezustand dar. Zum einen ist es das einzige Dogma, das die Form der Dogmatisierung zum Gegenstand hat – eine Art Meta-Dogma. Zum anderen wurde nur in diesem einen Fall in der Moderne ein Dogma von Konzil und Papst verkündet – und zwar in performativer Beanspruchung der Festlegungsmacht, die das Dogma bestimmte. Vor allem aber handelt es sich um den Normalfall eines kirchlichen Ausnahmezustands, weil damit deutlich wird, wer der Souverän der Kirche ist – wer sie regiert.[3]

Pius IX. ging aber nicht nur unter meteorologischen Ausnahmebedingungen als *papa infallibile* in die Geschichte ein, sondern auch im Druckfeld der politischen Umstände, die das 1. Vatikanische Konzil zu einer Unterbrechung ohne Wiederaufnahme zwangen. Der Krieg zwischen Frankreich und Preußen, der am 19. Juli 1870 erklärt wurde, führte zum Abzug der französischen Schutztruppen aus Rom. Im September eroberten italienische Truppen die Hauptstadt des Kirchenstaats und machten ihm ein Ende. Einer selbstverständlichen Vorstellung der katholischen Kirche als *societas perfecta* war der Boden entzogen. Denn neben dem eigenen Volk (Katholiken), dem eigenen Recht (Kirchenrecht), der eigenen Ökonomie (der Heilsökonomie) und Ressourcensicherheit (im offenbarten Glauben) gehörte im 19. Jahrhundert auch der Anspruch auf territoriale Integrität zur Vorstellung von der römisch-katholischen Kirche als einer autarken Größe in dieser Welt.

Im politisch-weltlichen Raum wurden der Kirche ihre Grenzen aufgezeigt – mit einem römischen Restgebiet, das sich vor allem auf den Vatikan konzentrierte.

Die Vorstellung der Kirche als einer *societas perfecta* hatte sich im Übergang vom 16. zum 17. Jahrhundert als ekklesiologisches Leitmotiv entwickelt. Im 19. Jahrhundert wurde es mit einer weiteren Engführung auf den Papst und auf Rom als Ort der katholischen Kirchenregierung antimodernistisch präzisiert. So hat Papst Leo XIII. in seiner Enzyklika *Immortale Dei* (1.11.1885) zwar die unterschiedlichen Zuständigkeiten von Kirche und Staat markiert, damit aber eine spezifisch *römisch-katholische* Form der Gewaltenteilung verbunden. Indem der Papst weltliches und geistliches Wohl differenzierte, hob er zugleich den Vorrang der theologischen Ordnungsmacht hervor:

> „But, as no society can hold together unless some one be over all, directing all to strive earnestly for the common good, every Body politic must have a ruling authority, and this authority, no less than society itself, has its source in nature, and has, consequently, God for its Author. Hence, it follows that all public power must proceed from God. For God alone is the true and supreme Lord of the world. Everything, without exception, must be subject to Him, and must serve him, so that whosoever holds the right to govern holds it from one sole and single source, namely, God, the sovereign Ruler of all. ‚There is no power but from God.' (Rom 13,1)"[4]

Diese Vorstellung wirkte zwar im Innenraum der römisch-katholischen Kirche bis in das 2. Vatikanische Konzil hinein, löste sich aber lebensweltlich zunehmend auf. Je differenzierter moderne Gesellschaften funktionierten, desto aussichtsloser erwies sich die Idee einer *Kirche* als *societas perfecta*. Auch die katholische Kirche stellt ein gesellschaftliches Funktionssystem in der Kommunikation mit anderen Systemen, religiös wie politisch, kulturell wie soziologisch dar. In dem Maße, in dem das ekklesiologische Modell der *societas perfecta* das neuzeitliche und das (anti-)moderne Format des *römischen Katholizismus* bestimmte, begann es sich im historischen Moment seines innerkirchlichen Triumphs bereits aufzulösen. Denn der katholische Antimodernismus haftet an den Momenten, mit denen sich moderne Gesellschaften ausdifferenzieren und in denen auch der römische Katholizismus zu ihrem Aspekt wird – in der Vielfalt von Kirchen, von Religionsgemeinschaften, von religiösen und säkularen Überzeugungen.

Römische Wahrheit

Der scheinbar absolute Souverän seiner Kirche war seit der Auflösung des Kirchenstaats – mit einer Selbstbezeichnung des Papstes – der *Gefangene im Vatikan.*[5] Aber auch im intellektuellen Raum stieß die katholische Kirche zunehmend auf Gegner, die an Boden gewannen. Eine andere Denkform entstand: das Wissen um die historische Relativität menschlicher Erkenntnis. Darwins Evolutionstheorie, die sich bereits in den publikumswirksamen Büchern Alexander von Humboldts abzeichnete[6], stellte die alttestamentlichen Schöpfungsberichte und ihre Offenbarungsqualität in Frage. Das bürgerliche Selbstbewusstsein ökonomisch und politisch selbstbestimmt handelnder Subjekte, anders die Organisation der Arbeiterklasse in Gewerkschaften und Parteien sowie die Etablierung des modernen Nationalstaats führten zu parlamentarischen Demokratien, die monarchische Regierungen nicht länger als gottgewollt akzeptierten und die Beteiligung des Volkes durchsetzten. Diese Prozesse waren mit unterschiedlichen Säkularisierungsdynamiken verbunden, die dem Selbstverständnis der katholischen Kirche im 19. Jahrhundert entgegenwirkten.

Der Bischof von Rom wurde zunehmend zum Akteur aus dem Abseits, wenn es um die politische Gestaltung moderner Gesellschaften ging. Das stellt nicht Einflüsse und auch direkte Einflussnahme in Abrede. Aber keine Aufbruchsbewegung des 19. Jahrhunderts wurde von der katholischen Kirche positiv aufgenommen – erst mit Verspätung die soziale Frage durch Leo XIII. –, mit Ausnahme der neuen Massenmedien. Durch Pressekampagnen versuchten vor allem die Ultramontanen die kirchliche Öffentlichkeit zu erreichen und zu formieren. Dabei handelte es sich allerdings um eine rein technische Aneignung der „sozialen Kommunikationsmittel", wie es das Medien-Dekret des 2. Vatikanischen Konzils *Inter mirifica* noch formuliert. Hier finden sich die letzten Spuren einer katholischen Kontrollmacht, die Regeln für den Gebrauch der Medien festlegt. Meinungs- und Pressefreiheit sowie ihr Verständnis als *Vierte Gewalt* mit dem Anspruch und Recht auf kritische Beobachtung jeder gesellschaftlich wirksamen Macht wurden von der katholischen Kirche erst nach dem 2. Vatikanischen Konzil wirklich akzeptiert.[7]

Dabei war Pius IX. durchaus ein Medien-Profiteur. Das Marien-Dogma von 1854, die Unfehlbarkeits-Definition, der zunehmende Papst-Kult waren in nicht unerheblichem Maße mit Kampagnen verbunden, die seine Vorstellungen im Kirchenvolk popularisierten. Der erste Medien-Papst der Geschichte wurde aber von dieser Macht gleichzeitig beherrscht. Sie ließ sich nicht kontrollieren. So wenig sich die Vorgabe des Trienter Konzils durchsetzen ließ, Bibelausgaben nur mit Genehmigung Roms zu drucken, so aussichtslos war in einer differenzierten Gesellschaft die Form, in der sich katholische Geltungsansprüche adressierten – in einer allumfassenden Verbindlichkeit: als strafbewehrte Regeln und Vorschriften; als unzweifelhafte Wahrheiten, die dem gesellschaftlichen Diskurs entzogen waren. In Bürgerdemokratien mit weltanschaulichem Pluralismus führte dies in den unübersehbaren Widerspruch, den der Bischof von Rom mit seinem nicht nur universalkirchlichen Anspruch verkörperte: Der Stellvertreter Christi war ein Gefangener. Gegen die Mobilisierung einer nationalstaatlich begeisterten Öffentlichkeit in Italien lief sein Widerstand ins Leere – auch bei Katholiken. Was sich im Innenraum der eigenen

Kirche mit Druck auf abweichende Positionen durchsetzen ließ, stellte selbst wiederum nur eine unter vielen gesellschaftlich relevanten Positionen dar, wie sich gerade politisch zeigte. Die Entkoppelung von religiösen und staatlichen Kompetenzen ließ sich nicht mehr kassieren, selbst wenn es bis ins 20. Jahrhundert katholische Verfassungsstaaten gab. Und auch das lange Zeit stabile katholische Milieu in säkularisierten Staaten war eben genau das – eine Sphäre, ein gesellschaftlicher Bereich.

Auf diesem Feld musste seit Pius IX. jeder Papst agieren. Seine Wahl stand bereits unter den Vorzeichen einer politischen Spaltung des Konklaves zwischen strikter Abwehr moderner Positionen und ihrer behutsamen Aufnahme mit kirchlichen Reformen. Die erste Enzyklika Pius' IX. nach seiner Wahl zum *Pontifex maximus* am 16. Juni 1846 stellte dann bereits die Weichen eines Pontifikats, das im Zeichen eines kirchlichen Abwehrkampfes geführt werden sollte. In *Qui pluribus* vom 9. November desselben Jahres spricht der neue Papst einleitend von seiner Wahl. Pius IX. ist davon überzeugt, er sei

> „durch den geheimnisvollen Plan der göttlichen Vorsehung zum höchsten Pontifikat erhoben worden. Wir haben dies weder beabsichtigt noch erwartet; in der Tat ist Unsere Reaktion große Beunruhigung und Besorgnis. Denn wenn die Last des apostolischen Amtes mit Recht zu allen Zeiten als außerordentlich schwer und mit Gefahren behaftet angesehen wird, so ist sie in diesen für das christliche Gemeinwesen so kritischen Zeiten besonders zu fürchten."[8]

Kritisch sind diese Zeiten aufgrund der Infragestellung der Autorität der Kirche und des katholischen Glaubens durch Rationalismus, Indifferentismus in Wahrheitsfragen, aber auch durch politische Phänomene wie den Kommunismus. Hier zeichnet sich die Sorge vor einem radikalen Umsturz der gesellschaftlichen Ordnung ab, die der Papst auf dem Boden naturrechtlicher Begründungen mit eigenen Ansprüchen auch auf die territoriale Macht des Kirchenstaats bis zum Ende seines Pontifikats verband. Dass dies keine zufällige Konstellation darstellt, belegt die Geschichte des katholischen Antimodernismus wie die bis 1929 offene *römische Frage.* Hier überschneiden sich rechtliche, politische und dogmatische Perspektiven, die für den römischen Katholizismus kennzeichnend sind. Sie wurden in einem theologischen Geltungsanspruch verankert, den *Qui pluribus* auf die Rolle des *römischen Papstes* zuspitzte. Er verbürgt in Amt und Person eine theologische Gewissheit, die sich in den Auflösungsprozessen der Moderne bewährt – im Modus eines Wahrheitskampfes. Denn

> „Gott selbst hat eine lebendige Autorität eingesetzt, die den wahren und rechtmäßigen Sinn seiner himmlischen Offenbarung lehrt und festlegt und mit unfehlbarem Urteil jede Kontroverse des Glaubens und der Sitten bestimmt, damit die Gläubigen nicht durch jeden Wirbelwind der Lehre getäuscht und nicht durch menschliche Bosheit in die Irre geführt werden. Diese lebendige und unfehlbare Autorität liegt in der einen Kirche, die von Christus, dem Herrn, auf Petrus, dem Haupt, Fürst und Hirten der Gesamtkirche, errichtet wurde, deren Glaube nach göttlicher Verheißung niemals versagen, sondern immer und ohne Unterbrechung in den rechtmäßigen Päpsten fortbestehen wird, die, da sie von Petrus selbst abstammen und auf seinen Stuhl gesetzt wurden, auch Erben und Verteidiger seiner gleichen Lehre, Würde, Ehre und Macht sind. Und da ‚wo Petrus ist, da ist die Kirche' [S. Ambros., In Psal. 40], und da ‚Petrus durch den Mund des römischen Papstes spricht' [Conc. Chalced., Act. 2], und ‚immer in seinen Nachfolgern lebt und richtet' [Synod. Ephes., Act. 3], und ‚die Wahrheit des Glaubens denen bereitet, die sie suchen' [S. Petr. Chrysol, Epist. ad Eutich.], so sind die göttlichen Worte in dem Sinne auszulegen, dass dieser römische Stuhl des seligsten Petrus, ‚der Mutter aller Kirchen und Lehrmeisterin' [Trid. Conc., sess. 8 De Baptis.], den

ihr von Christus, dem Herrn, überlieferten Glauben stets unversehrt und unverletzlich bewahrt und in diesem Glauben die Gläubigen gelehrt hat, indem er allen den Weg der Gesundheit und die Lehre der unverfälschten Wahrheit zeigte, gehalten hat und hält."[9]

Hier zeigt sich etwas Grundsätzliches. Das Motiv unfehlbaren päpstlichen Lehrens wird so grundgelegt, dass es Pius IX. mit der Dogmatisierung der *Unbefleckten Empfängnis Mariens* am 8. Dezember 1854 beanspruchen kann. Es handelt sich um einen performativen Sprechakt des päpstlichen Lehramts. Es legt nicht nur ein Mariendogma vor, sondern setzt zugleich die eigene Definitionsmacht in Kraft.[10] Damit wird eine mehrfache Innovation der katholischen Lehrform betrieben:

- in einem Dogma, dessen Gegenstand nicht eindeutig von der Heiligen Schrift belegt ist, sondern nur auf dem Weg kirchlicher Interpretation *als mit der Schrift vereinbar* entwickelt werden kann;
- mit einer Lehre, die einen Erkenntnisschritt über den bisher allgemein anerkannten Traditionsbestand hinaus macht, indem sie eine verbindliche Anerkennung dieser mariologischen Glaubenswahrheit verlangt;[11]
- mit einer Lehrform, in der die definitorische Rolle des Papstes auf dem Weg der Wahrheitsfindung wie im dogmatischen Sprechakt vom Gesamturteil der Kirche entkoppelt wird: Ihr kommt weder eine Kontrollfunktion noch eine Rezeptionsbedeutung für die Bulle *Ineffabilis Deus* zu, mit der die Dogmatisierung vollzogen wurde[12];
- in der Disposition einer Lehre, die einerseits innovativ wirkt, weil sie dem Glaubensbestand einen Artikel hinzufügt, der andererseits als bereits der Sache nach immer zum Glauben gehörig ausgewiesen wird – womit sich die Frage stellt, warum dies von der Kirche nicht längst explizit gemacht wurde.[13]

Hubert Wolf hat in diesem Zusammenhang auf das Gutachten von

Andrea Maria Frattini aus der Päpstlichen Kommission aufmerksam gemacht, der sich seit 1848 mit der Frage eines Dogmas über die *Unbefleckte Empfängnis Mariens* auseinandersetzte.[14] Frattini bestätigt seinen Glauben an die *Unbefleckte Empfängnis Mariens*, weist ihn aber als „fromme Meinung“ aus – ohne übrigens zu begründen, wieso er an sie glauben kann. Das scheint fragwürdig, denn Frattini attestiert sowohl den fehlenden Rückhalt des Dogmas in der Schrift als auch eine klare Beleglinie der Tradition. Deshalb hält er eine Dogmatisierung aber für nicht angezeigt. Grundsätzlicher noch: Sie erscheint ihm angreifbar. Denn ein Dogma, das nicht unzweifelhaft in Schrift und Tradition verankert ist, ja dessen Gegenteil von Päpsten und Konzilien als Lehre vertreten wurde, stellt ein ekklesiologisches Problem ersten Ranges dar. Was einmal wahr war, kann nicht falsch werden. Die Kirche kann nicht einmal dies, dann das Gegenteil lehren. Frattini wendet damit das Traditionsargument gegen eine Überbeanspruchung der Tradition. Er stellt die Form der infallibilistischen Traditionssicherung in Frage, weil sie als ewig und endgültig sichern will, was aber genau damit in Inhalt und Form innovativ ist. Frattini arbeitet nicht weniger als einen Selbstwiderspruch des Traditionalismus heraus – ein Argument, das Päpste später gegen die Piusbruderschaft und ihr starres Beharren auf einmal gegebenen Traditionen ins Spiel bringen werden.[15]

Hier steht das pianische Modell des *römischen Katholizismus* vor dem inneren Widerspruch einer Tradition, die sich im Anspruch auf die Artikulation *einer* immer gültigen Wahrheit doch wieder pluralisiert. Die Tradition besteht *in den Interpretationen*, mit denen sie sich als Tradition formiert. Sie schließt an Traditionen an und erweist sich in ihrer Aufnahme als lebendig, eben als *Überlieferung*. Sie deutet Deutungen und setzt weitere frei. Das lässt sich exemplarisch mit einer Szene fassen, die historisch als zuverlässig überliefert gelten darf.[16] In einer Unterredung am 18. Juni 1870, zu der ihn Pius IX. vorgeladen hatte, bestätigte Kardinal Guidi seine Auffassung, „daß der Papst verpflichtet ist, für die unfehlbaren Dekrete die Traditionen der Kirchen zu untersuchen.“[17]

Daraufhin bemerkte der Papst offensichtlich: „La tradizione sono io." Diese Feststellung stellt nun ihrerseits eine Interpretation dar, die vom Konzil nicht gedeckt wird. Das Selbstverständnis des Papstes führt nicht nur über die Formulierungen von *Pastor aeternus* hinaus, sondern legt die Interpretationsregie des amtierenden Bischofs von Rom frei. Er *bestimmt* die Tradition – und das qua Amt, das wiederum nicht von seinem Handeln als Person zu trennen ist.[18]

Interessanterweise hat Pius IX. von seinem Lehrprimat keinen Gebrauch mehr gemacht. Die entscheidende dogmatische Leistung bestand in der selbstreferentiellen Absicherung des Primats. Sie führt zu einer ekklesiologischen Unwucht: zu einer Verschiebung des Verhältnisses von Schrift und Tradition hin auf die Auslegungsmacht eines Lehramts, das letztlich vom Papst dominiert wird.

Damit ist die Zentralisierung der römischen Wahrheitsmacht verbunden: Die doppelte Identifizierung des Nachfolgers Petri *als Stellvertreter Christi* personalisiert den Zugang zur Wahrheit in der Kirche und bindet sie an den Ort, an dem sich die apostolische Tradition verdichtet. Das zeigt sich im gelebten Anspruch Pius' IX., die Tradition nicht bloß zu vertreten, sondern zu verkörpern. Die Gegenwartsform des *Io sono* ist überzeitlich arrangiert, also jederzeit abrufbar.

Allerdings bewegt sich diese Disposition einer kirchlichen Wahrheit, die am Bischof von Rom hängt, in einem mehrfachen Zwischenraum:

- Sie ist auf diese Weise nicht als Lehre gesichert, also nicht verpflichtender Traditionsbestand des katholischen Glaubens.
- Auf dem Konzil waren sowohl der Gegenstand der Infallibilitätsdefinition als auch ihre Fassung Anlass von Debatten, die katholische Deutungsoptionen darstellten und nicht per se häretisch waren. Die Kritik an der Infallibilisierung des Papstes gehört zu einer kirchlichen Tradition, die über die längste Zeit rechtgläubig war.

- Diese Tatsache hat eigenes kirchliches Gewicht, denn ein Konzil gibt Auseinandersetzungen einen Raum. Es setzt die Möglichkeit einer diskursiven Wahrheitsfindung mit Argumenten aus Schrift und Tradition voraus, vorgebracht von Bischöfen mit eigenem apostolischen Rang.
- Die Entscheidung des Konzils beruhte nicht auf moralischer Einstimmigkeit[19], d. h. die Pluralität von Perspektiven blieb auch nach der Definition erhalten. Die alternative Deutung des Umfangs und der Funktion päpstlicher Infallibilität verschwindet nicht einfach, sondern gehört selbst zum Traditionsbestand der Kirche als einer Deutungsgeschichte.
- Der offenen Deutungsgeschichte des Infallibilitäts-Dogmas entsprechen die Einordnungen nach dem Konzil, die unterschiedliche Akzente setzten.[20]
- Zudem führte die Verschiebung des Konzils ohne weitere ekklesiologische Bestimmungen zu einem Problemstau. Das 2. Vatikanischen Konzil nahm eine präzisierende Einordnung päpstlicher Unfehlbarkeit in das Gesamtzeugnis der Kirche (LG 25) vor und legte damit einen eigenen Interpretationspfad an.[21]

In das Bild einer interpretativen Öffnung der Unfehlbarkeitslehre des 1. Vatikanischen Konzils gehören erkenntnistheoretische Fragen:

- Was bedeutet der Umstand, dass mit der vorliegenden Formel – freilich gegen ihren Sinn – ein Papst *in Wahrnehmung seiner Unfehlbarkeit* diese Bestimmung aufgeben *könnte*? Um dies auszuschließen, gibt es keine ausdrückliche Regel. Was absurd erscheint, weist auf eine Grenze des Dogmas hin, die als eine theologische Präsupposition ernst zu nehmen ist: Was *offensichtlich* widersprüchlich und unsinnig ist und über den Glauben der Kirche hinausführt, erweist sich per se als häretisch.[22]
- Was bedeutet die Tatsache, dass dieses Dogma einer Zustimmung durch ein Konzil bedurfte? Das Zeugnis der Kirche ist damit nicht nur für die Entstehung der Konzilsentscheidung von Bedeutung, sondern ein Aspekt der Wahrheitsfindung. Er wird nicht dadurch überflüssig, dass mit dem Unfehlbarkeits-

dogma eine *einzigartige*, aber nicht *absolute* Entscheidungsmacht des Papstes festgelegt wurde.

- Was bedeutet der begründete Widerspruch zu einem Dogma, der von einer erheblichen Anzahl von Bischöfen mit ihrer apostolischen Autorität zur Geltung gebracht wird? Dabei geht es nicht nur um Mehrheitsverhältnisse und die Art, wie sie zustande kommen – etwa durch die Geschäftsordnungen eines Konzils, das die Position der Mehrheit einseitig privilegiert wie auf dem Vaticanum I. Es geht mit der Frage der Abstimmungen vor allem um die Form kirchlicher Wahrheitsfindung. Was von einer qualifizierten Mehrheit nicht als zustimmungsfähig angesehen wird, kann nicht als katholischer Glaube anerkannt werden. Das gilt auch für die Rolle des römischen Papstes. Pius IX. führte Verhandlungen mit der Minorität auf dem 1. Vatikanischen Konzil und stützte sich auf die überragende Mehrheit der Infallibilisten. Deshalb konnte er am Ende den Kompromiss mit der Minorität blockieren. Aber: Er musste Unterstützung suchen.
- Wie geht man ekklesiologisch mit der Tatsache um, dass sich zwar am Ende auch die Bischöfe der Minorität unter kirchlichem Druck der Entscheidung des Konzils beugten, aber eine nicht unerhebliche Zahl ihrem Sinn weiterhin nicht zustimmte?[23] Über die namentliche Zustimmung hinaus hat sich ein Zweifel am Sinn des Dogmas in der katholischen Kirche gehalten – als Ausdruck katholischen Kirchenglaubens.
- Was bedeutet die schiere *Möglichkeit* einer historischen Falsifizierbarkeit päpstlicher Unfehlbarkeit angesichts konkreter Entscheidungen und Ereignisse mit Blick auf die Kirchengeschichte? Eine solche Möglichkeit wurde auf dem 1. Vatikanischen Konzil von Infallibilisierungs-Gegnern mit Beispielen angeführt und historisch nicht überzeugend widerlegt.[24]
- In diesem Zusammenhang ist die Feststellung einer unfehlbaren Lehre *ex cathedra Petri* von besonderer Bedeutung. Die Bedingungen hat *Pastor aeternus* nicht eigens festgelegt. Wann ein

Papst eine definitive Lehre vorlegt, schien den Konzilsvätern offensichtlich zu sein. In den Diskussionen um die Frauenordination zeigt sich allerdings gegenwärtig, dass es genau darüber wieder einen Interpretationsstreit geben kann.[25] Er endet dogmatisch und kirchenrechtlich erst, wenn ein Papst explizit die Infallibilisierungsformel von *Pastor aeternus* verwendet.[26]

Diese Fragen sind ekklesiologisch und dogmatisch offen und stellen Interpretationsanlässe dar. Sie bilden den Motor einer traditionsdynamischen Deutungsgeschichte des 1. Vatikanischen Konzils mit seiner besonderen Bindung der Unfehlbarkeit der Kirche an den Bischof von Rom.

Damit sind weitere Probleme verbunden:

- Die Paradoxie einer *notwendigen* Mehrheitsentscheidung des Konzils: Was wäre gewesen, wenn sich keine Mehrheit gefunden hätte? Wäre der Papst dann nicht unfehlbar? Wenn aber das Ergebnis ohnehin theologisch (als Wahrheit) feststand – warum dann abstimmen statt einfach deklarieren?
- Die Paradoxie der Anwendung des „ex sese", also der Bestimmung, dass der Papst ohne Zustimmung der Kirche eine unfehlbare Lehre vorlegen kann: Diese Klausel, die gegen historisch überkommene Einspruchsprivilegien der französischen Kirche eingefügt wurde, erhöht einerseits die Souveränität päpstlichen Wahrsprechens. Es bleibt andererseits dann aber nicht mehr viel, was in der Vergangenheit als infallible Lehre eines Papstes identifiziert werden kann, weil dieser den Akt des *ex cathedra* zum Ausdruck bringen muss.
- Das Problem einer unhistorischen Anwendung von *Pastor aeternus* auf die Vergangenheit: Entweder es gibt geschichtlich keine *Ex cathedra*-Entscheidungen vor 1870 – dann stellt sich die Frage, wie die Mehrheit der Konzilsväter sicher von solchen ausgehen konnte (und es galten bis ins 20. Jahrhundert mehr als die beiden Mariendogmen als infallibel). Oder man gibt der Rezeption höheres Gewicht.[27]

Der Sinn des Unfehlbarkeitsdogmas – und seine innere Auflösungsdynamik

Was bedeutet das für das Verständnis des Dogmas sowie für seine Bedeutung heute? Auch wenn sich die Definitionsmacht des Bischofs von Rom auf Fragen des Glaubens und der Moral beschränkt – ist die Primatslehre des 1. Vatikanischen Konzils mit dem Infallibilitäts-Dogma nicht Ausdruck einer absolutistischen Papstkirche?

> „Wenn der römische Papst ‚ex Cathedra' spricht, das heißt, wenn er in Ausübung seines Amtes als Hirte und Lehrer aller Christen kraft seiner höchsten apostolischen Autorität entscheidet, eine Glaubens- oder Sittenlehre sei von der ganzen Kirche festzuhalten, dann vermag er dies durch göttlichen Beistand, der ihm im seligen Petrus verheißen ist, mit jener Unfehlbarkeit, mit der der göttliche Erlöser seine Kirche bei der Entscheidung einer Glaubens- oder Sittenlehre ausgestattet haben wollte. Und deshalb sind solche Lehrentscheidungen des römischen Pontifex aus sich, nicht aber aufgrund der Zustimmung der Kirche unabänderlich."[28]

Für die katholische Kirche drohte sich im Wandel der Moderne der entscheidende Gehalt des christlichen Glaubens aufzulösen: dass sich Gott in der Geschichte selbst offenbart. Es ging und es geht bis heute um die Frage, wie sich eine immer und für alle gültige Wahrheit erreichen lässt. Muss nicht im Mahlstrom der Geschichte jede Wahrheit untergehen, weil sich die Bedingungen verändern, unter denen sie formuliert wurde? Diese Frage rührt an den Kern eines Glaubens, der sich an der Geschichte festmacht und in einem konkreten Menschen, dem Juden Jesus von Nazareth, die Wirklichkeit Gottes bestimmt. Im Gewitter von Rom ging es auch um Machtkompetenzen, nicht zuletzt aber um die Möglichkeit, die Wahrheitsfähigkeit von Glaubensüberzeugungen zu bestimmen.

Dieses Problem steht hinter dem Gedanken der Unfehlbarkeit des Papstes. Sie bringt die Unzerstörbarkeit der Kirche und ihres Glaubens, also der Selbstvermittlung Gottes in ihr zur Geltung. Die *Infallibilität* ist der *Indefektibilität* zugeordnet; erstere ist die Aussageform, letztere der Aussagegehalt.[29] Aber kann es überhaupt Aussagen geben, die unfehlbar wahr sind? Es gibt Situationen, in denen jeder darauf bestehen wird: konfrontiert mit falschen Beschuldigungen, angesichts eines Tatverdachts, für den man nachweisen muss, dass man sich an einem anderen Ort aufgehalten hat. Allerdings gelten auch für solche Aussagen Wahrheitsbedingungen: der Kontextbezug, aus dem sich ihr Wahrheitswert ergibt. Auch wenn man zur Tatzeit nicht anwesend war, kann man für einen Mord verantwortlich sein.

Ist das, was die Kirche lehrt, zuverlässig? Ein belastbares Zeugnis? Dogmen bestimmen, was der Glaube bedeutet. Sie funktionieren nach der Art von Straßenschildern: Sie regeln den theologischen Verkehr an Kreuzungen von Meinungen und sollen vor Geisterfahrern schützen. Das macht Sinn, spätestens wenn man mit religiösen Fundamentalisten konfrontiert ist. Besteht aber nicht umgekehrt auch die Gefahr eines dogmatischen Fundamentalismus? Ist das Dogma von der Unfehlbarkeit des Papstes nicht eine seiner Spielformen?

Auch wenn dem Papst mit dem Lehr- und Jurisdiktionsprimat eine einzigartige Macht in der katholischen Kirche zukommt, ist er doch nicht der Herr der Kirche. Er kann in ihr souverän handeln, bleibt aber in allem, was er lehrt, an die Kirche gebunden. Denn er verkündet keine neue Lehre, sondern bewahrt den Sinn des überlieferten Glaubens. Wenn es heißt, dass der Papst „aus sich, nicht aber aufgrund der Zustimmung der Kirche" entscheidet, dann wird der Bischof von Rom nicht von der Überlieferung der Kirche abgetrennt. Vielmehr bringt er eine Wahrheit zur Sprache, die aus sich heraus gilt – ohne einen Konsens über diese Wahrheit. Auch dies lässt sich mit dem Blick auf Zeugenaussagen verständlich machen. Ihr Wahrheitswert aber entscheidet sich an ihrer Plausibilität, an ihrer Nachvollziehbarkeit. Das gilt auch für den Papst. Er kann weder Maria in die Trinität aufnehmen noch diese leugnen. Auch wenn dies nicht eigens festgehalten wird, erwiese sich dies *per se* als Häresie. Es gibt also Wahrheitsbedingungen auch für unfehlbare päpstliche Aussagen. Dazu zählt das „getreue Festhalten an der Überlieferung", die erst die Grundlage für das Dogma der päpstlichen Unfehlbarkeit bildet. Das hat Konsequenzen:

1. Die Tatsache, dass dieses Dogma einer Entscheidung des Konzils bedurfte, dass der Papst sich also nicht einfach von selbst her als unfehlbar erklären konnte, macht performativ deutlich, dass die Unfehlbarkeit des Papstes eine Funktion im Ganzen der Kirche erfüllt. Deshalb hat das 2. Vatikanische Konzil die Unfehlbarkeit des Papstes mit dem Bischofskollegium verbunden. Wenn man gemeinsam lehrt, ist dies die höchste und beste Form (LG 25).
2. Die Bedeutung der kirchlichen Lehre muss immer wieder bestimmt werden. Sie bedarf der Interpretation angesichts neuer wissenschaftlicher Erkenntnisse und theologischer Einsichten. Die Weiterentwicklung der Unfehlbarkeitslehre durch das Zweite Vatikanische Konzil bringt dies zum Ausdruck. Es handelt sich um eine Präzisierung des dogmatischen Aussagesinns, der unter veränderten Bedingungen zwei Dinge fordert: Sensibilität für die Kirche in ihren vielfältigen Wirklichkeiten, also auch für die unterschiedlichen Orte, an denen Kirche lebt und glaubt, sowie für die geschichtliche Dimension der Glaubensbestimmung selbst.

Entsprechend zurückhaltend sind die Päpste mit dieser Lehrmöglichkeit umgegangen. Wie bereits erwähnt, hat es in der strittigen Frage nach der Möglichkeit einer Ordination von Frauen bislang keine formelle *Ex cathedra*-Entscheidung eines Papstes gegeben. Dass Aussagen der letzten Päpste zu dieser Frage vom römischen Lehramt wiederum als unfehlbar behauptet werden, führt ironischerweise in einen Interpretationskonflikt, ob dies der Fall sei. Damit verbinden sich Fragen:

- Müsste diese Aussage wiederum selbst als dogmatisch korrekt abgesichert werden?
- Und warum setzt kein Papst diesen Schritt mit einem formellen Akt der Definition?

Vielleicht deutet sich auf diesem Weg an, dass sich offene theologische Fragen auf diese Weise nicht lösen lassen – was auf die Spielräume aufmerksam macht, die das Dogma von der Unfehlbarkeit des Papstes lässt. Es ist selbst Aspekt eines geschichtlichen Interpretationsprozesses, in dem sich – im Hören auf Schrift und Tradition und ihrer Bestimmung auch in den Zeichen der Zeit – der Wahrheitswert des Evangeliums je neu bestimmen lassen muss.

Auflösung des Wahrsprechens – der Kontrollverlust der römischen Kirchenwahrheit

Das 2. Vatikanische Konzil hat auf mehreren Ebenen die autoritäre Wahrheitsform umgestellt, die sich mit der Ekklesiologie des 1. Vatikanischen Konzils verbindet: in dessen antimodernistischen Kampf gegen jede Relativierung der katholischen Bestimmung der Offenbarungswahrheiten. Bei dieser Wahrheitsform handelt sich letztlich um eine römisch-katholische Kirchenwahrheit, denn mit der Deutungsmacht über Schrift und Tradition wird der Geltungsanspruch der Kirche mit dem Papst an der Spitze performativ festgelegt.

Demgegenüber hat das 2. Vatikanische Konzil in seinen verschiedenen Dokumenten die *relative Wahrheit* anerkannt, die sich im Blick auf die Erfahrung Gottes und die Darstellung des Glaubens in anderen Religionen und Kirchen entdecken lässt. Und in der Wahrnehmung der Eigenlogiken säkularer Gesellschaften findet sich nicht nur Anlass kirchlicher Verurteilungen, sondern auch Potenzial für die Kommunikation des Evangeliums – namentlich in der Anerkennung der Religionsfreiheit.

Die beiden Kirchenkonstitutionen des 2. Vatikanischen Konzils haben eine theologische Grammatik entwickelt, um gesellschaftliche und religiöse Relativierungen des eigenen Glaubens nicht nur im Abwehrmodus zu bearbeiten, sondern für die Darstellung des Glaubens produktiv zu machen. Sie führen das Selbstverständnis der katholischen Kirche in den perspektivischen Wechselwirkungen *ad intra (Lumen gentium)* und *ad extra (Gaudium et spes)* durch. Auf dieser Linie liegt der Durchbruch zu einer geschichtlichen Hermeneutik des Offenbarungsglaubens *(Dei verbum)*. Mit der Aufnahme historisch-kritischer Exegese wird nicht nur eine Methode approbiert, sondern das Moment unausweichlicher geschichtlicher Glaubensbestimmung anerkannt. Dem ist eine katholische Einsicht zugeordnet: die dynamische Beziehung von Schrift, Tradition und kirchlicher Auslegung (besonders durch das Lehramt: DV 10).

Während sich damit eine Öffnung zum Dialog mit gesellschaftlichen Realitäten und ein Lernprozess im Kontakt mit anderen Wissenschaften abzeichnete, hat sich nach dem Konzil die habituelle Macht der *societas perfecta*-Ekklesiologie erwiesen. Zum einen wurde unter Johannes Paul II. mit Joseph Ratzinger als Präfekt der Glaubenskongregation die Bedeutung des kirchlichen Lehramts ausgebaut – eine Entwicklung, die mit der Umstellung von *ordentlichem* und *außerordentlichem Lehramt*, einer Innovation des 19. Jahrhunderts, zusammenhängt.[30] Zum anderen reagierte das römische Lehramt auf Diskurse und Erkenntnisse vor allem aus den Lebenswissenschaften mit einer kirchlichen Abwehrhaltung. Das wird vor allem in Fragen der kirchlichen Sexualmoral deutlich. Ihre Grundlage bildet ein enthistorisiertes Naturrecht, das auf die göttliche Schöpfungsordnung zurückgeführt wird. Seine Auslegung wurde in ontologischen Kategorien gefasst: Zweigeschlechtlichkeit, Hinordnung des Geschlechtsverkehrs auf die Zeugung von Nachwuchs, Heterosexualität als Norm. Eine Art schöpfungstheologisch-naturrechtliche Ewigkeitsklausel lieferte auch die Argumentationsbasis dafür, dass die Päpste seit Paul VI.

an einem Verbot künstlicher Geburtenregelung festhielten. Die Enzyklika *Humanae vitae* aus dem Jahr 1968 stellte ein Fanal dar. Der Papst hatte sich gegen die Mehrheitsmeinung der von ihm berufenen Kommission durchgesetzt und damit die römische Kirchenwahrheit noch einmal zementiert.[31] Verschiedene Ortskirchen reagierten darauf mit einer katholischen Problemlösungsformel: mit gewissensbasierten Ausnahmeregelungen. Der damit verbundene Individualisierungsschub im innerkatholischen Raum passte zeitgeschichtlich, führte aber auch – etwa mit der *Königsteiner Erklärung* der katholischen Kirche in Deutschland – zu einem latenten Dauerkonflikt mit dem römischen Lehramt.[32] Dessen Macht blieb kirchenbestimmend erhalten, aber seine Autorität nahm für eine unabsehbare Zahl von Katholik:innen bleibenden Schaden. Der intellektuelle Kontaktverlust mit verschiedenen Wissenschaftskulturen hat sich seitdem fortgesetzt. Das zeigt sich im Kampf des römischen Lehramts gegen Einsichten der Genderforschung, die mit biblizistischen Argumenten abgelehnt wird, aber auch – bis heute ohne lehramtliche Korrektur – in der Ablehnung homosexueller Lebensgemeinschaften, für die ein kirchlicher Segen nicht vorgesehen ist.

Dass sich auf diesem Feld Bischöfe inzwischen anders positionieren und in ihren Diözesen Segnungen ermöglichen, belegt die Auflösung jener kirchlichen Gouvernementalität, die mit dem ekklesiologischen Format des *römischen Katholizismus* entstand. Die römische Kirchenwahrheit etablierte sich seit dem 16. und 19. Jahrhundert als Verschränkung von Disziplinar-, Pastoral- und einer sakralisierten Wahrheitsmacht:

- mit den Mitteln einer katechetischen (Uni-)Formierung des Glaubens (Römischer Katechismus, Weltkatechismus);
- mit der dogmatischen Disziplinierung kirchlich Lehrender (Professio fidei);
- mit dem Ausbau der sakramentalen Selbstdeutung der katholischen Kirche (LG 1) sowie einer priesterzentrierten Liturgie (Eucharistie),

- der eine ästhetische wie leitungsbezogene Renaissance des Klerikalismus entspricht.[33]

An diesem Punkt macht sich ein kultureller Konflikt fest, der den Kern des dogmatischen Modells des *römischen Katholizismus* mit der primatialen Gewalt des Papstes betrifft. Von Paul VI. an haben alle Päpste an der Entscheidung festgehalten, dass die katholische Kirche nicht die Vollmacht besitze, Frauen zu Priesterinnen zu ordinieren.[34] Für diese Entscheidung ist, wie erwähnt, ein *infallibler päpstlicher Lehrsatz* geltend gemacht worden.[35] Zum einen ist diese Tatsache, wie bereits markiert, Gegenstand eines anhaltenden Deutungskonflikts. Zum anderen äußern sich zunehmend Ortskirchen auf dem weltweiten synodalen Weg, den Papst Franziskus angestoßen hat, sowie auch Bischöfe skeptisch gegenüber dieser Entscheidung. Das Drängen auf die Zulassung von Frauen zum priesterlichen Amt – sei es abgestuft und beginnend mit dem Diakonat, sei es vollumfänglich – stellt *in der katholischen Kirche* eine eigene Autorität dar: theologisch wie menschenrechtsbasiert argumentierend, von Bischöfen mit ihrer apostolischen Autorität getragen. Das führt in einen apostolischen Widerspruch, der sich vom römischen Lehramt bislang nicht auflösen ließ und der mit den synodalen Prozessen im Pontifikat von Papst Franziskus einen eigenen Diskursraum katholischer Wahrheitsfindung bildet.

Genau damit löst sich aber das Modell des kirchlichen Wahrsprechens im Format des *römischen Katholizismus* auf – und zwar in inneren Widerspruchsformen:

- bezogen auf die Frauenordination, aber auch auf sexualethische Normierungen: im Widerspruch der lebensweltlichen Referenzlosigkeit *im Moment* des päpstlichen Wahrsprechens, das von Rom aus die Weltkirche *diszipliniert;*
- im konsequenten Anspruch auf eine unfehlbare Wahrheitsmacht, repräsentiert in der *römischen cathedra Petri*, die aber zu einer Unschärferelation unfehlbaren Sprechens führt – wie sich bei der Diskussion um die Geltung des Verbots einer Frauenordination zeigt.

Dieser Auflösungsprozess verbindet sich wiederum mit der ekklesiologischen Form, mit der die beiden letzten Päpste ihr Amt verstanden und gelebt haben. Historisch führt der Weg dabei vom katholischen Antimodernismus des 19. und 20. Jahrhunderts zu einem veränderten Verständnis von Tradition, das auf dem 2. Vatikanischen Konzil Raum für unterschiedliche Perspektiven in der Kirche lässt. Vor allem wird im Kontakt zu anderen Religionen, zur Ökumene, zu den gesellschaftlichen Realitäten ein Raum neuer Glaubensbestimmungen eröffnet. In dem Maße, in dem er sich von anderen Überzeugungen herausfordern und auch relativieren lässt, entsteht ein anderes Modell von Tradition, als es Pius IX. im Blick hatte. Tradition wird nicht als überzeitliches Bezugsfeld für aktuelle Problemlösungen genutzt, sondern als lebendige Überlieferung des Glaubens, also auch als ein Lernfeld, als ein Raum für Entdeckungen im Zeichen des Evangeliums. Aber löst sich damit nicht der bleibende Wahrheitswert von Glaubensüberzeugungen auf, die von der Kirche einmal *als ewig* festgelegt wurden? Geht die Wahrheit der Kirche am Ende doch im Relativismus geschichtlich wandelbarer Einsichten und auch Ideologien unter? Damit steht eine andere Form innerer Auflösung des römischen Katholizismus vor Augen – im Spiegel *konservativer* Tradition.

Fünfte Blende: Römische Rückzugsgefechte im 21. Jahrhundert – zur tragischen Wahrnehmung Benedikts XVI.

Der Papst als römischer Revolutionär?

Niemand war vorbereitet. Das Konsistorium vom 11. Februar 2013 hätte ein Routinetermin sein sollen. Als Benedikt XVI. am Ende des Treffens seinen Amtsverzicht erklärte, bewegten sich die Reaktionen zwischen Fassungslosigkeit und Respekt vor der persönlichen Größe dieser Entscheidung. Die Erschütterung, die von diesem päpstlichen Beben ausging, konnte man den Gesichtern der Anwesenden ablesen. Von Politikern kannte man Rücktritte und konnte sie auch erwarten – aber von einem Papst? In die Sorge um Amt und Person des Papstes mischte sich historische Nachdenklichkeit. Sie fand ihr Maß am letzten Papst, der resigniert hatte: Coelestin V. im Jahr 1294. Während seines Pontifikates hatte Benedikt XVI. zweimal Coelestins Grab besucht, doch als Indiz eines eigenen Amtsverzichts ließ sich dies erst im Nachhinein deuten. Trotz der Vatileaks-Affäre in den Jahren zuvor war diesmal nichts durchgesickert.

Der Vorgang besitzt den Charakter eines kirchlichen Ereignisses. Es unterteilt die Wahrnehmung des Bischofs von Rom in ein Vorher und ein Nachher. Seit der Wahl von Papst Franziskus hatte sich die katholische Kirche an zwei Päpste gewöhnen müssen: Der eine amtierte, der andere lebte im Schatten des Vatikan, aus dem er sich immer wieder zu Wort meldete oder, wie im Zuge des Münchener Missbrauchsgutachtens, zu einer Stellungnahme aufgefordert wurde. Eine eigentümliche Ambivalenz von Rückzug und bleibender Präsenz bestimmte seitdem die Wahrnehmung nicht nur des zurückgetretenen und inzwischen verstorbenen Pontifex, sondern die ikonische Verdoppelung zweier Päpste in Weiß.

Die Inszenierung des Amtsverzichts bringt die kirchliche Ausnahmesituation zum Ausdruck, die Benedikt XVI. herstellte. In einem formalen Sinn *konservativ* mit Blick auf die kirchliche Funktion, aber auch die liturgische Würde seines Amtes erklärte der Papst seinen Rücktritt auf Latein, der römischen Kirchensprache seit der Antike. *Innovativ* wirkte die Entscheidung, dass er als *Papa emeritus* angesprochen werden sollte. Benedikt XVI. wurde also nicht wieder zu *Kardinal Ratzinger*, sondern begründete seine besondere Stellung mit seiner Aufgabe als Bischof von Rom. Wie ein Bischof, der weiterhin zu seiner Diözese gehört, ließ sich auch der Papst emeritieren. Eine doppelte Relativierung verbindet sich mit diesem Vorgang: die des Papstes im Blick auf seine ortskirchliche Funktion wie hinsichtlich der Form, mit der dieses Amt ausgefüllt wird. Die historische Erschütterung des Amtsverzichts hatte entscheidend damit zu tun, dass sich die katholische Kirche nicht nur aus Gewohnheit darauf eingestellt hatte, ein Papst bleibe als Stellvertreter Christi bis zu seinem Tod im Amt. Vielmehr wird seine besondere *repraesentatio Christi* damit verbunden. Stellvertretung als Lebensform: War es nicht das, was Johannes Paul II. in seinem Sterben als Erwartungshaltung an den *Vicarius Christi* festgelegt hatte? Mit der Entscheidung Benedikts XVI. veränderte sich dieses Amt.

> „Nachdem ich wiederholt mein Gewissen vor Gott geprüft habe, bin ich zur Gewissheit gelangt, dass meine Kräfte infolge des vorgerückten Alters nicht mehr geeignet sind, um in angemessener Weise den Petrusdienst auszuüben. Ich bin mir sehr bewusst, dass dieser Dienst wegen seines geistlichen Wesens nicht nur durch Taten und Worte ausgeübt werden darf, sondern nicht weniger durch Leiden und durch Gebet. Aber die Welt, die sich so schnell verändert, wird heute durch Fragen, die für das Leben des Glaubens von großer Bedeutung sind, hin- und hergeworfen. Um trotzdem das Schifflein Petri zu steuern und das Evangelium zu verkünden, ist sowohl die Kraft des Körpers als auch die Kraft des Geistes notwendig, eine Kraft, die in den

> vergangenen Monaten in mir derart abgenommen hat, dass ich mein Unvermögen erkennen muss, den mir anvertrauten Dienst weiter gut auszuführen."[1]

Mit der Innovationsgestalt des *Papa emeritus* hat der traditionsbewusste Theologe Joseph Ratzinger in Ausübung seiner Vollmacht als Papst einen Akt äußerster Souveränität gesetzt. Sie zeigte sich beim Rücktritt darin, dass er von niemand angenommen werden musste. Es genügte die performative Macht des Sprechakts. Gleichzeitig war diese Souveränität längst beschädigt – nicht nur durch die alters- und gesundheitsbedingte Abnahme der Kräfte des damals 86-jährigen Papstes.[2] Der Missbrauchsskandal, Vatileaks, Finanzskandale zeigten dem Papst die Grenzen seiner Regierungsfähigkeit auf. Das betraf seine körperliche und geistige Belastbarkeit, aber auch die pontifikale Amtsführung. Der Rücktritt Benedikts XVI. war nicht nur ein persönlicher, sondern auch ein politischer Akt. Das Amt nimmt eine neue Form an, wenn Päpste aus Gründen des zunehmenden Alters zurücktreten. Mit Benedikt XVI. steht diese Option ab jetzt immer im Raum. Auf Lebenszeit gewählt, dient der Papst als Stellvertreter Jesu Christi. Er repräsentiert ihn – aber, anders als bis zu Johannes Paul II., nur solange die Kräfte reichen. Insofern hat Benedikt XVI. das Amt des Papstes mit seinem Rücktritt auf ein neues Gleis gestellt.

Dabei ist ein Aspekt von eigenem Interesse: das Datum des Amtsverzichts. Benedikt XVI. trat zum Monatsende zurück. Zeitnahe kirchlich-liturgische Termine wären alternativ in Frage gekommen: zwei Tage nach der Ankündigung der Beginn der österlichen Bußzeit oder die Karwoche und vor allem das Osterfest selbst. Oder die Aussichten auf einen neuen Papst zu Pfingsten. Stattdessen entschied sich Benedikt XVI. für den weltlichen Kalender. Für einen liturgisch so empfindsamen Priester und Theologen wie Joseph Ratzinger handelte es sich um einen bemerkenswerten, ja irritierenden, auch nicht näher begründeten Schritt. Mit dem Datum hat der *Papa emeritus* das Amt jedenfalls kalendarisch ein Stück profanisiert.

Bereits vorher hatte er seine Auffassung vom päpstlichen Primat an einem markanten Punkt verändert. Mit dem Verzicht auf den Titel *Patriarch des Abendlandes* ging es Benedikt XVI. um eine Entkoppelung der Funktionen des Papstes.[3] Während aus der Sicht bereits des frühen Joseph Ratzinger der Titel des Patriarchen die jurisdiktionelle Dimension des Amtes zur Geltung brachte, sollte der Papst aus seiner Sicht vor allem für die Einheit im Glauben verantwortlich sein.[4] Innerhalb seines Primatsverständnisses machte Benedikt XVI. insofern einen Schritt auf ein gegenüber dem 1. Vatikanischen Konzil erneuertes Verständnis des Petrusdienstes zu. Damit vollzog er wie auch später beim Amtsverzicht eine traditionsbewusste Innovation – und machte dabei wiederum von der Souveränität der Entscheidungsmacht Gebrauch, die ihm qua Amt zu Gebote stand.

Es handelt sich bei diesen beiden Akten nicht um direkte Widersprüche der päpstlichen Amtsführung, wohl aber um paradoxale Koppelungseffekte. Im Gebrauch von Souveränität wird sie relativiert – ebenso wie die Tradition im Modus ihrer Bewahrung fortgeschrieben und innovativ *bestimmt* wird. Damit ergibt sich ein spezifisches Profil des Bischofs von Rom, das seitdem pluraler geworden ist:

- in der *Performance* des Amtes, das zwischen sakraler Aufladung und persönlicher Amtsführung Zug um Zug profanisiert wurde – was unter Bedingungen massenmedialer Kommunikation mit Johannes Paul II. begonnen hatte und in den spontanen Äußerungen von Papst Franziskus auf seinen fliegenden Pressekonferenzen sowie bei anderen Anlässen auf eine Entsakralisierung des Amtes zuläuft;
- in den Übergängen von Traditionswahrung und Innovationsschritten;
- in der ästhetischen Verdoppelung der *Figur des Papstes*, der Zuschreibungen von päpstlicher Autorität in innerkatholischen Konflikten entsprechen;[5]

- in Überlagerungen von sakraler Aura und profaner Macht des Papstes als „Stellvertreter Christi und Hirte der Gesamtkirche auf Erden“ (CIC Can. 331) sowie als Oberhaupt des Vatikanstaates, der als *Pontifex maximus* politisch auftritt und Menschenrechts-Agenden betreibt, ohne dass der Vatikan die Menschenrechts-Charta der *Vereinten Nationen* bislang unterzeichnet hätte;[6]
- mit einem veränderten Zeitregime in der Position des Stellvertreters Christi und der Idee seiner *Repräsentanz.*

Die letzten Worte, die Benedikt XVI. als Papst an seine Kirche richtete, lauteten schlicht und einfach: „Buona notte, e grazie a voi tutti!“ Der Papst der katholischen Bewahrung ging als „weißer Revolutionär“[7] in die Geschichte der römisch-katholischen Kirche ein.

Symbolische Papstwahl und emblematischer Abgang

Seine „kurze Geschichte der Gegenwart“ lässt der Schweizer Historiker Philip Sarasin über ein Jahr laufen, das in der Historiographie des 21. Jahrhunderts hinter dem Epochenjahr 1989 ein Schattendasein führt: 1977.[8] Für Sarasin handelt es sich um ein Schaltjahr, von dem her sich Prozesse verstehen lassen, die unsere Gegenwart bestimmen. *1977* erzählt vom Deutschen Herbst und dem Ende revolutionärer Träume, von Punk als Gegenkultur und von *Star Wars* mit dem religionsaffin klingenden „The Force may be with you!“. 1977 liefert die ersten Ausblicke auf eine künftige neoliberale Wirtschaftsordnung und auf jene Identitätspolitiken, die bis heute die globalen Arenen besetzen – nicht zuletzt religiös.

> „1977 wurden die Raumsonden Voyager 1 und 2 ins All geschossen (die als bisher einzige menschliche Artefakte 2012 und 2018 den interstellaren Raum erreicht haben) … und in Kalifornien der ‚Personal Computer‘ Apple II lanciert“.[9]

Der Ausblick in digitale Welten beginnt hier. Der PC wechselt allmählich in die alltäglichen Lebenswelten und bestimmt sie ökonomisch wie kulturell umfassend. Hier bildet sich ein Zusammenhang heraus, der einerseits höchst kontingent erscheint, andererseits aber genau so ein gesellschaftlich signifikantes Ensemble ergibt:

> „ein Bild von tiefgreifenden Verschiebungen, Veränderungen und Brüchen im Gefüge der Gegenwart. Die Gewissheiten der Moderne und der Glaube an die fortgesetzte ‚Modernisierung' durch sozialstaatliche Steuerung waren ebenso in eine tiefe Krise geraten wie der Glaube an die Revolution. Zeitgleich aber entstand eine neue technische Kultur, die personal und ‚vernetzt' sein sollte, während unruhige Geister begannen, jenseits der traditionellen Deutungsangebote von Massenmedien, Wissenschaft und konfessionalisierter Religion nach ‚Sinn' zu suchen."[10]

Für Sarasin handelt es sich um eine Zeit „globaler Erschütterungen"[11], die sich in einem „Jahrzehnt der Verunsicherung" verdichten.[12] In das Jahr 1977 fällt aber auch ein Ereignis, das Sarasin entgeht. Hier wurden Weichen gestellt, die für das Verständnis der Gegenwart von erheblicher Bedeutung sind. In München wurde der damals fünfzigjährige Theologieprofessor Joseph Ratzinger zum Erzbischof bestellt. Im selben Jahr ernannte ihn Papst Paul VI. zum Kardinal, sodass Ratzinger an den beiden Konklaven des Folgejahres teilnahm. Aus dem zweiten ging Karol Wojtyła als *Pontifex maximus* hervor. Sein Pontifikat hat die römisch-katholische Kirche in mehrfacher Hinsicht verändert. Seit Jahrhunderten war Johannes Paul II. der erste Nicht-Italiener auf dem Stuhl Petri. Seitdem ist kein Italiener mehr zum Papst gewählt worden. Sein engster Mitarbeiter wurde Joseph Ratzinger. Im Sinne seines bischöflichen Wahlspruchs leitete er als *Cooperator veritatis* die Glaubenskongregation des Vatikan. Die innerkirchlich entscheidende Perspektive dieses Pontifikats bestand darin, die Ergebnisse des 2. Vatikanischen Konzils umzusetzen. Der *Codex Iuris Canonici* (CIC) von 1983, die Neufassung des Kirchenrechts, sowie der *Katechismus der Katholischen Kirche* (KKK) von 1992 legten die Rezeption des 2. Vatikanischen Konzils fest. Sie bewegten sich in der normativ rechtlichen wie in ihrer dogmatischen Form auf dem Boden jenes römischen Katholizismus, der sich im 16. und 19. Jahrhundert als eine kirchlich umfassende Disziplinar- und Wahrheitsmacht formiert hatte.

Für ihre Durchsetzung erwies sich der Dogmatiker Joseph Ratzinger wie prädestiniert. Auf dem 2. Vatikanischen Konzil hatte er als theologischer Berater fungiert. Die Offenbarungskonstitution *Dei Verbum* trägt Züge seines theologischen Ansatzes, den er in seiner Habilitationsschrift entwickelt hatte. Mehrere Aspekte erwiesen sich als wegweisend:

- das geschichtliche Verständnis von Offenbarung als kommunikatives Geschehen;
- die Einsicht, dass sich Offenbarung Gottes nur ereignet, wenn und wo sie beim Menschen ankommt: also die Bedeutung des Rezeptionsprozesses;
- die Rolle notwendiger Auslegung dessen, was als eine Offenbarung anerkannt werden kann;
- der innere Zusammenhang von Schrift und Tradition, den Ratzinger dynamisch auffasst.[13]

Damit konnte der Präfekt der Glaubenskongregation im Sinne von DV 10 allerdings auch die Rolle des auslegenden kirchlichen Lehramts stärken. Auf dieser Linie ließ sich ein innovativer offenbarungstheologischer Ansatz, der umstritten war und Ratzingers Habilitation an den Rand des Scheiterns brachte[14], zu einer sowohl traditionsdynamischen als auch traditionswahrenden Theologie ausarbeiten.[15] Diese innere Spannung macht die produktive Kraft von Ratzingers Theologie aus, bedingt aber auch jene Konflikte, die sich in seiner Zeit als Präfekt der Glaubenskongregation abspielten.

Ratzinger führte Wahrheitskämpfe, die in katholischer Hinsicht eine Zeit der Verunsicherung prägten. In Südamerika setzte die Befreiungstheologie mit ihren Basisgemeinden auf ein auch gesellschaftspolitisch revolutionäres Verständnis des Evangeliums. In Asien entwickelten sich kontextuelle Theologien, die vor allem die Christologie im Spiegel der jeweiligen religionskulturellen Voraussetzungen reformulierten. Und in den westlichen Gesellschaften zeichnete sich das ab, was Joseph Ratzinger in seiner Rede auf dem Vorkonklave 2005 als „Diktatur des Relativismus" brandmarkte – eine Rede, die ihren Anteil daran hatte, dass der engste Mitarbeiter Johannes Pauls II. sein Nachfolger wurde.

> „Wie viele Glaubensmeinungen haben wir in diesen letzten Jahrzehnten kennengelernt, wie viele ideologische Strömungen, wie viele Denkweisen … Das kleine Boot des Denkens vieler Christen ist nicht selten von diesen Wogen zum Schwanken gebracht, von einem Extrem ins andere geworfen worden: vom Marxismus zum Liberalismus bis hin zum Libertinismus; vom Kollektivismus zum radikalen Individualismus; vom Atheismus zu einem vagen religiösen Mystizismus; vom Agnostizismus zum Synkretismus, und so weiter. Jeden Tag entstehen neue Sekten, und dabei tritt ein, was der hl. Paulus über den Betrug unter den Menschen und über die irreführende Verschlagenheit gesagt hat (vgl. *Eph* 4,14). Einen klaren Glauben nach dem Credo der Kirche zu haben, wird oft als Fundamentalismus abgestempelt, wohingegen der Relativismus, das sich ‚vom Windstoß irgendeiner Lehrmeinung Hin-und-hertreiben-lassen', als die heutzutage einzige zeitgemäße Haltung erscheint. Es entsteht eine Diktatur des Relativismus, die nichts als endgültig anerkennt und als letztes Maß nur das eigene Ich und seine Gelüste gelten läßt."[16]

Mit der Folie von Sarasins soziologischer Diskursgeschichte der Moderne und 1977 als ihrer Drehscheibe lässt sich Ratzingers Rede mit zeitgeschichtlichem Material füllen. Freilich sind nicht nur die Strömungen von Interesse, die Ratzinger anführt, sondern seine Position selbst. Sie ordnet sich in das Gefüge jenes Positionskampfes ein, in dem sich die katholische Kirche als Akteur befindet. Die Lösung des Präfekten der Glaubenskongregation: „Wir haben jedoch ein anderes Maß: den Sohn Gottes, den wahren Menschen. Er ist das Maß des wahren Humanismus." Dass Benedikt XVI. während seines Pontifikats eine christologische Trilogie über *Jesus von Nazareth*[17] veröffentlichte, liest sich ebenso als Erfüllung seines wahrheitstheoretischen Programms wie seine hermeneutische Absage an den Vorrang historisch-kritischer Exegese bei der Wahrnehmung der Christusgestalt. Joseph Ratzinger/Benedikt XVI. – so die Autorenangabe der Bände – bevorzugt den sogenannten *canonical approach*, also die durch die Kirche festgelegte Endgestalt und Ordnung der biblischen Texte. Sie werden in der Liturgie als *Wort Gottes* vorgetragen und anerkannt. Im Sinne der Offenbarungskonstitution *Dei Verbum* müssen die Texte zwar in ihrem historischen Kontext aufgefasst werden, aber ihre theologische Bedeutung vermittelt sich in der gegebenen Fassung der Texte. Hier zeigt sich der Übergang von Schrift, Tradition und Lehramt in der kirchlichen Form, die ihr Joseph Ratzinger/Benedikt XVI. gibt: Erst in dieser Konstellation entschlüsselt sich der Sinn der biblischen Texte als Wort Gottes. Damit wird aber letztlich die akute Auslegungsform durch das verbindliche Lehramt der Kirche bestimmend. In Konfliktfällen gibt es den Ausschlag; präziser: nötigenfalls, mit primatialer Souveränität, der Bischof von Rom.[18]

Die doppelte Namensnennung des Verfassers von *Jesus von Nazareth* ist vor diesem Hintergrund von eigenem Interesse für die Wahrnehmung des päpstlichen Amtes. Der Autor unterscheidet die beiden Positionen und Perspektiven. Er will als Theologe gelesen und diskutiert werden, während er zugleich nicht als bloße Privatperson schreibt. Die Differenzierung löst die Deckung von Person und Amt als Stellvertreter Christi zwar nicht auf, lässt aber eine Perspektivenverschiebung zu: Mit dem *theologischen* Blick ins *päpstlich Persönliche* wird auch die Rollenform des Amtes markiert. Sie wird *als repräsentative Inszenierung* sichtbar, und zwar durch den amtierenden Papst *als Theologe innerhalb der theologischen Diskursgemeinschaft.* Sein Lehramt nimmt sich hinter seiner christologischen Theologie und eben auch Theoriebildung zurück. Er macht sie argumentativ bestreitbar. Im Fall eines energischen Widerspruchs, ja möglicher Falsifizierung – und darauf beruht wissenschaftliche Argumentation – betrifft dies dann aber nicht nur *ein Buch des Autors*, sondern die Form, in der er seinen Glauben vertritt. Diese Form kann er nicht wie eine Theorie ablegen. Sie bestimmt seinen Zugang zum Amt des Stellvertreters Christi. Das Namensdoppel vollzieht insofern eine Relativierung. Sie greift auf die Position aus, die ihr Autor *lehramtlich* vertritt und *repräsentiert.*

Gleichzeitig verschiebt sich damit die Position, die der Autor *als Papst* vertritt. Die Christusgestalt, damit aber letztlich ihr *richtiges Verständnis*, steht gegen jede Ideologie, gegen jede Zeitgeist-Mode, gegen jeden wahrheitstheoretischen Relativismus. Dass sich die eigene Position im Kampf gegen andere philosophische und religiöse Auffassungen richtet, damit aber Aspekt einer diskursiven Formation bleibt, überspielt der Kardinalsdekan Joseph Ratzinger in seiner Predigt im Rahmen der Eucharistiefeier vor der Papstwahl. Die Bestimmung des kirchlichen Gegenübers – in Gestalt der verschiedenen *Ismen* – besitzt die Schärfe einer Wahr-Falsch-Unterscheidung. Sie rückt für die Wahrheitsmacht der Kirche nahe an die Form jener politischen Differenz heran, die Carl Schmitt mit seinem Begriff des Feindes markiert:

> „Die spezifisch politische Unterscheidung, auf welche sich die politischen Handlungen und Motive zurückführen lassen, ist die Unterscheidung von *Freund* und *Feind.*“[19]

Mit dieser Unterscheidung werden Momente des *römischen Katholizismus* an einem Wendepunkt der kirchlichen Entwicklung greifbar. Zu Beginn des 21. Jahrhunderts musste die katholische Kirche ihren Weg nach einem langen, politisch hoch wirksamen Pontifikat neu bestimmen: unter zunehmendem Säkularisierungsdruck, in Behauptungskämpfen des christlichen Glaubens. Sie betreffen die katholische Wahrheitsbestimmung. Sie muss sich auf dem pluralisierten Feld globaler religiöser und ideologischer Anbieter bewähren. Die römische Verbindung von dogmatischer Wahrheitsform, rechtlicher Gestalt und ihrer ästhetischen Objektivierung in der repräsentativen Form des kirchlichen Amtes hatte unter dem Pontifikat des verstorbenen Johannes Paul II. eine neue Intensität entwickelt. Sie erwies sich auf allen Ebenen als hoch produktiv:

- politisch mit der Wende von 1989, die der Papst aus Polen auf eigene Weise begleitet und in mancher Hinsicht forciert hat, für die er nicht zuletzt als *repräsentative Figur des Sieges über den Kommunismus* inszeniert und wahrgenommen wurde;[20]
- dogmatisch-rechtlich mit einer universalkirchlichen Profilschärfung (Neufassung des CIC und Weltkatechismus);
- ästhetisch mit der medialen Präsenz und Ausstrahlung des Papstes, der eine bis dahin unbekannte globale Reisetätigkeit entfaltete und mit seinem Sterben die *repraesentatio Christi* im Amt vollzog.

Für das Konklave 2005 stellte sich die Frage, in welche Richtung es gehen sollte. Mit der Predigt von Joseph Ratzinger war sie im Sinne einer klaren Unterscheidung nicht nur nach außen, sondern auch in das kirchliche Innen vorgegeben: Reformen mit einem entsprechenden Kandidaten für die Nachfolge des Papstes mussten sich auf dieser Diskurslinie bewegen. Ratzinger zog sie mit der Freund-Feind-Unterscheidung einer *ecclesia militans* des 21. Jahrhunderts. Unter veränderten Bedingungen versprach sie, die Wahrheit zu bewahren, wie sie die katholische Kirche nach ihrem Selbstverständnis *von jeher*, vertreten durch die Kirche von Rom und ihren Bischof, überliefert und verbürgt hatte – im Modell des römischen Katholizismus als Wahrheitsgarantie.

Die Papstwähler gaben bei der Ansprache des Kardinalsdekans nicht nur das Publikum. Sie waren Teil einer Inszenierung. Beim

Requiem für Johannes Paul II. hatte sie bereits mit einer bewegenden Geste des Liturgen einen Höhepunkt erreicht. Dem Trauergottesdienst stand Joseph Ratzinger vor. Während seiner Predigt wies er auf die verwaiste Papstloggia hin und versicherte die versammelte Gemeinde auf dem Petersplatz der Präsenz des Verstorbenen, den er beim himmlischen Vater adressierte. Dieser Übergang von Zeit und Ewigkeit entspricht der Wahrheitsform, die Ratzinger/Benedikt XVI. bis in seine Jesus-Trilogie beanspruchte: in der Geschichte das Übergeschichtliche erkennen zu können. Der eigene Standpunkt der Erkenntnis wird mit einer göttlichen Selbstvermittlung verschaltet. Gott hat sich in Jesus Christus selbst mitgeteilt. Die Kirche als lebendige *Traditio Christi* vermittelt dies. Das erkenntnistheologische Gefüge entspricht einer Selbstabsicherung, die als Offenbarung ausgewiesen wird – eine Form, die wiederum der nicht nur institutionellen, sondern auch dogmatischen Auffassung der Kirche als einer *societas perfecta* entspricht. Im historischen Moment des Konklaves 2005 erwies sich diese Kirchenform als identitätspolitisches Dispositiv – und fügte sich auf diese Weise in das zeitgeschichtliche Ensemble jener Zeit der Verunsicherung, für die – eben auch mit der Person und der historischen Figur Joseph Ratzinger – 1977 ein Schaltjahr darstellt.

Die Wahrheitskämpfe Joseph Ratzingers/Benedikts XVI.: Anti-Relativismus

Nach dem Konklave 2005 hielt der neu gewählte Papst Benedikt XVI. vor dem Kardinalskollegium und den Mitarbeitern der Kurie eine Weihnachtsansprache. Der Papst bestimmte hier das Leitmotiv seines Pontifikats – ganz auf der Linie der Predigt während der *Missa pro eligendo Romano Pontifice.* Benedikt XVI. beschwor eine „Hermeneutik der Reform“ des Konzils, die er von einer „Hermeneutik der Diskontinuität und des Bruchs“ abgrenzte.[21]

> „So wird beispielsweise die Religionsfreiheit dann, wenn sie eine Unfähigkeit des Menschen, die Wahrheit zu finden, zum Ausdruck bringen soll und infolgedessen dem Relativismus den Rang eines Gesetzes verleiht, von der Ebene einer gesellschaftlichen und historischen Notwendigkeit auf die ihr nicht angemessene Ebene der Metaphysik erhoben und so ihres wahren Sinnes beraubt, was zur Folge hat, daß sie von demjenigen, der glaubt, daß der Mensch fähig sei, die Wahrheit Gottes zu erkennen, und der aufgrund der der Wahrheit innewohnenden Würde an diese Erkenntnis gebunden ist, nicht akzeptiert werden kann."[22]

In seiner *Einführung ins Christentum* aus dem Jahr 1968 hatte Joseph Ratzinger „die Christologie als Relativitätslehre" vorgestellt.[23] Damit bezeichnete er den Bezug des Sohnes auf den Vater und die Wirklichkeit Gottes als trinitarische Beziehung. Es handelt sich um eine Wesensbestimmung, die allerdings an einem entscheidenden Punkt eine Relativierung auslässt: die der sprachlichen Bezeichnung und ihrer Deutung durch die Glaubensgemeinschaft der Kirche. In dem Maße, in dem sich die christologische Grundüberzeugung *der Sache nach* auf die Geschichte bezieht, nämlich als Inkarnation Gottes, entzieht sie sich ihr. Ratzinger bestimmt diesen Glauben *übergeschichtlich*: ganz von Gott her. Das aber ist nur möglich, wenn die Kirche als lebendige *Traditio Christi* einen authentischen Zugang zur Offenbarung Gottes gewährleistet. Dieser Zugang erschließt sich in der Eucharistiefeier. Sie bildet das Ursprungsgeschehen der Kirche mit dem Bezug auf das letzte Abendmahl. In ihr schenkt sich Jesus Christus selbst, vermittelt durch das repräsentative Handeln des Priesters. Diese Konstellation hebt in der Teilnahme an der Eucharistie zwar das Moment einer *vermittelten* Unmittelbarkeit nicht auf, aber im *theologischen* Reflexionsabstand wird sie eben *als unmittelbar* gedeutet und auf diese Weise wirksam. Die Selbstvermittlung Jesu Christi greift insofern im Interpretationsvorgang der Kirche – theologisch wie liturgisch. Hier wird die sakramentale Grunddimension der Kirche greifbar: als reale Gegenwart Gottes in den kirchlichen Zeichenhandlungen. Hier greift die entscheidende christologische Relativierung der Kirche: die Unterbrechung im Prozess der Überlieferung, die sich im Brechen der Hostie kreuzestheologisch abbildet. Sie schließt eine fundamentaltheologische Dimension ein, nämlich das Moment zeichengebundener Kommunikation des eucharistischen Geschehens. Kein Zeichen, kein Symbol enthebt sich seiner geschichtlichen Wahrnehmung. Theologische Deutung und die performative Wirklichkeit sakramentaler Zeichen schließen sich im Raum der Kirche zusammen. Diese Relativität ist unhintergehbar. Was die Offenbarungskonstitution *Dei Verbum* festlegt, den Zusammenhang von Schrift, Tradition und Kirche *als Auslegungsgeschehen* (DV 10), lässt sich auf dieser Linie bestimmen: zum einen im kirchlichen Lehramt, das *als Konzil* mit dem *Papst* an der Spitze diese Wahrheit dogmatisch festlegt, zum anderen in der Liturgie als Erfahrungsraum.

Hier verbinden sich Bestimmungsmomente des römischen Katholizismus *in nuce*: seine dogmatisch-rechtliche wie seine ästhetisch-repräsentative Form. Sie werden im Kampf der *ecclesia militans* gegen die Relativismen ihrer Zeit wirksam, die eine politische Dimension besitzen: mit gesellschaftlich anschlussfähigen und politische Entscheidungen anleitenden Ideologien. Es ist von daher konsequent, dass Benedikt XVI. wie schon als Präfekt der Glaubenskongregation auf verschiedenen Feldern seine antirelativistischen Wahrheitskämpfe führte. Dabei lösten seine Einlassungen immer wieder Konflikte aus. Das war exemplarisch bei der „Regensburger Rede“ der Fall, die der Papst am 12. Juni 2006 zum Thema „Glaube, Vernunft und Universität“ hielt.[24] In seinem Vortrag spielte der Papst ein Zitat des byzantinischen Kaisers Manuel II. Palaeologos aus einem Gespräch mit einem Muslim ein:

> „Zeig mir doch, was Mohammed Neues gebracht hat, und da wirst du nur Schlechtes und Inhumanes finden wie dies, daß

er vorgeschrieben hat, den Glauben, den er predigte, durch das Schwert zu verbreiten".

Das Zitat löste Empörung vor allem in großen Teilen der muslimischen Welt aus, weil es mit der Übernahme als Zustimmung verstanden wurde. Tatsächlich markierte der Papst im Folgenden eine markante Differenz im Gottesverständnis zwischen Christentum und Islam. Zugleich deutete er den religionspolitischen Rahmen an, der sich zeithistorisch mit Assoziationen eines gewaltbereiten Islams nach 9/11 verbindet:[25]

„‚Der Glaube ist Frucht der Seele, nicht des Körpers. Wer also jemanden zum Glauben führen will, braucht die Fähigkeit zur guten Rede und ein rechtes Denken, nicht aber Gewalt und Drohung … Um eine vernünftige Seele zu überzeugen, braucht man nicht seinen Arm, nicht Schlagwerkzeuge noch sonst eines der Mittel, durch die man jemanden mit dem Tod bedrohen kann …' Der entscheidende Satz in dieser Argumentation gegen Bekehrung durch Gewalt lautet: Nicht vernunftgemäß handeln ist dem Wesen Gottes zuwider … Für die moslemische Lehre hingegen ist Gott absolut transzendent. Sein Wille ist an keine unserer Kategorien gebunden und sei es die der Vernünftigkeit … An dieser Stelle tut sich ein Scheideweg im Verständnis Gottes und so in der konkreten Verwirklichung von Religion auf, der uns heute ganz unmittelbar herausfordert. Ist es nur griechisch zu glauben, daß vernunftwidrig zu handeln dem Wesen Gottes zuwider ist, oder gilt das immer und in sich selbst? Ich denke, daß an dieser Stelle der tiefe Einklang zwischen dem, was im besten Sinn griechisch ist, und dem auf der Bibel gründenden Gottesglauben sichtbar wird. Den ersten Vers der Genesis, den ersten Vers der Heiligen Schrift überhaupt abwandelnd, hat Johannes den Prolog seines Evangeliums mit dem Wort eröffnet: Im Anfang war der Logos. Dies ist genau das Wort, das der Kaiser gebraucht: Gott handelt ‚σὺν λόγῳ', mit Logos. Logos ist Vernunft und Wort zugleich – eine Vernunft, die schöpferisch ist und sich mitteilen kann, aber eben als Vernunft. Johannes hat uns damit das abschließende Wort des biblischen Gottesbegriffs geschenkt, in dem alle die oft mühsamen und verschlungenen Wege des biblischen Glaubens an ihr Ziel kommen und ihre Synthese finden. Im Anfang war der Logos, und der Logos ist Gott, so sagt uns der Evangelist … Gewiß, die Liebe ‚übersteigt', wie Paulus sagt, die Erkenntnis und vermag daher mehr wahrzunehmen als das bloße Denken (vgl. *Eph* 3,19), aber sie bleibt doch Liebe des Gottes-Logos, weshalb christlicher Gottesdienst, wie noch einmal Paulus sagt, ‚λογικὴ λατρεία' ist – Gottesdienst, der im Einklang mit dem ewigen Wort und mit unserer Vernunft steht (vgl. *Röm* 12,1)."

Die Regensburger Rede legt das Wahrheitsverständnis des Papstes in einer Kurzfassung frei:

- Gott selbst ist der *Logos*, an dem die Menschen teilhaben und den sie deshalb vernunftgeleitet erkennen können.
- Dieser Logos offenbart sich in der Bibel: endgültig in Jesus Christus als dem inkarnierten Logos.
- Er vermittelt sich im Gottesdienst, der sich am Offenbarungswort orientiert.

Dieser Zusammenhang ist konstitutiv und bringt einen Aspekt zur Geltung, der nicht eigens genannt wird: dass es die Kirche ist, die darüber entscheidet, welche Texte als Heilige Schriften gelten und wie sie *vernunftgemäß* ausgelegt werden. Schließlich ist es der Gottesdienst der Kirche, in dem sich das Wort Gottes liturgisch vermittelt. In Auseinandersetzung mit dem Islam setzt Benedikt XVI. den Akzent auf die vernunftgemäße Argumentation, die aber letztlich *als vernunftgemäß* nur gelten kann, wenn sie dem entspricht, was dem Logos Gottes folgt. Er wird im Raum der Kirche authentisch bewahrt und vermittelt.

Es ist nicht zufällig der liturgische Erfahrungsraum, den der Papst an dieser Stelle hervorhebt. Er bietet im kirchlichen Glauben die objektive Gewähr der Selbstvergegenwärtigung Jesu Christi. Damit liegt aber auch das Dispositiv der kirchlichen Wahrheitsform frei. Es wird offenbarungstheologisch aufgesetzt und kirchlich registriert. Die Aufmerksamkeit Benedikts XVI. für die Liturgie mag im gegebenen Kontext überraschen, erweist sich aber wahrheitstheoretisch als konsequent. Denn in der Eucharistie konstituiert sich die Kirche jeweils neu. Von daher hat es eine hohe Bedeutung, dass sich seit dem 2. Vatikanischen Konzil die Teilnahme an der Messfeier dramatisch verändert hat. Gottesdienstbesuche nahmen massiv ab. Stephen Bullivant spricht in seiner Studie über *Catholic Disaffiliation in Britain and America since Vatican II* von einem „Massexodus".[26] Das ist kirchlich einschneidend. Zum einen verliert ein Grundimpuls der Liturgiekonstitution, nämlich die *participatio actuosa* der Gläubigen zu stärken, seine Referenz.[27] Zum anderen löst sich mit dem Abschied von der tridentinischen Messe und dem Wechsel von der lateinischen Liturgiesprache in die Volkssprachen nicht nur ein römisch-katholischer Identitätsmarker auf, sondern auch ein formatives Moment des *römischen Katholizismus.* Latein als universale Kirchensprache verband die Weltkirche mit der römischen Kirche als dem Ort, an dem Latein gesprochen wurde. Es handelte sich um eine sensitiv wirksame Konstante: um die affektive Einheit einer Kirche, die an allen Orten der Welt dieselbe Liturgie feiert. Genau das bildete mit dem *Missale Romanum* ein entscheidendes Formationsmoment des *römischen Katholizismus.* Es ist kein Zufall, dass Benedikt XVI. dafür eine ästhetische wie wahrheitstheologisch besonders ausgebildete Sensibilität besaß und sie auch kirchlich in Stellung brachte. Dass sich freilich auch unter seinem Pontifikat zunehmend der Gebrauch des Lateinischen als Sprache offizieller kirchlicher Dokumente und Verlautbarungen verlor, stellt eine eigene Ironie in der laufenden Geschichte der Auflösung des *römischen Katholizismus* dar. Der Amtsverzicht Benedikts XVI. auf Latein wirkte insofern eher wie eine Reminiszenz, weil dieses wichtige Ereignis erst einmal in alle Weltsprachen übersetzt werden musste.

Die Regensburger Rede stellt mehr als eine Episode in der Auflösung des *römischen Katholizismus* dar. Sie besitzt Nennwert, weil sie sich in eine Serie von „Missverständnissen" und Auseinandersetzungen im Pontifikat Benedikts XVI. einreiht. Als der Papst 2009 vier Bischöfe der Pius-Bruderschaft rekonziliierte, stellte sich heraus, dass einer von ihnen, Bischof Richard Williamson, ein Holocaust-Leugner war. Ein Jahr vorher hatte der Papst bereits die tridentinische Messfeier wieder zugelassen und in die Karfreitagsliturgie eine von ihm formulierte Fürbitte für die Juden eingefügt:

> „Wir wollen auch beten für die Juden. Daß unser Gott und Herr ihre Herzen erleuchte, damit sie Jesus Christus erkennen, den Heiland aller Menschen."

Diese Bitte wich markant von der nachkonziliaren Karfreitagsfürbitte ab und löste eine Debatte darüber aus, ob Juden Gegenstand katholischer Missionstätigkeit seien.[28] Innerkatholische Kritik wies auf den Bruch des 2. Vatikanischen Konzils und seiner Liturgiereform mit der tridentinischen Messe hin, die sich nicht von der Geschichte und der Theologie eines kirchlichen Antijudaismus trennen lasse.[29] Demgegenüber hielt Benedikt XVI. fest:

> „Es gibt keinen Widerspruch zwischen der einen und der anderen Ausgabe des Missale Romanum. In der Liturgiegeschichte gibt es Wachstum und Fortschritt, aber keinen Bruch. Was früheren Generationen heilig war, bleibt auch uns heilig und groß; es kann nicht plötzlich rundum verboten oder gar schädlich sein."[30]

Das Argument entspricht seinem Traditionsverständnis. Dass es in seinen antirelativistischen Wahrheitskämpfen immer wieder neue Debatten auslöste und Klarstellungen verlangte, wird zum Spiegel einer ambivalenten päpstlichen Autoritätspolitik. Ironischerweise setzt sich hier das Modell einer dynamischen Tradition *in der Kir-*

che durch – in fortlaufenden Aneignungen einer Tradition, deren Gültigkeit nicht ein für alle Mal, zeitlos festgelegt werden kann, sondern deren Wahrheitswert immer wieder zu bestimmen ist. Was der Theologe Joseph Ratzinger in der Konstellierung von Schrift und Tradition mit kirchlicher Rezeption verband, betraf am Ende auch das eigene Wahrheitsdispositiv. Der Papst musste sich – bis in seine Zeit als *Papa emeritus* – immer wieder als Wahrheitskandidat erklären und erweisen.

Päpstliches Nachspiel: Das Münchener Missbrauchsgutachten

Als am 20. Januar 2022 das Gutachten der Kanzlei Westpfahl, Spilker und Wastl „Sexueller Missbrauch Minderjähriger und erwachsener Schutzbefohlener durch Kleriker sowie hauptamtliche Bedienstete im Bereich der Erzdiözese München und Freising von 1945 bis 2019" der Öffentlichkeit vorgestellt wurde, blieb der Platz des Erzbischofs von München frei. Der Umstand ließ sich unterschiedlich deuten: als eine Sedisvakanz der Verantwortung, aber auch als Platzhalter für alle Erzbischöfe, die seit 1945 dieses Amt versehen hatten. Unter den Lebenden waren dies Joseph Ratzinger, Friedrich Wetter, Reinhard Marx.

Stattdessen betrat Hans Küng unversehens die Bühne. Wie der Geist von Hamlets Vater überführte ausgerechnet er den emeritierten Papst Benedikt XVI. Der ein Jahr zuvor verstorbene Küng trat in den Akten als Zeuge für die Teilnahme des damaligen Münchner Erzbischofs Joseph Ratzinger an einer brisanten Ordinariatssitzung auf. Den Münchener Anwälten hatte der *Papa emeritus* ausrichten lassen, dass er als amtierender Erzbischof nicht an jener Sitzung teilgenommen habe, in der die Aufnahme des Priesters X, eines überführten Sexualstraftäters, in seine Erzdiözese beschlossen worden war.[31] Das Protokoll dieser Sitzung vom 15.1.1980 überführte Benedikt XVI., der für sich vorab ausdrücklich ein gutes Langzeitgedächtnis beanspruchte[32], einer unzutreffenden Aussage.[33] Das geht aus dem Protokollverweis auf ein Gespräch in der Causa Küng hervor, von dem Ratzinger berichtet hatte.

> „Wer anders, als Kardinal Ratzinger/Papst Benedikt XVI. sollte in der Ordinariatssitzung über diese, auf höchster Ebene behandelten kirchenpolitisch brisanten Themen Bericht erstattet haben? Es kann nach Auffassung der Gutachter nur Kardinal Ratzinger/Papst Benedikt XVI. gewesen sein, wie dies im Übrigen auch der Protokollierung entspricht. Was somit verbleibt, ist die gutachterliche Einschätzung, dass die jetzige, erstmalige Einlassung, Kardinal Ratzinger/Papst Benedikt XVI. hätte nicht an der Ordinariatssitzung vom 15.01.1980 teilgenommen, als unglaubwürdig erscheint.“[34]

Im Hintergrund des damaligen Konflikts stand u. a. Küngs Bestreitung jener Unfehlbarkeit, die die katholische Kirche ihren Päpsten zurechnet. Hans Küng war die *missio canonica* entzogen worden. Er durfte nicht länger im Auftrag seiner Kirche lehren, während Joseph Ratzinger zu ihrem Papst gewählt wurde: als der „wahre Stellvertreter Christi, das Haupt der ganzen Kirche und der Vater und Lehrer aller Christen“, wie es das 1. Vatikanische Konzil formuliert.[35] Zwar war Joseph Ratzinger 1980 kein Papst, und es ging auf der fraglichen Sitzung auch nicht um die dogmatische „Entscheidung einer Glaubens- oder Sittenlehre“. Aber das Drama, das die katholische Kirche in Deutschland seit dem Jahr 2010 und weltweit schon so viel länger aufführt, nimmt in dieser Konstellation symbolische Züge an, gerade weil es Fragen von Glauben und Sitten betrifft. Längst hat sich die Kirche in einem schier unauflöslichen Labyrinth von Lügen verstrickt, das mit jedem Aufklärungsschritt nur tiefer in den Abgrund führt. Die Münchener Gutachter halten auf dieser Linie im Fall Ratzinger/Benedikt XVI. fest, es sei

> „eine Bereitschaft Benedikts XVI., das eigene Handeln und die eigene Rolle selbstkritisch zu reflektieren und (zumindest

> Mit-)Verantwortung für Unzulänglichkeiten in den Reaktionen sowohl gegenüber den Beschuldigten als auch den Geschädigten zu übernehmen, für die Gutachter nicht erkennbar. Vielmehr werden von ihm auch heute noch vor allem die Stereotype angeblich fehlender Sachverhaltskenntnis und des vermeintlichen Zeitgeistes bemüht und das Agieren der aus seiner Sicht damaligen Verantwortlichen als nach seinerzeitigen Maßstäben angemessen qualifiziert. Dass Unkenntnis selbst dann noch behauptet wird, wenn dies, wie insbesondere im Fall 40, mit den im Rahmen der Akteneinsicht zur Verfügung gestellten Unterlagen aus Sicht der Gutachter nur schwerlich in Einklang zu bringen ist, ist für die Gutachter gleichermaßen erstaunlich und aufschlussreich.“[36]

Im Nachgang erklärte Benedikt XVI.:

> „Bei der Riesenarbeit jener Tage – der Erarbeitung der Stellungnahme – ist ein Versehen erfolgt, was die Frage meiner Teilnahme an der Ordinariatssitzung vom 15. Januar 1980 betrifft. Dieser Fehler, der bedauerlicherweise geschehen ist, war nicht beabsichtigt und ist, so hoffe ich, auch entschuldbar.“[37]

In diesem Zusammenhang ist von Bedeutung, dass dieser Fall bereits lange vor dem Münchener Gutachten in Rede stand. Eine besondere Aufmerksamkeit und ein entsprechendes Aktenstudium waren von daher bereits vor der Stellungnahme zum Münchener Gutachten erwartbar. Umso mehr stellte sich dann in der Öffentlichkeit die Frage nach der Übernahme persönlicher Verantwortung.

Joseph Ratzinger/Benedikt XVI. ist zu konzedieren, dass er nicht absichtlich gelogen hat, wie er in seiner nachgereichten Stellungnahme beteuert. Aber man muss sich fragen, wieso der emeritierte Papst vorab so sicher sein konnte, keinen Fehler gemacht zu haben. Das Überschreiben von Erinnerungen ist ein psychologisch bekanntes Phänomen. Es funktionierte in diesem Fall, weil die katholische Kirche ihr Bleiben in der Wahrheit immer schon voraussetzt. Notfalls wird passend gemacht wird, was nicht passt. Seien es abweichende Theologen, seien es Fakten. Als Kardinal Gerhard Ludwig Müller, ein Nachfolger Ratzingers als Präfekt der Glaubenskongregation, am Tag nach den Münchener Ereignissen zum Gutachten und zur Rolle von Benedikt XVI. befragt wurde, ließ er verlauten: „Sehen Sie, ich habe es nicht gelesen, aber für mich ist klar, dass er als Erzbischof Ratzinger nicht wissentlich etwas falsch gemacht hat".[38] Persönliches Vertrauen in die Person des Papstes, über Jahre gewachsen, hat seine Gründe. Aber gerade im Horizont des systemischen Missbrauchs in der katholischen Kirche stellt sich die Frage, ob es wirklich jenseits von Aktenstudium und Einzelfallprüfung berechtigt ist.[39] Es geht dabei nicht um die Diskreditierung eines Menschen, sondern um die Funktionsweise eines kirchlichen Systems. An dieser Stelle zeigt sich ein Dispositiv kirchlicher Wahrheit, das sich nicht widerlegen lassen kann – weder bezogen auf das Amt des Papstes noch auf die Person, die es füllt. Ein Erinnerungsfehler macht niemand zu einem notorischen Lügner. Aber Benedikt XVI. beharrte auf eine Weise auf seinem Nichtwissen, seiner Nicht-Anwesenheit, dass sie nur ihm nützte.

Das fordert auch den amtierenden Papst heraus. Sein Vorgänger hat sich als Mitarbeiter der eigenen Wahrheit erwiesen. In diesem Zusammenhang belastet Benedikt XVI. nicht zuletzt die Art, wie er das Treiben eines Priesters einordnete, der sich mit masturbierenden Handbewegungen Kindern gezeigt hatte. Das sei kein Missbrauch, attestierte der emeritierte Papst. Die formale Sichtweise, strittig genug, wirkt als Verharmlosung und sieht von der Wahrnehmung der Betroffenen ab.

Die apostolische Amtsgnade umfasst alles und wirkt immer. Benedikt XVI. hat als Papst versucht, Licht in das Dunkel des katholischen Missbrauchskomplexes zu bringen. Seine Kirche vom Täterschutz auf die Perspektive der Betroffenen umzustellen. Ausgerechnet er stand im Zuge des Münchener Gutachtens als Verschleierungskünstler da. Darin liegt eine persönliche Tragik[40], aber auch die systemische Logik einer eingebauten Wahrheitsform. Sie ist auf apostolische Wahrheitsgarantien geeicht, die sich von der urpersönlichen *repraesentatio Christi* nicht ablösen lassen. Darauf basiert der römische Katholizismus mit seinen Päpsten an der Spitze. Wenn ein ehemaliger Papst als Zeuge der Unwahrheit wahrgenommen wird, muss sich die katholische Kirche fragen lassen, auf welchem Fels sie baut. Wer kann dieser Kirche noch glauben, wenn Päpste und die, die sie zu Päpsten wählen, ihre Glaubwürdigkeit verspielen? Das Münchener Missbrauchsgutachten ist ein Baustein in der Auflösung jenes römischen Katholizismus, an dessen Erhalt Joseph Ratzinger/Benedikt XVI. als *Cooperator veritatis* ein Leben lang gebaut hat.

Sechste Blende: Katholische Ironie und römische Wahrheit – ein Papst vom anderen Ende der Welt

Buona sera – kein Italiener …

„Buona sera!“ Die ersten Worte, mit denen sich am 13. März 2013 um 20.22 Uhr der neue Papst an die gespannt wartende Menge auf dem überfüllten Petersplatz wandte, schienen das „Buona notte!“ seines Vorgängers aufzunehmen. Aber nicht nur der Stil der beiden Päpste unterschied sich fortan signifikant. Papst Franziskus setzte auch kirchliche und theologische Akzente, die in wichtigen Fragen von der theologischen Regie Benedikts XVI. abwichen. Der Umgang mit wiederverheirateten Geschiedenen, die Einschätzung homosexueller Partnerschaften, der – an pastorale Bedingungen geknüpfte – Zugang zur Kommunion für nichtkatholische Partner in konfessionsverbindenden Ehen: mit diesen Schlaglichtern zeichnet sich ein Umbruch in der katholischen Kirche ab, den Papst Franziskus vor allem im Zeichen einer *synodalen Kirche* vollzieht. Bei der synodalen Transformation der katholischen Kirche handelt sich um nicht weniger als eine Revolution der katholischen Kirchenform.

Was im Film „Die zwei Päpste“[1] als Masterplan Benedikts XVI. angelegt wird – die idyllische Nachfolgeregelung mit dem Gegenentwurf eines anderen päpstlichen Stils –, erweist sich in der katholischen Wirklichkeit als durchaus konfliktbeladen. So holzschnittartig das Gegenüber eines Papstes dogmatisch reiner Lehre und eines Papstes der pastoralen Barmherzigkeit erscheint: Wie die beiden Päpste das 2. Vatikanische Konzil lesen und fortschreiben, führt in unterschiedliche Richtungen. Das zeigt sich an strukturellen Entscheidungen wie der Kurienreform von Papst Franziskus, die mit Personalfragen wie der Zusammensetzung des Kardinalkollegiums verbunden ist. Der Weg der katholischen Kirche im 21. Jahrhundert führt unter Franziskus in die Realitäten einer globalisierten Kirche. Unter seinem Pontifikat löst sich der *römische* Katholizismus als bestimmende katholische Kirchenform auf.

Das deutete sich bereits mit seiner Wahl an. Erneut wurde kein Italiener gewählt. Und zum ersten Mal sollte ein Papst aus Lateinamerika die katholische Kirche als *Pontifex* führen – als ein Brückenbauer nicht zuletzt zwischen den Kirchen des Nordens und Südens mit ihren je eigenen kirchlichen Kulturen. Das vorbereitete Glückwunsch-Telegramm der italienischen Bischofskonferenz, das nach der Papstwahl versehentlich veröffentlicht wurde, wirkte da nicht nur wie ein Lapsus, sondern als Abgesang auf enttäuschte Erwartungen.[2] Statt des Mailänder Erzbischofs Angelo Scola, der als Favorit gehandelt worden war, ging der Argentinier Jorge Mario Bergoglio als neuer Bischof von Rom aus dem Konklave hervor.

> „Wie ihr wisst, war es die Pflicht des Konklaves, Rom einen Bischof zu geben. Wie es scheint, sind meine Kardinalsbrüder nahezu bis ans Ende der Welt gegangen, um ihn zu bekommen.“[3]

Der Papst vom anderen Ende der Welt bestimmte bereits mit seinen ersten Worten und Gesten den Ton dieses Pontifikats. Er trat als Bischof von Rom an und hatte damit selbstverständlich die weltkirchliche Bedeutung des Petrusdienstes im Blick. Aber er betonte zugleich die ortskirchliche Dimension dieses Amtes und damit seine Aufgabe als Bischof. In dieser Funktion bat er die Gläubigen zuerst, ihn zu segnen und für ihn zu beten, bevor er sie segnete. Der Papst band sein Handeln damit an das Handeln des Volkes Gottes – ein Leitmotiv seines Pontifikates. Mit dem Namen *Franziskus* entschied sich der neue Pontifex zudem für eine programmatische Richtung. Auf dem Vorkonklave hatte er sie in einer Rede vorgegeben. Als Voraussetzung für die Evangelisierungsarbeit der Kirche bestimmte er die Bereitschaft, dorthin zu gehen, wo die Menschen das Evangelium brauchen.

> „Evangelisierung setzt apostolischen Eifer voraus. Sie setzt in der Kirche kühne Redefreiheit voraus, damit sie aus sich selbst herausgeht. Sie ist aufgerufen, aus sich selbst herauszugehen und an die Ränder zu gehen. Nicht nur an die geografischen Ränder, sondern an die Grenzen der menschlichen Existenz: die des Mysteriums der Sünde, die des Schmerzes, die der Ungerechtigkeit, die der Ignoranz, die der fehlenden religiösen Praxis, die des Denkens, die jeglichen Elends."[4]

Was das Evangelium bedeutet, erweist sich im Kontakt mit den Lebenswirklichkeiten, denen die Botschaft vom Reich Gottes gilt. Es verwandelt, was tödlich wirkt, in neues Leben. In den Zonen des Todes, von menschlicher Schuld über Erfahrungen des Leids bis zu sozialer und ökonomischer Marginalisierung, tritt die Wahrheit des Evangeliums auf. Das wiederum bedeutet: Es bedarf einer kirchlichen Selbstüberschreitung. „Kirche ist dazu aufgerufen" – darin klingt das griechische Wort *Ekklesia* nach: die *Herausgerufene.* Die Identität der Kirche erweist sich in einer Lebenspraxis von Entgrenzungen:

> „Wenn die Kirche nicht aus sich selbst herausgeht, um das Evangelium zu verkünden, kreist sie um sich selbst. Dann wird sie krank (vgl. die gekrümmte Frau im Evangelium). Die Übel, die sich im Laufe der Zeit in den kirchlichen Institutionen entwickeln, haben ihre Wurzel in dieser Selbstbezogenheit."

Bergoglio gab damit dem Verständnis der Kirche als *societas perfecta* den Abschied. Als Papst setzte er dies in seiner Programmschrift *Evangelii gaudium* um:

> „Wenn die gesamte Kirche diese missionarische Dynamik annimmt, muss sie alle erreichen, ohne Ausnahmen. Doch wen müsste sie bevorzugen? Wenn einer das Evangelium liest, findet er eine ganz klare Ausrichtung: nicht so sehr die reichen

> Freunde und Nachbarn, sondern vor allem die Armen und die Kranken, diejenigen, die häufig verachtet und vergessen werden, die ‚es dir nicht vergelten können' (*Lk* 14,14) ... Heute und immer gilt: ‚Die Armen sind die ersten Adressaten des Evangeliums'."[5]

In diesem Zusammenhang spricht der Papst aus seiner pastoralen Erfahrung von einer Kirche, die sich den Lebensrealitäten der Menschen ihrer Zeit, vor allem der „Armen und Bedrängten aller Art" (GS 1) aussetzt:

> „Mir ist eine ‚verbeulte' Kirche, die verletzt und beschmutzt ist, weil sie auf die Straßen hinausgegangen ist, lieber als eine Kirche, die aufgrund ihrer Verschlossenheit und ihrer Bequemlichkeit, sich an die eigenen Sicherheiten zu klammern, krank ist. Ich will keine Kirche, die darum besorgt ist, der Mittelpunkt zu sein, und schließlich in einer Anhäufung von fixen Ideen und Streitigkeiten verstrickt ist. Wenn uns etwas in heilige Sorge versetzen und unser Gewissen beunruhigen soll, dann ist es die Tatsache, dass so viele unserer Brüder und Schwestern ohne die Kraft, das Licht und den Trost der Freundschaft mit Jesus Christus leben, ohne eine Glaubensgemeinschaft, die sie aufnimmt, ohne einen Horizont von Sinn und Leben. Ich hoffe, dass mehr als die Furcht, einen Fehler zu machen, unser Beweggrund die Furcht sei, uns einzuschließen in die Strukturen, die uns einen falschen Schutz geben, in die Normen, die uns in unnachsichtige Richter verwandeln, in die Gewohnheiten, in denen wir uns ruhig fühlen, während draußen eine hungrige Menschenmenge wartet und Jesus uns pausenlos wiederholt: ‚Gebt ihr ihnen zu essen!' (*Mk* 6,37)." (Nr. 49)

Der Bezug von *Evangelii gaudium* auf die Pastoralkonstitution *Gaudium et spes* zeigt sich nicht nur im Titel. Er bestimmt die pastorale Hermeneutik von Papst Franziskus und damit eine Ekklesiologie, die sich an der grundlegenden Volk Gottes-Metaphorik des 2. Vatikanischen Konzils orientiert. Damit verschieben sich die kirchlichen Akzente: vom Vorrang der Hierarchie auf die Akteurschaft des ganzen Volkes Gottes, von der dogmatischen Besinnung auf die innertrinitarische Begründung der Ekklesiologie auf die lebendige Wirklichkeit der Kirche als *pilgerndes Volk Gottes.*

> „Die Evangelisierung ist Aufgabe der Kirche. Aber dieses Subjekt der Evangelisierung ist weit mehr als eine organische und hierarchische Institution, da es vor allem ein Volk auf dem Weg zu Gott ist. Gewiss handelt es sich um ein *Geheimnis*, das in der Heiligsten Dreifaltigkeit verwurzelt ist, dessen historisch konkrete Gestalt aber ein pilgerndes und evangelisierendes Volk ist, das immer jeden, wenn auch notwendigen institutionellen Ausdruck übersteigt." (Nr. 111)

Das Motiv der Entgrenzung und Selbstüberschreitung der Kirche bestimmt Franziskus pastoral und geschichtlich, begründet es aber auch theologisch. Gerade *als Geheimnis* ist Kirche nicht auf *eine* institutionelle Form festgelegt. Das betrifft dann eben auch und nicht zuletzt jenes Modell des *römischen Katholizismus*, das Kirche im Zeichen einer *societas perfecta* organisierte.

Eine römische Geschichte: Aeneas und die Kirche

In diesem Zusammenhang ist eine kurze Ansprache von Interesse, die Papst Franziskus am 1. Juni 2022 im Rahmen einer Bildungskonferenz in Rom hielt.[6] In den verschiedenen Krisen unserer Zeit bedürfe es einer eigenen Kompetenz, mit ihnen umzugehen:

> „Crises pull you up; they make you grow. Conflict ‚closes' you; it is an alternative, an alternative without solution. To educate for crisis: this is very important. In this way, the crisis can be-

come a ‚kairos', a propitious moment that can stimulate us to set out on new paths."

Als eine paradigmatische Figur führt der Papst den trojanischen Helden Aeneas an. Er muss seine brennende Heimatstadt verlassen, rettet aber nicht Besitztümer, sondern seinen Vater Anchises und seinen Sohn Ascanius.[7] Der eine steht für die Bindung an die Vergangenheit, der andere für die Zukunft:

„The elderly Anchises represents the tradition, which must be respected and preserved. I think of what Gustav Mahler said about tradition: ‚Tradition is the guarantee of the future', not a museum piece. Ascanius represents the future, which needs to be protected and ensured. Aeneas is the one who acts as a ‚bridge', safeguarding the transition and the relationship between the generations. Education, for its part, is always rooted in the past, but it does not stop there: it is directed towards ‚forward-looking initiatives', where the old and the new converge to create a new humanism. Opposed to this there is the fashion – in every age, but in this age in the Church's life I consider it dangerous – that instead of drawing from the roots in order to move forward – meaning fine traditions – we ‚step back', not going up or down, but backwards. This ‚back-stepping' makes us a sect; it makes you ‚closed' and cuts off your horizons. Those people call themselves guardians of traditions, but of dead traditions. The true Catholic Christian and human tradition is what that fifth-century theologian [Saint Vincent of Lerins] described as a constant growth: throughout history tradition grows, progresses: *ut annis consolidetur, dilatetur tempore, sublimetur aetate.* That is authentic tradition, which progresses with our children."

Vergil schuf mit der *Aeneis* das römische Nationalepos: das Gründungsnarrativ der Stadt Rom wie des *Imperium romanum*. Papst

Franziskus greift es auf, indem er den religiösen Sinn der Geschichte theologisch wendet. Es bedarf eines Umgangs mit der Tradition, die ihren Sinn in erforderlichen Übersetzungen angesichts neuer Herausforderungen und Krisen bestimmt. Der Papst greift damit eine doppelte Traditionsbildung auf: die *römische* wie die *katholische*, führt sie aber *theologisch* in die Richtung, in die sich die Kirche angesichts von Krisen, nicht zuletzt ihrer eigenen, bewegen muss. Es gilt nicht nur zu überleben, sondern zukunftsfähig im Sinne des Evangeliums zu werden, damit die Botschaft vom Reich Gottes die Menschen erreichen kann. Dazu muss die Kirche die Bereitschaft zeigen, aufzubrechen. Neue Wege zu beschreiten – so wie schon der Weg der sich formierenden Kirche von Jerusalem nach Rom führte. Der Schritt, den Evangelisierung voraussetzt, um missionarisch *bis an die Grenzen der Erde* (Apg 1,8) zu gelangen, verlangt, dies auch *als Tradition* und *als Kirche* zu riskieren: sich selbst zu überschreiten und zu entgrenzen.

Von Lampedusa nach Abu Dhabi – Stationen einer Theologie der Entgrenzung

Am 8. Juli 2013, wenige Wochen nach seiner Wahl, fuhr Papst Franziskus nach Lampedusa. Die Reise auf die „Flüchtlingsinsel“ wurde zu einem Symbol seines Pontifikats. Auf der Mittelmeerroute starben ungezählte Menschen. Diejenigen, die Lampedusa erreichten, blickten in eine ungewisse Zukunft. Die große Flüchtlingskrise des Jahres 2015 stand noch bevor, aber sie zeichnete sich bereits ab. In seiner Eucharistiefeier auf der Insel stellte der Papst zwei Fragen:

> „‚Adam, wo bist du?‘, lautet die erste Frage, die Gott an den Menschen nach dem Sündenfall richtet. ‚Wo bist du, Adam?‘ Adam ist ein Mensch ohne Orientierung, der seinen Platz in der Schöpfung verloren hat, weil er glaubt, mächtig zu werden,

> alles beherrschen zu können, Gott zu sein. Und die Harmonie geht zu Bruch, der Mensch geht fehl, und dies wiederholt sich auch in der Beziehung zum anderen, der nicht mehr der zu liebende Bruder ist, sondern bloß der andere, der mein Leben, mein Wohlbefinden stört. Und Gott stellt die zweite Frage: ‚Kain, wo ist dein Bruder?' Der Traum, mächtig zu sein, groß wie Gott, ja Gott zu sein, führt zu einer Kette von Fehlern, zur Kette des Todes, führt dazu, das Blut des Bruders zu vergießen! Diese beiden Fragen Gottes ertönen auch heute in all ihrer Kraft! Viele von uns, ich schließe auch mich ein, sind wir ohne Orientierung, wir achten nicht mehr auf die Welt, in der wir leben, wir wahren und hüten nicht, was Gott für alle geschaffen hat, und wir sind nicht einmal mehr in der Lage, einander zu hüten. Und wenn diese Orientierungslosigkeit Weltdimensionen annimmt, kommt es zu Tragödien wie jener, die wir erfahren haben."[8]

Erneut ist es eine Situation der Flucht, die Franziskus zum Anlass nimmt, nach dem Ort der Menschlichkeit heute zu fragen. Der Papst gesteht die eigene Orientierungsnot ein und identifiziert sich auf diese Weise mit den Menschen in Lampedusa und überall auf der Welt, vor allem aber mit den Opfern, zu deren Gedenken er angereist ist. Der Papst setzt sich und seine Kirche diesem Ort aus. Von ihm geht ein Druck aus, der dazu zwingt, die eigene Position zu überdenken und neu zu bestimmen.

Das Bergoglio-Pontifikat ist von Zeichenhandlungen bestimmt, mit denen sich ein Programm verbindet. Die Reise nach Lampedusa hat einen prophetischen Charakter und besitzt einen theologisch präzisen Sinn:

- sich bedrängenden Lebenswirklichkeiten und anderen Glaubenspositionen auszusetzen;
- die Bedeutung des Evangeliums im Kontakt mit ihnen zu entdecken und zu bestimmen;
- sinnbildlich verlangt dies, Rom und den Vatikan zu verlassen.

Reisen gehören seit dem 2. Vatikanischen Konzil zum Pensum aller Päpste, was den Aufbruch der römisch-katholischen Kirche zur Weltkirche ausdrückt. Kein Papst hat so viele Länder besucht wie Johannes Paul II. Aber die theologisch-kirchliche Haltung seines wie des Ratzinger-Pontifikates drückt sich in der Position aus, die Benedikt XVI. am 13. Mai 2007 auf seiner Lateinamerika-Reise in Aparecida hielt:

> „Welche Bedeutung hatte aber die Annahme des christlichen Glaubens für die Länder Lateinamerikas und der Karibik? Es bedeutete für sie, Christus kennenzulernen und anzunehmen, Christus, den unbekannten Gott, den ihre Vorfahren, ohne es zu wissen, in ihren reichen religiösen Traditionen suchten. Christus war der Erlöser, nach dem sie sich im Stillen sehnten."[9]

Diese theologische Deutungsperspektive kommt ohne die Stellungnahme der Menschen in Lateinamerika aus. Die christliche Mission stellt die Erfüllung einer Sehnsucht dar, von der die Betroffenen keine wirkliche Vorstellung besaßen. Der Papst aus Europa verschuf diesem missionarischen Zugang im Abstand von 500 Jahren noch einmal Geltung. Damit brachte Benedikt XVI. nicht nur in historischer Hinsicht das Modell des römischen Katholizismus in Anschlag, sondern er ging ungebrochen von seiner Deutungsmacht aus. Sie spielt jenseits von Geschichte – anders lässt sich der gleichsam transzendentale Blick nicht begreifen, mit dem der Papst die religiösen Sehnsüchte der Indigenen unterfasste. Die Geschichte von Unterdrückung und Fremdbestimmung, gerade auch religiöser, spielte dabei keine Rolle.

> „Letzten Endes eint allein die Wahrheit, und der Beweis für sie ist die Liebe. Aus diesem Grund ist Christus, da er wirklich der fleischgewordene ‚*Logos*', ‚die Liebe bis zur Vollendung' ist, weder irgendeiner Kultur noch irgendeinem Menschen fremd; im Gegenteil, die im Herzen der Kulturen ersehnte Antwort ist je-

> ne, die ihnen ihre letzte Identität dadurch gibt, daß sie die Menschheit eint und gleichzeitig den Reichtum der Vielfalt respektiert und alle dem Wachstum in der wahren Humanisierung, im echten Fortschritt öffnet. Das Wort Gottes ist, als es in Jesus Christus Fleisch wurde, auch Geschichte und Kultur geworden. Die Utopie, den präkolumbischen Religionen durch die Trennung von Christus und von der Gesamtkirche wieder Leben zu geben, wäre kein Fortschritt, sondern ein Rückschritt. Sie wäre in Wirklichkeit eine Rückentwicklung zu einer in der Vergangenheit verankerten geschichtlichen Periode. Ihre Weisheit brachte die Urvölker glücklicherweise dazu, eine Synthese zwischen ihren Kulturen und dem christlichen Glauben zu bilden, den ihnen die Missionare anboten."

Die Logos-Grammatik basiert auf einer Wahrheit, die in ihrem *geschichtlichen Sinn* der Geschichte enthoben ist. Deswegen stellt sich der Prozess der Evangelisierung als missionarisches Angebot dar, das vor jeder Begegnung und letztlich auch unabhängig von der Stellungnahme der *zu missionierenden Menschen* diese besser versteht als sie sich selbst.

Der entscheidende Punkt ist die Konstruktion dieses theologischen Wahrheitskonzepts. Es beruht auf einer Offenbarung, deren Auslegung vom kirchlichen Lehramt garantiert wird. Die Auseinandersetzung um diese Wahrheit, ihre geschichtliche Bestimmung, ihre kontextuelle Dignität spielt höchstens eine technisch-kommunikative Rolle bei der Vermittlung des Evangeliums. Sie greift nicht in die Wahrheitsfindung, in die Entdeckung der Bedeutung der Botschaft vom Reich Gottes ein.

In Aparecida versammelten sich 2007 die lateinamerikanischen und karibischen Bischöfe. Für die Redaktion des Abschlussdokuments war der damalige Erzbischof von Buenos Aires, Jorge Mario Bergoglio, verantwortlich. Programmatisch hält das Dokument fest:

> „Mit entschiedener Festigkeit wollen wir unsere prophetische Aufgabe weiterhin ausüben, indem wir kritisch prüfen, wo sich der Weg zu Wahrheit und Leben findet; indem wir unsere Stimmen im gesellschaftlichen Zusammenleben unserer Völker und Städte erheben, insbesondere zugunsten der aus der Gesellschaft Ausgeschlossenen.“[10]

Der Betonung der Wegfindung wird mit einer Perspektive auf das gesamte Volk Gottes als Akteur der Evangelisierung verbunden. Das schließt Prozesse ein. Das verlangt, unterschiedliche Perspektiven zu berücksichtigen. Das setzt jenes kommunikative Modell kirchlicher Wahrheits- und Entscheidungsfindung in Gang, das im Pontifikat von Papst Franziskus zum Projekt einer *synodalen Kirche* führt.

Auf dieser Linie sind auch die Reisen des Papstes vom anderen Ende der Welt Ausdruck eines anderen theologischen Verständnisses von Wahrheit. Was das Evangelium bedeutet, steht nicht vorab fest, sondern erweist sich in den Wechselwirkungen von Innen- und Außenperspektiven des Glaubens, d. h. in seinem Weltkontakt, in der Koordination von Dogma und Pastoral, wie sie die beiden Kirchenkonstitutionen des 2. Vatikanischen Konzils vorsehen.[11] Diese ekklesiologische Grammatik ermöglichte eine produktive Auseinandersetzung mit anderen christlichen Konfessionen und den Eintritt in die ökumenische Bewegung, die Anerkennung der Religionsfreiheit, nicht zuletzt den wertschätzenden Austausch mit anderen Religionsgemeinschaften.

Ein Modell dafür liefert eine weitere Reise von Papst Franziskus: die apostolische Reise in die Vereinigten Arabischen Emirate vom 3. bis 5. Februar 2019. Das „Dokument über die Brüderlichkeit aller Menschen für ein friedliches Zusammenleben in der Welt“[12], das er dort gemeinsam mit dem Großimam von Al-Azhar, Ahmad Al-Tayyeb, unterzeichnete, setzt bei einer grundlegenden Verbundenheit aller Menschen an, die sich am gemeinsamen Schöpfungsglauben von Muslimen und Christen festmacht. Denn

> „(d)er Glaube lässt den Gläubigen im anderen einen Bruder sehen, den man unterstützt und liebt. Aus dem Glauben an Gott, der das Universum, die Geschöpfe und alle Menschen – aufgrund seines Erbarmens – mit gleicher Würde erschaffen hat, ist der Gläubige gerufen, diese menschliche Brüderlichkeit zum Ausdruck zu bringen, indem er die Schöpfung und das ganze Universum bewahrt und jeden Menschen unterstützt, besonders die am meisten Bedürftigen und die Ärmsten."

Auf dieser Grundlage formuliert das Dokument von Abu Dhabi einen religionstheologischen Spitzensatz, der an *Nostra aetate* anknüpft, aber deutlich über die bisherigen lehramtlichen Positionen der katholischen Kirche hinausführt:

> „Der Pluralismus und die Verschiedenheit in Bezug auf Religion, Hautfarbe, Geschlecht, Ethnie und Sprache entsprechen einem weisen göttlichen Willen, mit dem Gott die Menschen erschaffen hat."

Der religiöse Pluralismus wird in seiner theologischen Bedeutung anerkannt und auf den Willen Gottes zurückgeführt. Das schließt den eigenen Wahrheitsstandpunkt nicht aus, setzt ihn aber einer Relativierung aus: dem Wissen um einen – wie auch immer bedingten – Wahrheitswert anderer religiöser Traditionen. Sie werden nicht zum missionarischen Anlass, sondern treten als Partner in einem geschichtlichen Prozess jener religiösen Wahrheitsfindung und -bestimmung auf, den das Dokument von Abu Dhabi auf den Punkt bringt. Der Dialog besitzt eine performative Dimension: Er verändert die Partner. Insofern kommt ihm eine eigene theologische Dignität zu, denn er bearbeitet nicht nur ein Thema. Vielmehr vollzieht er, was in Rede steht. Es handelt sich mit dem Bezug auf den „göttlichen Willen" um die Anerkennung einer Wahrheit, in der sich Gott selbst vermittelt:

> Die „göttliche Weisheit ist der Ursprung, aus dem sich das Recht auf Bekenntnisfreiheit und auf die Freiheit, anders zu sein, ableitet."

Zwischen Aparecida, Lampedusa und Abu Dhabi hat sich eine Transformation der römisch-katholischen Kirche vollzogen. Sie zeigt sich an zwei weiteren Identitätsmarkern – am Umgang mit wiederverheirateten Geschiedenen und der schismatischen Piusbruderschaft.

Souveräne Ironie?

Aus Anlass des 50-jährigen Abschlusses des 2. Vatikanischen Konzils hatte Papst Franziskus 2015 ein *Jahr der Barmherzigkeit* ausgerufen. Damit bestätigte er zum einen seine pastorale Lesart des Konzils, zum anderen zog er daraus konkrete kirchliche Konsequenzen. Sein nachsynodales Schreiben *Amoris laetitia*, das er am 19. März 2016 veröffentlichte, ermöglichte wiederverheirateten Geschiedenen den Zugang zur Kommunion.[13] In Nr. 305 des Dokuments hielt der Papst fest:

> „Aufgrund der Bedingtheiten oder mildernder Faktoren ist es möglich, dass man mitten in einer objektiven Situation der Sünde – die nicht subjektiv schuldhaft ist oder es zumindest nicht völlig ist – in der Gnade Gottes leben kann, dass man lieben kann und dass man auch im Leben der Gnade und der Liebe wachsen kann, wenn man dazu die Hilfe der Kirche bekommt."

Die Fußnote 315 präzisierte diese Aussage dann mit einer pastoralen Regie:

> „In gewissen Fällen könnte es auch die Hilfe der Sakramente sein. Deshalb ‚erinnere ich [die Priester] daran, dass der Beichtstuhl keine Folterkammer sein darf, sondern ein Ort der Barmherzigkeit des Herrn'. Gleichermaßen betone ich, dass die Eucharistie ‚nicht eine Belohnung für die Vollkommenen, sondern ein großzügiges Heilmittel und eine Nahrung für die Schwachen' ist."

Diese Entscheidung nutzte die Möglichkeiten der kirchlichen Tradition, auf der Basis von Ausnahmesituationen pastoral angemessene Entscheidungen zu treffen. Gleichzeitig stellte der Papst damit Entscheidungen seiner Vorgänger um. Vier Kardinäle meldeten *Dubia* an und forderten den Papst zur Klärung auf.[14] Aus ihrer Sicht stand die Lehre von der Unauflöslichkeit der Ehe mit dieser Entscheidung in Frage. Der Papst nahm sie nicht zurück. Was längst kirchliche Praxis in den Gemeinden vor Ort war, hob Franziskus auf eine Ebene, die theologischen Deutungsspielraum ließ: Einerseits veränderte er die offizielle Lehre nicht, andererseits stellte er sie in Beziehungen zu den komplexen, dogmatisch nicht einfach verrechenbaren Lebenssituationen von Menschen. Damit ist freilich wiederum eine theologische Perspektive verbunden: dass nämlich die reine Lehre im Licht des Evangeliums von der Barmherzigkeit Gottes aufzufassen ist. Anders gesagt: Der Sinn eines Glaubenssatzes ist nicht unabhängig von seiner Bedeutung zu bestimmen.

Diese Perspektive entspricht dem Grundsatz einer Kirche, die in jeder Hinsicht an die Ränder und ihre Grenzen gehen soll. Das Prägemal dogmatisch-rechtlicher Klarheit und Verbindlichkeit wird im Sinne politischer Theologie vom Papst als Souverän, der über den kirchlichen Ausnahmezustand gebietet, auf eine nahezu ironische Weise aufgehoben und zugleich erneuert.

Für das Jubiläumsjahr hatte der Papst nämlich ausgerechnet der schismatischen Pius-Bruderschaft, die sich im Protest gegen die Beschlüsse des 2. Vatikanischen Konzils von der römischen Kirche abgespalten hatte, eine besondere Lizenz erteilt. Gläubige konnten das Sakrament der Buße auch in ihren Kirchen und von ihren Priestern gültig empfangen. Dabei weigerte sich die Bruderschaft weiterhin, die Dokumente des 2. Vatikanischen Konzils anzuerkennen – mithin die Religionsfreiheit und vieles mehr, was gerade auch für diesen Papst unabdingbar bleibt.

Erneut ging es um eine Ausnahmeregelung. Aber zugleich zeichnete sich ab, dass in der katholischen Kirche Ausnahmen im Zeichen der Barmherzigkeit eine neue Regel bilden. Im Hintergrund standen Bemühungen und Hoffnungen, dass sich die Pius-Brüder mit Rom versöhnen ließen. Daran hatte schon Benedikt XVI. unter anderem mit der Zulassung des tridentinischen Messritus und der bereits erwähnten Rekonziliierung von vier Bischöfen der Bruderschaft gearbeitet. Letztlich erfolglos.

Mit seinem kirchlichen Entgegenkommen setzte sich Franziskus zwischen alle Stühle. Hatten ihn die Dubia-Kardinäle wegen der Auflösung katholischer Lehrüberlieferung kritisiert, irritierte er nun alle, die unbeirrt an der Tradition des letzten Konzils festhielten. Wieder einmal schien der Papst nicht als Theologe zu denken, sondern bis zum kirchlichen Selbstwiderspruch auf Barmherzigkeit zu setzen. Aber genau dies erwies sich als konsequent – und als subtil. Der Papst wollte für die Pius-Brüder eine Tür offen lassen, schon weil das Ende des Jahres der Barmherzigkeit mit einem fest zementierten Kommunikationsabbruch nicht gut ausgehen würde. Aber die franziskanische Strategie der Barmherzigkeit schloss auch eine subversive jesuitische Taktik ein. Der Papst unterstellte der Pius-Bruderschaft, dass auch sie an der Verwirklichung voller kirchlicher Gemeinschaft interessiert sei. Dafür aber gab es klare Bedingungen: die Annahme des 2. Vatikanischen Konzils, zu dessen Gedenken das Jahr der Barmherzigkeit lief. Zum einen zwang der Papst die Pius-Brüder dazu, sich zu seiner Entscheidung zu verhalten. Sie konnten zeigen, ob und was sie für die Einheit der Kirche tun wollten – oder eben nicht. Zum anderen spannte der Papst sie ins kirchliche Geschirr, indem er den Empfang des Bußsakraments durch ihre Priester ermöglichte. Franziskus stellte an einem symbolpolitisch wichtigen Punkt eine elementare Einheit her, aus der freilich keine Rechte auf schismatischen Eigensinn folgten. Der Papst machte das Angebot, und er preiste es nicht ohne die Konzilserklärungen aus, die Lefebvres Nachfolger gerne gestrichen sähen: ohne den Ausverkauf der Grundsätze, die seit dem Vaticanum II gelten.

Der Papst gab einen Vertrauensvorschuss. Das war prekär, weil dieses Vertrauen instrumentalisiert werden konnte. Nach dem Motto: Rom gibt nach. Oder gefährlicher: Dieser Papst weiß ohnehin nicht, was er theologisch macht. Aber dieses Vertrauen war klar umrissen. Der Papst holte die Pius-Brüder nicht einfach zurück. Er setzte vielmehr auf einen Prozess, für den er die Bruderschaft mit der Handlungsmaxime guten Willens in Haft nahm. Wenn sie auf dem eingeschlagenen kirchlichen Weg mitgehen wollte, musste sie mit dem Angebot des Papstes unter dem Vorzeichen der höchstrangigen kirchlichen Einheit mehr akzeptieren, als sie bislang anzunehmen bereit war: nämlich die Lehrautorität eines Papstes, der konsequent im Geist des Konzils argumentiert.

Es handelte sich um ein päpstliches Husarenstück. Denn das pastorale Angebot des Papstes entsprach der Logik, mit der er *Amoris laetitia* aufgesetzt hatte. Die Bedeutung des Evangeliums offenbart sich dort, wo Menschen auf erlösenden und heilsamen Zuspruch angewiesen sind. Das vermitteln Sakramente, ob in der Buße oder beim Herrenmahl. In der Lebensmacht des Evangeliums besteht seine Wahrheit. In der Barmherzigkeit nimmt sie Gestalt an. Theologisch ausgedrückt: Dogma und Pastoral, Glaube und Lebenswirklichkeit stehen in einer spannungsreichen, aber auch produktiven Wechselwirkung zueinander. So bezieht der Papst die beiden Kirchenkonstitutionen des Konzils, die kirchliche Innen- und Außenperspektive, aufeinander. So setzt er sie in seiner Lehrpraxis um. Und hier zeigt sich, wie sich die Form des lehramtlichen Primats unter Franziskus verändert hat.[15] Dass sich die Pius-Bruderschaft nicht versöhnen ließ, offenbart ihren katholischen Selbstwiderspruch: Sie akzeptieren nur einen Papst als Oberhaupt der Kirche nach ihrer Façon.

Roma locuta – causa finita?

In der katholischen Kirche gilt ein eigener Grundsatz der Konfliktregelung: *Roma locuta, causa finita*. Rom spricht, damit ist die Sache entschieden, der Fall abgeschlossen. Der Papst in Rom verfügte zwar schon in der Alten Kirche nicht über die Macht, eine letzte Entscheidung in kirchlichen Streitfällen zu treffen, aber man billigte ihm eine Autorität zu, an der sich die Kirche orientierte. Seit dem 1. Vatikanischen Konzil, das den Lehr- und Jurisdiktionsprimat des Stellvertreters Christi festschrieb, gilt diese Regel als förmliches Gesetz. Von der Ernennung der Bischöfe bis zum lehramtlichen Controlling: Rom zog seitdem alles an sich, was es in der katholischen Welt als klärungsbedürftig und entscheidungsfällig ansah.

Davon ging und geht eine hohe Sicherheit in einer komplexen, meinungspluralen Welt aus. Für die römisch-katholische Kirche bedeutet das: Wenigstens im Kernbereich des Glaubens soll sich die Unterscheidung zwischen wahren Überzeugungen und irrigen Annahmen unzweifelhaft treffen lassen. Ambiguitäten im Zugriffsraum des Dogmas könnten nach Auffassung mancher Bischöfe und Theologen das gesamte Lehrgebäude der Kirche ins Wanken bringen. Freilich hält die Kirche selbst einige Aspekte ihrer Lehre so offen, dass Spielraum für Interpretationen bleibt. Ohne diese gäbe es keine Entwicklung in der Lehre, wie sie das 2. Vatikanische Konzil vorgenommen hat. Dazu gehört die Einsicht in die geschichtliche Disposition der biblischen Texte – und die spätere hermeneutische Übung, das, was man vorher ausgeschlossen hat und nun behauptet, als organische Aktivierung eigener Traditionsreserven auszuweisen.

Von daher erweist es sich überlieferungshermeneutisch als klug, dass die katholische Kirche es gelegentlich auch in Fragen, die sie im Grunde für geklärt hält, bei einem formalen Offenheitsvermerk belässt. Was nicht *ex cathedra* entschieden und definiert wurde, hat Luft nach oben, wo der Geist weht. Ob die Frauenordination zu diesem Repertoire zählt, ist seit dem Ende des Pontifikats von Benedikt XVI. Gegenstand eines theologischen Meinungsstreits, der auf dem Synodalen Weg in Deutschland geführt wurde, sich aber auch in Rückläufen aus anderen Ortskirchen im Rahmen des weltweiten synodalen Prozesses von Papst Franziskus abbildet.

Ein Versuch konservativer Kräfte und nicht zuletzt der römischen Kurie besteht darin, die Frage der Frauenordination für entschieden zu erklären. Ein Artikel des Präfekten der Glaubenskongregation (inzwischen: Kardinal) Ladaria aus dem Jahr 2018, im Osservatore Romano veröffentlicht, äußerte sich „Zu einigen Zweifeln über den definitiven Charakter der Lehre von *Ordinatio sacerdotalis*".[16] In diesem *Apostolischen Schreiben* hatte Johannes Paul II. erklärt:

> „Damit also jeder Zweifel bezüglich der bedeutenden Angelegenheit, die die göttliche Verfassung der Kirche selbst betrifft, beseitigt wird, erkläre ich kraft meines Amtes, die Brüder zu stärken (vgl. *Lk* 22,32), daß die Kirche keinerlei Vollmacht hat, Frauen die Priesterweihe zu spenden, und daß sich alle Gläubigen der Kirche endgültig an diese Entscheidung zu halten haben."[17]

Handelt es sich um eine Festlegung mit *Ex cathedra*-Rang, also um ein Dogma? Kann es sich um einen definitiven Glaubenssatz handeln, wenn es um die Frage des Zugangs zum Priesteramt geht? Lässt sich ein dogmatischer Satz formulieren, der darauf beruht, dass die Kirche „keinerlei Vollmacht" habe? Schließt dies nicht das inspirierende Handeln des Heiligen Geistes für neue Einsichten vorab aus?

Dass sich Fragen an einer Entscheidung entzünden, die ein Papst unter Verweis auf seine höchste lehramtliche Autorität getroffen hat, greift tief in die Form kirchlichen Lehrens ein. Das hat der Präfekt der Glaubenskongregation in seinem Artikel deutlich markiert:

„Die erhobenen Zweifel über den definitiven Charakter von *Ordinatio sacerdotalis* haben auch gravierende Auswirkungen auf die Art, das Lehramt der Kirche zu verstehen. Es ist wichtig zu bekräftigen, dass sich die Unfehlbarkeit nicht nur auf feierliche Erklärungen durch ein Konzil oder auf päpstliche Definitionen *ex cathedra* bezieht, sondern auch auf das ordentliche und allgemeine Lehramt der in aller Welt verstreuten Bischöfe, wenn sie in Gemeinschaft untereinander und mit dem Papst die katholische Lehre als endgültig verpflichtend vortragen. Auf diese Unfehlbarkeit bezog sich Johannes Paul II. in *Ordinatio sacerdotalis*. Er verkündete also kein neues Dogma, sondern bekräftigte, um jeden Zweifel zu beseitigen, mit der ihm als Nachfolger Petri verliehenen Autorität in einer förmlichen Erklärung, was das ordentliche und allgemeine Lehramt in der ganzen Geschichte als zum Glaubensgut gehörend vorgetragen hat. Gerade diese Art der Darlegung entspricht einem Stil kirchlicher Gemeinschaft, weil der Papst nicht allein handeln wollte, sondern als Zeuge im Hören auf eine ununterbrochene und lebendige Überlieferung. Zudem wird niemand leugnen, dass sich das Lehramt unfehlbar zu Wahrheiten äußern kann, die notwendig mit dem förmlich geoffenbarten Gut verbunden sind. Denn nur so kann es seiner Aufgabe nachkommen, das Glaubensgut heilig zu bewahren und treu auszulegen."

Ladaria versuchte damit einen kirchlichen Interpretationskonflikt abzuschließen, der freilich auch von Bischöfen forciert wird. Zunehmend mehr äußern sich zu der Möglichkeit, Frauen zu ordinieren. Papst Franziskus hatte im Jahr 2016 eine Kommission eingesetzt, die sich mit der Frage beschäftigte, ob Frauen zur Diakoninnen-Weihe zugelassen werden könnten. Die Kommission kam zu keinem eindeutigen Ergebnis, und so setzte der Papst 2020 eine neue ein.[18] Da das priesterliche Amt in der katholischen Kirche dreistufig angelegt ist und einen Zusammenhang *im Ordo* bildet (Bischof, Priester, Diakon), greift die Frage an sich, die offen für die Option eines Zugangs von Frauen zum Ordo ist, bereits in die theologische Disposition von *Ordinatio sacerdotalis* ein. Ein Aspekt erscheint dabei besonders wichtig: die historische und exegetische Klärung der Frage, ob es für Frauen im priesterlichen Amt Vorbilder gab.

Indem der Präfekt der Glaubenskongregation diese Frage als definitiv entschieden erklärte, setzte er den laufenden Interpretationen freilich kein Ende. Jenseits eigener *Ex cathedra*-Kompetenz führte er ihn mit seiner Deutung fort. Das zeigt: Dem Meinungsstreit, den wirkliche Probleme auslösen, entkommt man nicht durch Entscheidungen, die im Volk Gottes und eben auch von Bischöfen mit ihrem apostolischen Rang als nicht überzeugend wahrgenommen werden. Die Frage nach der Frauenordination scheint sich jedenfalls theologisch nicht durch eine Selbsthistorisierung des Lehramts („Haben die letzten Päpste alle gesagt …“) oder durch den Hinweis auf die Repräsentationsfunktion ausschließlich männlicher Priester abschließend beantworten zu lassen.

Dass mit dem Prinzip letzter Sprüche aus Rom nicht alles abzugelten ist, macht ein sonderbares Problem in der Konstruktion des Lehrprimats deutlich, das bereits angesprochen wurde[19]: Was geschähe, wenn ein Papst seine eigene Unfehlbarkeit in einem als infallibel ausgewiesenen Rechtsspruch aufhöbe? Was, wie bereits erörtert, absurd klingt, bringt eine schiere Selbstverständlichkeit des kirchlichen Glaubens zur Geltung: dass dies einen dogmatischen Selbstwiderspruch erzeugte, mit dem sich der päpstliche Sprecher aus dem katholischen Glauben verabschiedete. Er wäre häretisch. Aus kirchlicher Sicht bedarf das keiner anderen Regel als jener Macht des Faktischen in Gestalt des gelebten Glaubens, der im Volk Gottes eine eigene Gewissheit erzeugt. Diese Hintergrundannahme, die jede päpstliche *Ex cathedra*-Entscheidung ebenso anleitet, wie man darauf verzichtet, den Gesundheitszustand eines Papstes im infalliblen Lehrverkündungsaugenblick zu prüfen, weist auf den konstitutiven Zusammenhang von Glaubenslehre und gelebtem Glauben hin.

Als Koordination von Dogma und Pastoral ist er im gegebenen Zusammenhang von besonderem Interesse, weil 2018 ein zweiter Text von Ladaria Aufsehen erregte. Im Namen des Papstes hatte er Kardinal Marx als Vorsitzenden der Deutschen Bischofskonferenz davon unterrichtet, dass sich Rom um das Problem eines in Ausnahmefällen möglichen Kommunionempfangs von nichtkatholischen Partnern in konfessionsverbindenden Ehen kümmern werde. Es ging um ein Papier der Deutschen Bischofskonferenz, das auf dieser Linie pastorale Spielräume ermöglichen wollte. Unter den Bischöfen gab es darüber einen Meinungsstreit. Zeitgleich waren zwei Delegationen derselben Bischofskonferenz nach Rom gereist, um die Zustimmung des Papstes einzuholen. Der hatte sie mit dem Auftrag nach Hause entlassen, vor Ort eine gemeinsame Lösung zu suchen. Aber noch bevor die Bischöfe sich beraten konnten, machte der Papst plötzlich eine Kehrtwende und zog den Fall an sich. Aus dem ersten *Roma locuta* wurde ein zweites. Damit war nichts entschieden, außer dass noch nichts entschieden werden konnte. Zeit war gewonnen, aber auch Verwirrung unter den Gläubigen entstanden, jedenfalls unter den beteiligten gläubigen Bischöfen, die sich überrascht oder gar empört zeigten.

Der Vorgang gab manches Rätsel auf, schon weil die ersten Kommentare abweichende Interpretationsansätze lieferten – mit sehr unterschiedlichen Schlussfolgerungen und Prognosen. Das Handeln des Papstes forderte offensichtlich ein erhebliches Maß an Ambiguitätstoleranz ab. Die Handreichung der deutschen Bischöfe sei noch nicht zur Veröffentlichung reif, hieß es aus Rom, vom Präfekten der Glaubenskongregation adressiert. Das wussten alle Beteiligten freilich schon vorher, weil sie ja über das Dokument noch einmal nachdenken sollten. Weniger klar war, warum diese Einschätzung einen Monat später dazu führte, dass die offene Frage nun doch in Rom statt in Fulda theologisch zu beraten war. Nach neuer Auffassung des Papstes stand nun doch eine universalkirchliche Agenda mit dogmatischer Reichweite im Raum, die nur in Rom zu verhandeln sei. Römischer Katholizismus in Reinform?

Ausgerechnet das Unfehlbarkeitsschreiben von Ladaria versprach einen Ausweg aus dem verfahrensambigen Lehramtsdickicht – sofern man den Präfekten der Glaubenskongregation ambiguitätstheoretisch liest und das Handeln des Papstes ekklesio-taktisch versteht. Wenn der deutsche Vorschlag, der einen Kommunionzugang in der Form einer Ausnahme vorsah, eine mögliche spätere Regel anzeigte und wenn der Papst dies in Deutschland zuließe, dann geriete er unter dogmatischen Hochdruck. Das hatte bereits der Brief der Dubia-Kardinäle zur Interpretation von *Amoris laetitia* gezeigt.[20] Das belegten Stellungnahmen aus dem kurialen Milieu in Rom.[21] Der Präfekt der Glaubenskongregation hatte den Heiligen Vater offensichtlich im zweiten Anlauf davon überzeugt, dass mit der pastoralen Handreichung aus Deutschland die beiden Zentralaspekte seiner kirchlichen Stellung berührt waren: der „Glaube der Kirche" und das „Recht der Kirche". Der Papst scheint sich dieser Sicht angeschlossen zu haben. Insofern war es nur folgerichtig, dass er eine Kurskorrektur vornahm. Er musste seine Macht wahrnehmen, um eine Entscheidung durchzusetzen, die seiner theologischen Perspektive entspricht, und auf diese Weise zeigen, wer infallibler Herr im Lehrhaus ist. Römischer Katholizismus in Reinform?

Liest man beide Texte des Präfekten der Glaubenskongregation im Rückblick unter diesem Gesichtspunkt, ergibt sich ein schlüssiges Vorgehen. Zunächst machte Ladaria die unfehlbare Lehrautorität des Papstes stark, die die universalkirchliche Dimension im offenen Kommunionstreit betrifft. Danach ließ ihn der Papst ausrichten, dass genau auf dieser Basis „dem Diözesanbischof das Urteil über die Existenz einer ‚drängenden Notlage' zu überlassen" sei, an der sich der Vorschlag der Mehrheit in der Deutschen Bischofskonferenz festmacht.[22] Was widersprüchlich wirkte, schlug als Strategie durch: Mit der deutschen Vor-Ort-Entscheidung war die universalkirchliche Regelung des entsprechenden Kanons nach Vorstellung des Papstes an die Wahrnehmung der pastoralen Wirklichkeit gebunden. Das heißt: an den Einzelfall. Sowohl die auf Ausnahmen abgestellte Perspektive des DBK-Vorschlags als auch die bisher verfolgte theologische Regie von Franziskus kamen damit zu ihrem Recht: die Lehre der Kirche über ihre pastorale Bedeutung zu erschließen und deshalb den Kirchen vor Ort mehr Kompetenzen einzuräumen.

Das öffnet Spannungsfelder. Orts- und Universalkirche sind aneinander zu koppeln, Dogma und Pastoral aneinander zu vermitteln. Auch in den Diözesen der Bischöfe, die klare Festlegungen des Glaubens und des Rechts von Rom erwarten, wird praktiziert, was eigentlich nicht sein dürfte. Mit der Regel der Ausnahme wird faktisch eine eigene Rechtsform angenommen, einfach weil niemand von der Kommunion ausgeschlossen wird. Die Ambiguitäten in der gelebten Lehre, die auch die Dubia-Bischöfe zulassen, wenn sie die Kommunion nicht verweigern, sollten vom Papst aufgelöst werden.[23] Der aber spielte dies *in der Form ambiger Lehrpraxis* zurück. Roma locuta.

Ambiguität und Ironie – zur Auflösung des römischen Katholizismus im Bergoglio-Pontifikat

„Der Karneval ist aus." Dieses Wort des neu gewählten Papstes machte früh die Runde. Ob Franziskus es gesagt hat, ist nicht klar. Aber es scheint zu treffen, wofür dieser Papst steht.[24] Mit dem bewussten, aber auch gezielt inszenierten pontifikalen Stilwechsel, der Einfachheit und Schlichtheit zum Programm macht, bestätigt Franziskus die Wahl seines Namens als Papst. Er folgt den Spuren von Aparecida und seiner Rede auf dem Vorkonklave mit der vorrangigen Option der Kirche für die Armen und marginalisierten Menschen.

„Der Karneval ist aus": Der Abstand zum ästhetischen Darstellungssinn Benedikts XVI. setzt eine Unterscheidung, deren Linie nicht zuletzt auf die Bedeutung der Befreiungstheologie für Jorge Mario Bergoglio zurückführt. Als Provinzial der Jesuiten von Argentinien und Uruguay hatte er sich gegen sie gestellt.[25] Nach seiner Amtszeit als Provinzial und nach dem Sturz der argentinischen Militärjunta veränderte sich Bergoglios theologisch-kirchliche Perspektive. Seinen Einsatz für Menschen am Rand der Gesellschaft verband er mit einer Kritik an den sozialen Rahmenbedingungen, die er in seinem Pontifikat in einen grundsätzlichen Zusammenhang stellte: mit Verweisen auf die Ausbeutung von Menschen wie der Natur.[26]

> „Bergoglio hat kaum das Wort Befreiungstheologie benutzt. Das Wichtigste ist, dass er im Sinne der Befreiung gesprochen und gehandelt hat. In Argentinien hat sich eine Strömung der Befreiungstheologie entwickelt, die sich nicht als Alternative zu ihr verstand, sondern als eine bestimmte kulturelle Ausdruckform. Sie nennt sich ‚*Theologie des Volkes*' oder ‚*Theologie der unterdrückten Volkskultur*'. In Argentinien hat das Volk seit Perón ein hohes politisches Bewusstsein entwickelt und eine bedeutungsvolle Volkskultur hervorgebracht, die am Schicksal des Landes Anteil hatte und hat. Juan Carlos Scannone, der bekannte Vertreter dieser theologischen Strömung bezeugt, dass sein Schüler Bergoglio sich immer dieser ‚Theologie des Volkes' verbunden fühlte. Wegen der Unterdrückung der Militärdiktatur war es äußerst gefährlich, marxistische Begriffe wie soziale Klassen zu benutzen. Deswegen hat die Theologie des Volkes immer diese Terminologie vermieden. Sie hat es stattdessen vorgezogen, die Volkskultur in ihrer Dynamik gegen jede Unterdrückung, aber auch … die partizipativen und befreiende[n] Elemente [zu betonen], die in ihr enthalten sind."[27]

Diese Einordnung von Leonardo Boff hat nicht zuletzt deshalb besonderes Gewicht, weil er als Befreiungstheologe unter Johannes Paul II. und Joseph Ratzinger als Präfekt der Glaubenskongregation lehramtlich diszipliniert wurde.[28] Sie bestimmt einen theologischen Unterschied, der sich in der kirchlichen Programmatik der Pontifikate von Benedikt XVI. und Franziskus abbildet. Der

Weg zu einer *Synodalen Kirche*, den Papst Franziskus einschlägt, hängt eng mit seiner Nähe zum Volk Gottes zusammen. Damit verändert er mehr als nur einen Akzent in der Form, in der sich das synodale Element in der katholischen Kirche seit dem 2. Vatikanischen Konzil entwickelt hat. Der Prozess des gemeinsamen Hörens auf das Wort Gottes und aufeinander führt zunehmend in eine stärkere Beteiligung des gesamten Volkes Gottes. Synodale Elemente haben seit der Antike – am prominentesten mit Konzilien, aber auch mit Partikularsynoden – einen festen Ort in der kirchlichen Entscheidungsfindung. Aber sie bestimmten weder die katholische Ekklesiologie noch handelte es sich bei diesem Format um eine synodale Kirche, wie sie im Bergoglio-Pontifikat an Profil gewinnt. Denn mit dem weltweiten synodalen Prozess wird zum einen das Gewicht der ganzen Kirche stärker zur Geltung gebracht, zum anderen das *decision making and taking* nicht länger für die Bischöfe reserviert.

Nathalie Becquart, Untersekretärin im vatikanischen Synodensekretariat und die erste Frau, die bei einer Bischofssynode Stimmrecht erhalten hat, spricht von einer „synodale(n) Bekehrung der Kirche“[29]:

> „Es geht darum, sich gemeinsam auf den Weg zu machen und als Volk Gottes zusammen zu entscheiden, wobei alle Getauften dazu berufen sind, als Protagonisten mitzuwirken … Der Startpunkt für den synodalen Ansatz ist die Realität und die sieht in unterschiedlichen Teilen der Kirche verschieden aus. Eine synodale Kirche ist eine Kirche der Ortskirchen. Es ist das erste Mal in der Kirchengeschichte, dass die gesamte Kirche in einer Synode zusammengerufen wird und wirklich jeder dazu aufgerufen ist, daran teilzunehmen.“

Der Weg von Papst Franziskus, der sich im pontifikalen Kleidungswechsel *ästhetisch* zeigt, basiert auf einer *Theologie des Volkes Gottes*, die wiederum mit der *Option für die Armen* verbunden ist. In der ekklesiologischen Praxis einer synodalen Kirche wird sie wirksam und bestätigt wiederum den Ansatz des Papstes, Theologie beeindruckt von den Lebenswirklichkeiten zu betreiben und ihnen Rechnung zu tragen. Im Leitmotiv der Barmherzigkeit wird dies – *politisch* mit Blick auf Fragen sozialer Ungerechtigkeit, von Migrationsbewegungen sowie der Ökologie – wirksam, verändert aber auch die theologische Zuordnung von Dogma und Pastoral. Damit zeichnet sich ein neues Paradigma von Katholizität ab. Im Stil wie in der ekklesiologischen Perspektive des Bergoglio-Pontifikats löst sich der spezifisch *römische* Katholizismus an markanten Punkten auf.

Das zeigt sich

- in *dogmatisch-rechtlicher* Hinsicht mit den Spielräumen, die Papst Franziskus für pastorales Handeln einräumt (Kommunionempfang für wiederverheiratete Geschiedene und nicht-katholische Partner in konfessionsverbindenden Ehen);
- in *ästhetischer* Hinsicht mit dem Stilwechsel von barocker Präsentation hin zu einer schlichten liturgischen Inszenierung des päpstlichen Amtes, nicht zuletzt in der Absage an die tridentinische Messform.

Der letztgenannte Punkt ist von grundsätzlicher Bedeutung. Denn mit dem Apostolischen Schreiben *Traditionis Custodes. Über den Gebrauch der römischen Liturgie in der Gestalt vor der Reform von 1970* vom 16.7.2021 hob Papst Franziskus eine Entscheidung von Benedikt XVI. auf.[30] Franziskus bestätigt damit die verbindliche Bedeutung der Liturgiereform des 2. Vatikanischen Konzils, was auch sein Vorgänger immer getan hat. Aber zugleich nimmt Franziskus mit seiner päpstlichen Entscheidung eine andere zurück. Damit geht zum einen ein Moment der Rechtssicherheit *zwischen Pontifikaten* verloren, zum anderen stellt sich die Frage nach der Kontinuität kirchlicher Traditionsbildung. Bei der tridentinischen Messe ist dies insofern von besonderer Bedeutung, als die römisch-katholische Kirche in dieser Form über Jahrhunderte Eucharistie gefeiert hat. Hier verschränken sich Auflösungsmomente *im römi-*

schen Katholizismus, die vom Papst selbst forciert werden: eine Zunahme an Ambiguitäten.[31]

Dem entspricht eine Besonderheit des Pontifikates von Franziskus. Auf seinen „fliegenden Pressekonferenzen" hat der Papst immer wieder spontane Äußerungen getätigt, die nachträglich eingeordnet oder anders interpretiert werden mussten. Der Papst lässt nicht nur in markanten Fragen Deutungsspielräume offen, wie sich mit unterschiedlichen Referenzen auf seinem synodalen Prozess zeigt, sondern er erzeugt und verstärkt kirchliche Mehrdeutigkeiten. Das mag wiederum zur Besonderheit dieses peronistisch geprägten Papstes passen. Nähe zum Volk und Populismus gehen im Peronismus Hand in Hand.

> „Ein Peronist zu sein, das heißt alles und nichts. Es heißt, daß man zeitweise genau mit den Dingen einverstanden sein kann, die man ansonsten ablehnt. Man kann sowohl Reformer sein wie Konservativer."[32]

Colm Tóibín zeigt dies am Verhältnis des Papstes zu Homosexualität auf. Während er in Argentinien durch homophobe Äußerungen auffiel und gegen eine Ehe für homosexuelle Paare auftrat, „ließ er wissen, daß er rein persönlich eine Form von Zivilehe unterstützen würde."[33] Hier verschieben sich nicht nur Positionen, sie drohen sich aufzulösen. Auf einer seiner fliegenden Pressekonferenzen hatte Franziskus zu Protokoll gegeben: „Wenn jemand schwul ist und den Herrn sucht, wer bin ich, um ihn zu verurteilen?"[34] Diese Bemerkung und die folgenden Ausführungen bezogen sich auf ein Gerücht über eine „homosexuelle Lobby" im Vatikan, führten aber in der Form der Aussage über den gegebenen Kontext hinaus. Für Colm Tóibín spiegeln sie Bergoglios katholischen Peronismus:

> „Diese Bemerkungen sind keine Neuformulierungen der kirchlichen Lehre, sondern vielmehr Bergoglios Versuch, so viele

> Leute wie möglich zufriedenzustellen, darunter die Journalisten im Flugzeug, seinen Freund Ricca und schwule Menschen allgemein ... Bergoglio ist ein Peronist, und die Pointe des Peronismus ist es, daß er sich niemals definieren läßt."[35]

Unabhängig von der Frage, wie sich zum einen die biographisch-politische Zuordnung Bergoglios zum Peronismus darstellt und welche Konsequenzen sie für seine Form der Kirchenführung hat: Die Wahrnehmung spiegelt einen Ambiguitätszuwachs in seinem Pontifikat. Er betrifft wichtige Aspekte katholischer Lehre. Klarheit im dogmatischen Bereich löst sich auf und verschafft pastorale Deutungsoptionen. Dabei erweist sich der Papst als Akteur, der seine Macht bewusst einsetzt, aber erneut Interpretationsanlässe schafft. Ihnen entkommt man in einer digitalisierten Gesellschaft nicht. Ein Papst wie Franziskus verstärkt die entsprechenden Tendenzen. Damit öffnet sich das Bild der katholischen Kirche in ihren Weltkontakten. Aber es verliert jene Eindeutigkeit, an der Benedikt XVI. im Zeichen kirchlicher Wahrheitsgarantien noch arbeitete. Dieses Thema ist unter Franziskus zunehmend in den Hintergrund getreten. Und so hat das ästhetisch-theologische Doppel von Benedikt und Franziskus nicht zufällig die Idee ausgelöst, es gebe ein geteiltes Papsttum: „de facto ein erweitertes Amt – mit einem aktiven und einem kontemplativen Teilhaber".[36] Der Autor, Erzbischof Gänswein, sprach nicht von zwei Päpsten, musste sich aber von Benedikt XVI. korrigieren lassen.[37] Es gibt nur einen Papst – aber das musste dessen Vorgänger eigens sagen. Auch das gehört zum Auflösungsprofil des *römischen Katholizismus* unter Papst Franziskus.

Siebte Blende:
Auflösung des Vertrauens – der kirchliche Glaubwürdigkeitsverlust im katholischen Missbrauchskomplex

Am 31. Oktober 2021 hielt der Essener Bischof Franz-Josef Overbeck in der Hamburger St. Petri Kirche eine Predigt aus Anlass des Reformationstags. Der Blick des Bischofs richtete sich auf eine Situation, in der sich Spaltungen nicht nur zwischen den christlichen Kirchen, sondern nicht zuletzt auch in ihnen vollziehen. Für die katholische Kirche hob Overbeck dabei die zentrale Bedeutung des katholischen Missbrauchsskandals hervor:

> „Schon länger frage ich mich, ob dieser Skandal nicht heute eine ähnliche Rolle spielen könnte wie der Ablassskandal, der im Hochmittelalter die Reformation ausgelöst hat. In beiden Fällen offenbarte bzw. offenbart das, was zunächst wie ein Randphänomen erscheint, tiefere Probleme und systemische Übel: den Umgang mit Macht und Autorität; die Probleme des Verhältnisses zwischen Klerus, Geistlichen und Laien; die Frage nach der Verhältnisbestimmung der Geschlechter. Es geht wieder einmal um Fragen, die wesentlich mit dem Bild vom Menschen, also der Anthropologie, mit dem Bild von Jesus Christus, also der Christologie, und mit dem Bild von der Kirche, also der Ekklesiologie, zu tun haben.“[1]

Bischof Overbeck benennt ein Glaubwürdigkeitsproblem der Kirche, das den gesellschaftlichen Plausibilitätsverlust des christlichen Glaubens verstärkt. Als Folge des kirchlichen Missbrauchsskandals löst sich nicht nur das Vertrauen in die verantwortlichen Akteure auf. Der grundlegende Vertrauensverlust bezieht sich längst auf die Kirche selbst. Eine FORSA-Umfrage, die im Januar 2023 veröffentlicht wurde, weist – mit nur noch 8 Prozent Zustimmung – einen dramatischen Rückgang institutionellen Vertrauens in der katholische Kirche aus, von dem auch der Papst betroffen ist.[2] Ohne Vertrauen kann Glauben aber nicht gelingen. Für die katholische Kirche, die auf dem priesterlichen Prinzip persönlicher Repräsentation beruht, wirkt sich ihr institutioneller Vertrauensverlust verheerend aus. Bischof Overbecks historischer Vergleich weist aber noch auf einen weiteren Zusammenhang hin. In der Auseinandersetzung mit der Reformation hat sich jenes Format eines spezifisch *römischen* Katholizismus herausgebildet, das die katholische Kirche bis heute bestimmt. Im Zuge des katholischen Missbrauchskomplexes, der nicht auf einzelne Länder und Akteure begrenzt ist, sondern unter zunehmendem Aufklärungsdruck seine globale, vor allem seine systemische Dimension immer weiter freilegt, stellt sich die Frage, welche Rolle die römische Kirchenleitung in diesem Zusammenhang spielt. Die eine Frage ist, welche Reichweite ihre Aufklärungspolitik und welche Durchgriffskraft ihre Verfügungen besitzen. Die andere, grundsätzlichere Frage ist, ob der Vatikan nicht an sich selbst scheitert, weil er das systemische Moment des Missbrauchs nicht erkennen *kann*, weil er mit der kurialen Form klerikaler Kirchenführung verschwistert ist. Auf dieser Linie stellt das Missbrauchsproblem der Kirche ein entscheidendes Moment in der Auflösung des römischen Katholizismus dar – nicht zuletzt im Spiegel des Handelns der Päpste und ihrer durchaus ambivalenten Rollen sowohl als ehemalige Bischöfe ihrer Ortskirchen wie als Leiter der gesamten katholischen Kirche.

In diesem Zusammenhang richtet sich der Blick in diesem Kapitel besonders auf die Situation der katholischen Kirche in Deutschland: zum einen aufgrund der historischen Konstellation als Ursprungsland der Reformation des 16. Jahrhunderts, zum anderen angesichts des Umstands, dass mit Benedikt XVI. ein Papst aus Deutschland tief in das Missbrauchsproblem involviert war – in seiner Rolle als Präfekt der Glaubenskongregation, als letztverantwortlicher Entscheidungsträger während seines Pontifikats, schließlich im Gegenlicht des Münchener Missbrauchsgutachtens, das den ehemaligen Erzbischof von München und Freising belastete.[3]

Im Zuge der Bearbeitung des Missbrauchsproblems erzeugt zudem der Synodale Weg in Deutschland weltweit eine hohe Aufmerksamkeit und bestätigt im Für und Wider seiner Reformagenden jene Auflösungsprozesse, in denen sich die römisch-katholische Kirche befindet.[4]

Vertrauen in Auflösung: Der Synodale Weg als Fallstudie

Kurz vor dem Abschluss der 2. Plenarversammlung des Synodalen Wegs im September 2021 spielte sich eine Szene mit kirchlichem Nennwert ab. Bischof Georg Bätzing, Vorsitzender der Deutschen Bischofskonferenz (DBK) und bischöflicher Präsident des Synodalen Wegs, beantragte eine Feststellung der Beschlussfähigkeit. Nach Diskussionen über die Rechenschaftspflicht von Bischöfen gegenüber diözesanen Gremien stand eine Entscheidung über den entsprechenden Handlungstext an. Bischof Bätzing war es wichtig, jeden Zweifel an einer korrekten Abstimmung auszuräumen. Das erforderliche Quorum wurde verfehlt. Eine Reihe von Bischöfen, aber auch andere Synodale waren im Laufe des Nachmittags abgereist. Da zuvor bei Abstimmungen, die aufgrund von Internetproblemen per Handzeichen erfolgten, einige Synodale keine Voten abgegeben hatten, stand ein Verdacht im Raum, der während der folgenden Diskussion öffentlich artikuliert wurde: dass die letzte Abstimmung gezielt verhindert worden sei.

Das spontane Misstrauen kennzeichnet eine Situation, in der kirchliches Vertrauen eine knappe Ressource darstellt. Mehr noch: in der es sich auflöst. Hier zeigt sich, welche Spuren der katholische Missbrauchskomplex hinterlassen hat. Verspieltes Vertrauen bei der Aufklärung greift auf allen kirchlichen Ebenen und betrifft die handelnden Akteure ebenso wie die kirchlichen Programme, für die sie stehen. Vor allem stellt sich die weltkirchliche Frage, wie man mit den Ursachen von sexuellem, geistlichem und pastoralem Machtmissbrauch in der römisch-katholischen Kirche umgehen soll. Der Synodale Weg der katholischen Kirche in Deutschland ist aus der Aufarbeitung des Missbrauchsskandals hervorgegangen. Er liefert nicht nur den Ausgangspunkt, sondern die bleibende Referenz dieses synodalen Reformprojekts. Es handelt sich um einen ekklesiologischen Sonderfall. Im Kirchenrecht sind für die Ortskirchen Diözesansynoden unter Leitung des Bischofs, auf weltkirchlicher Ebene Synoden von Bischöfen unter Vorsitz des Papstes vorgesehen. Letztere haben sich nach dem 2. Vatikanischen Konzil etabliert – unter Beteiligung der Weltkirche, aber mit einem römischen Gepräge. Sie finden in Rom statt, der Papst bleibt die zentrale Figur:

> „Die Bischofssynode untersteht direkt der Autorität des Papstes, dessen Sache es näherhin ist: die Synode einzuberufen, sooft es ihm angebracht erscheint, und den Tagungsort zu bestimmen; die Wahl jener Synodalen, die nach Maßgabe von besonderem Recht zu wählen sind, zu bestätigen sowie andere Synodalen zu bestimmen und zu ernennen; die Verhandlungsgegenstände in angemessener Frist nach Maßgabe von besonderem Recht vor Beginn der Synodalversammlung festzulegen; die Tagesordnung zu bestimmen; der Synode persönlich oder durch andere vorzusitzen, die Synode selbst zu schließen, zu verlegen, zu unterbrechen und aufzulösen.“[5]

Der Papst bestimmt mit seinen nachsynodalen Schreiben auch die kirchliche Rezeption. Der Charakter der Bischofssynode als reines Beratungsorgan des Papstes zeigt die Richtung an, in die dieses synodale Format geht. Weil es über keine wirklichen Entscheidungsrechte verfügt, kann es eben auch *nur* beraten – anders als etwa Konzilien. Entsprechend verlaufen in der Regel auch die synodalen Diskussionen – sie besaßen bis in die jüngste Vergangenheit keinen Debattencharakter. Der diskursive Austausch ist zeitlich wie argumentativ begrenzt. Die Bischofssynoden seit dem 2. Vatikanischen Konzil bewegen sich von daher im gegebenen kirchlichen Rahmen und bestätigen das herrschende System.[6] Unter Papst Franziskus hat sich dies zunehmend geändert.[7] Die Beratungen finden unter weiterer Beteiligung des Volkes Gottes statt – besonders markant mit der Amazonien-Synode vom Oktober 2019.[8]

Einen Monat vor ihr fand die erste Plenarversammlung des Synodalen Wegs der katholischen Kirche in Deutschland in Frankfurt statt.[9] Nach Veröffentlichung der sogenannten MHG-Studie[10] „Sexueller Missbrauch an Minderjährigen durch katholische Priester, Diakone und männliche Ordensangehörige im Bereich der Deutschen Bischofskonferenz“ setzte die DBK einen Studientag auf ihrer Frühjahrsvollversammlung im März 2019 in Lingen an.[11] Die Bischöfe diskutierten über die Zäsur, die die Veröffentlichung der Studie und ihr Datenmaterial darstellt. Als Handlungsfelder wurden die Sexualmoral der Kirche, die Priesterausbildung sowie die grundsätzliche Architektur kirchlicher Macht identifiziert. Aus den Beratungen entstand die Entscheidung, mit dem Zentralkomitee der deutschen Katholiken ein gemeinsames Reformprojekt anzustoßen: den Synodalen Weg.[12] Der systemische Missbrauch von Macht in der katholischen Kirche steht dabei im Mittelpunkt der Beratungen und Auseinandersetzungen sowie des Maßnahmenkatalogs.

Da er grundsätzliche, weltkirchlich relevante Fragen wie die Frauenordination oder die Zölibatsregelung berührt, löst er seinerseits Misstrauen aus. Will der Synodale Weg eine neue Kirche? Handelt es sich bei den synodalen Agenden um einen „Missbrauch des Missbrauchs“ (Bischof Rudolf Voderholzer)?[13] Stellt das nicht wiederum eine Politik der semantischen Verschleierung dar? Wie steht es um die Bereitschaft, das katholische Missbrauchsproblem in seinen systemischen Ursachen aufzuarbeiten? Ist der Synodale Weg umgekehrt zu technisch und zu wenig geistlich ausgerichtet?[14] Lässt sich andererseits die Korrektur kirchlicher Strukturen von einer Umkehr im Zeichen des Evangeliums trennen? Begleitet von diesen Fragen, trat die katholische Kirche in Deutschland, aber auch auf dem weltweit begonnenen synodalen Prozess an, verlorenes Vertrauen in den eigenen Reihen wie in der Gesellschaft wiederherzustellen.[15]

Katholischer Ausnahmezustand und die Rolle des Papstes als römischer Kirchensouverän

Vor diesem Hintergrund wiegt es schwer, wie Papst Franziskus mit belasteten Bischöfen umgeht. In einer Situation, die einem kirchlichen Ausnahmezustand gleichkommt, weil sich das Vertrauen in die Kirche auflöst, weil also ihr wichtigstes Kapital, die entscheidende Ressource der Glaubwürdigkeit verloren geht, kommt dem Papst als dem römischen Souverän der katholischen Kirche eine maßgebliche Aufgabe zu. Für die katholische Kirche in Deutschland spitzt sich diese Situation wie unter einem Brennglas im Erzbistum Köln zu. Der Kölner Erzbischof Kardinal Woelki hatte ein Missbrauchsgutachten in Auftrag gegeben, es aber vor seiner Veröffentlichung zurückgehalten. Grund: Methodische Mängel. Stattdessen wurde eine zweite Kanzlei beauftragt. Nach der Veröffentlichung ihres Gutachtens am 18. März 2021 boten zwei Weihbischöfe und der Hamburger Erzbischof Heße als ehemaliger Generalvikar dem Papst ihren Rücktritt an. Aber auch Kardinal Woelki geriet im Zuge der beiden Missbrauchsgutachten unter Druck.[16] Der Papst setzte eine Apostolische Visitation in Köln an. Auf der Grundlage ihres Berichts bescheinigte der Papst Kardinal Woelki zwar „Entschlossenheit", „die Verbrechen des Missbrauchs in der Kirche aufzuarbeiten, sich den Betroffenen zuzuwenden und Prävention zu fördern", sprach aber gleichzeitig von einer „Vertrauenskrise", „die viele Gläubige verstört."[17] Seine folgende Entscheidung, nicht nur Kardinal Woelki und seine Weihbischöfe, sondern auch den belasteten Hamburger Erzbischof Heße im Amt zu halten, drückte Vertrauen in die persönliche Integrität seiner bischöflichen

Mitbrüder aus, fand aber als vertrauensbildende Maßnahme im Volk Gottes wie in der nichtkirchlichen Öffentlichkeit ein überwiegend kritisches Echo. Zum einen erschien unklar, wie ein kirchlicher Neuanfang nicht nur in Köln unter diesen Bedingungen gelingen sollte. Zum anderen schien die Reform-Agenda des Papstes, der auf eine synodale Kirche zusteuert, die spezifisch katholischen Ursachen des Missbrauchs aus dem Blick zu verlieren. Wenn der Papst verantwortliche Akteure in ihrem Amt bestätigt, obwohl ihnen gutachterlich massive Fehler im Umgang mit Missbrauchsfällen nachgewiesen wurden, muss sich die ganze Kirche mit ihrem Oberhaupt von der Öffentlichkeit fragen lassen, ob sie ihre Lektion gelernt hat. Weltweite Missbrauchsberichte bestätigen – fortlaufend – mit erschreckenden Zahlen, dass es nicht um Einzeltäter geht, sondern dass sakralisierte Macht Täterprofile bestimmt und Vertuschungspolitiken trägt.[18] Sosehr sich Papst Franziskus gegen Klerikalismus wendet: An der Macht der Kirchenleitungen, vom Bischof bis zum Pfarrer, und an den Strukturen, die eine Sakralisierung des Amtes tragen, rüttelt er nicht.

Der Einsatz des Papstes für Menschen am Rande der Gesellschaft, für soziale Gerechtigkeit, für die Bewahrung der Schöpfung beeindruckt seit Beginn seines Pontifikates. Aber seine pastorale Agenda im Zeichen von Barmherzigkeit droht den Boden unter den Füßen zu verlieren, wenn sich das katholische Missbrauchsproblem nicht lösen lässt. Mehr noch: wenn es sich strukturell wie symbolisch mit belasteten Bischöfen verstetigt. Inzwischen wirkt das Erschrecken über immer neue Berichte aus der Weltkirche selbst erschreckend, weil man längst voraussetzen muss, dass man hier einer kirchlichen Normalität begegnet, die sich in Formen geistlichen Missbrauchs bestätigt. Im Zugriff auf Körper und Seele erweist sich die Pastoralmacht der Kirche in der Weise formativ, in der die Macht des Klerus als eigener Stand sakralisiert wird.[19] Es ist vor allem der Übergang von priesterlicher Rolle und Person, der mit der Autorität sakramentalen Handelns eine eigene Aura bildet.

Sie wird nirgendwo deutlicher als bei der Beichte, in der sich das Vertrauen in die amtsgebundene Diskretion des Priesters mit dem Schuldbekenntnis gegenüber Gott verbindet. Die Lossprechungsformel setzt beim erlösenden Handeln Gottes an und vermittelt es an den „Dienst der Kirche", um in der Absolution durch den Beichtvater zu münden. Der performative Sprechakt der Lossprechung ist dabei an das Rollen-Ich des Priesters gekoppelt: „So spreche ich dich los von deinen Sünden." Persönliches Vertrauen und Institutionen-Vertrauen fallen hier zusammen – und so ist es kein Zufall, dass der Beichtstuhl einen emblematischen Raum geistlichen, aber auch sexuellen Missbrauchs bildet.

Die MHG-Studie hat die Bedeutung persönlichen wie rollenbezogenen Vertrauens für Missbrauchsszenarien dokumentiert.[20] Auf der Seite der Betroffenen sprachen 49,1 % davon, „das Verhältnis zum späteren Beschuldigten sei durch gegenseitiges Vertrauen gekennzeichnet gewesen" (MHG 64; vgl. 85f.). Auch auf der Täterseite wurde von einer erheblichen Zahl „die Tat im Zusammenhang mit einer besonderen Vertrauensbeziehung zwischen Beschuldigten und Betroffenen" (MHG 113) erlebt. Von daher gilt es,

> „das Missbrauchsgeschehen ausgehend von der (häufig von Betroffenen und Beschuldigten unterschiedlich gedeuteten) Situation zu verstehen, die durch Merkmale der Beteiligten ebenso wie durch deren sich verändernde Beziehung und mindestens potenziell auch durch strukturelle Merkmale bestimmt ist." (MHG 64)

Gerade weil ein besonderes persönliches Vertrauen (MHG 170: 17,7 %) von einem institutionellen Vertrauen zu unterscheiden ist, erweist sich das Vertrauen in Person und Funktion des Priesters als wirksamer Hintergrund sowohl für angemessenes pastorales Handeln wie für den Missbrauch geistlicher Macht. Das zeigt sich im Reaktionsecho des Missbrauchsskandals. Die schiere Unvorstellbarkeit sexueller Gewalt durch Kleriker schützte Missbrauchstäter lange Zeit. Die Schockwellen haben in Deutschland trotz aller bekannten Fakten aus den USA, aus Irland und anderen Ländern selbst nach der Aufdeckung des Berliner Missbrauchsskandals 2010 weitere acht Jahre gebraucht, um ihre durchschlagende Wirkung zu erzielen. Der verzögerte Schock belegt die Ausprägung des systemischen Vertrauens in die Kirche. Es hat u. a. zur Folge, dass das Anvertrauen von Missbrauchstaten oft Jahre braucht (MHG 145). Betroffene von Missbrauch sind Misstrauen ausgesetzt – bis in die eigenen Familien, vor allem von Vertretern der Kirche. Wenn Weihbischof Schwaderlapp vor diesem Hintergrund als Verantwortlicher im Erzbistum Köln bereut, „zu wenig beachtet zu haben, wie verletzte Menschen empfinden, was sie brauchen und wie ihnen die Kirche begegnen muss“, verbindet er seine Scham mit dem Ort, den *die Kirche* in diesem Geschehen spielt.[21] Er macht mit dem Übergang von seiner Person zur Kirche zugleich deutlich, dass er sein Handeln als kirchlicher Verantwortlicher in einem präzisen Sinn als *repräsentativ* betrachtet.

Die Tragweite dieses Zusammenhangs erweist sich in einem mehrfachen Bruch eingespielten Vertrauens. Es erreicht alle Ebenen kirchlichen Handelns. Gerade weil Kleriker als Stand der Kirche gefasst werden, trifft sie inzwischen ein Generalverdacht.

> „Eine nicht zu unterschätzende Herausforderung bildet in diesem Zusammenhang die Aufgabe, dafür Sorge zu tragen, dass eine fraglos notwendige zunehmende Sensibilität für das Thema sexueller Missbrauch nicht in Unterstellungen, Vorverurteilungen, Ängsten und Verhaltensunsicherheiten mündet, die wichtige Gemeindearbeit erschweren, Gläubige von der Kirche entfremden und das Vertrauen von Klerikern in die Kirche beeinträchtigen.“ (MHG 130)

Das aber wird nur möglich sein, wenn sich die Kirche konsequent den Strukturen stellt, die Missbrauch und seine Verschleierung ermöglichten. Sie führen in einen elementaren Widerspruch, denn sie machen die Kirche zum Ort förmlicher Auflösung des Glaubens. Es gilt, die Disposition der kirchlichen Vertrauenskultur angesichts der traumatischen Wirkung zerstörten Vertrauens bei Betroffenen in den Blick zu nehmen.

> „Sexueller Missbrauch eines Minderjährigen ist in jedem Fall ein massiver Vertrauensbruch. Geschieht dieser durch eine Person, der qua Amt in der Glaubensvermittlung eine herausragende Bedeutung zukommt, kann man von einer doppelten Traumatisierung sprechen, bei der nicht nur die körperliche und emotionale Integrität durch die Missbrauchshandlung zerstört wird, sondern auch die spirituelle Identität. Individuelle Reaktionen von Betroffenen können dabei vom Abfall vom Glauben, der generellen Abwendung von der Kirche, dem Kirchenaustritt bis zum körperlichen Ekel gegenüber Kirchenvertretern reichen." (MHG 270)

Dazu gehört ein zweiter Aspekt: die Wahrnehmung unzureichender, halbherziger, letztlich systemstabilisierender Aufklärung. Fehlerhafte Kommunikation wie im Fall des Kölner Erzbischofs erweist sich vor diesem Hintergrund nicht als lässliches Vergehen. Sie betrifft die Grundlage des Glaubens.

> „Im Zuge der durch die Betroffenen als unglaubwürdig erachteten Aufarbeitung des sexuellen Missbrauchs durch die katholische Kirche gepaart mit den Handlungsstrategien zur Sicherung des klerikalen Systems wurde das Misstrauen gegenüber der katholischen Kirche seitens der Betroffenen verstärkt bis hin zum vollständigen Vertrauensverlust." (MHG 332)

Forderungen nach der Amtsenthebung von belasteten Bischöfen kommt vor diesem Hintergrund eine fundamentaltheologische Bedeutung zu. Denn die zerstörerische Macht des katholischen Missbrauchskomplexes bestätigt sich im Zuge seiner kirchlichen Bearbeitung. Das betrifft seine Verschleierung ebenso wie die fehlende Bereitschaft, daraus durchgreifende *kirchenbildende* Konsequenzen zu ziehen. Die katholische Kirche befindet sich in einem Vertrauens-Notstand, in einem förmlichen Ausnahmezustand vertrauensbasierten Glaubens. Das bedeutet mehr als eine Vertrauenskrise.

In einem „Gespräch über Macht und Missbrauch in der Kirche" hat Doris Wagner/Reisinger dem Wiener Kardinal Schönborn dargelegt, was es für sie als Opfer geistlicher und sexualisierter Gewalt bedeutet, dass ihr die Vertreter der Kirche nicht geglaubt haben – und dass dies endlich eingestanden wird.[22] Dass Schönborn dies öffentlich tat, stellt ein eigenes Glaubensbekenntnis dar. Seine theologische Dimension wurde auf der 2. Plenarversammlung des Synodalen Weges markiert. Der Regensburger Bischof Voderholzer beanstandete ein vermeintlich „unfehlbares Lehramt der Betroffenen", was den Essener Bischof Overbeck dazu veranlasste, genau dieses Lehramt zu bestätigen.[23] Denn in den Opfern sexueller und geistlicher Gewalt trete der Kirche Jesus Christus entgegen, der sich mit marginalisierten Menschen, mit den Verwundeten aller Zeiten identifiziere. Dieses Lehramt anzuerkennen und die damit verbundene Lektion zu lernen, kann der Kirche förmliche Glaubwürdigkeit zurückgeben, weil sie sich so der Gegenwart Jesu Christi versichert. Auf diesem Weg kann Raum für ein neues Vertrauen in die *traditio Christi* entstehen.

Das nötigt der Kirche einen prekären Vertrauensvorschuss ab. Kardinal Schönborn antwortete mit seinem Glaubensbekenntnis auf das authentische Zeugnis seiner Gesprächspartnerin. Er vertraute ihr, weil nur auf diesem Weg die Wahrheit über den erfolgten Missbrauch zu erreichen ist. Damit verbindet sich ein Risiko. Wer anklagt, muss Beweise vorlegen, die in intimen Missbrauchssituationen fast zwangsläufig im Dunkeln bleiben, weil Zeugen fehlen. Das zwingt die Kirche zu einer veränderten Glaubensform.[24] Sie muss die Schutzmacht auflösen, hinter der sich klerikale Täter die längste Zeit verstecken konnten, deren auratische Ausstrahlung aber bereits den Machtmissbrauch ermöglichte. Für die Kirche bedeutet das ein Zweites. Niemand darf von der Unschuldsvermutung lassen. Aber gerade dort, wo eine Hermeneutik des Verdachts im Raum steht, ist umgekehrt eine Hermeneutik des Vertrauens gefordert, die der artikulierten Verletzung, der Not Betroffener einen Ort gibt. Das bewegt sich noch nicht auf der Ebene des Rechts, wohl aber auf der pastoralen Ebene eines kirchlichen Resonanzraums, in dem die Stimmen der Menschen, die sich von sexualisierter Gewalt betroffen fühlen, gehört werden. Sie müssen wissen, dass die Kirche dem nachgeht. Diesen Weg schlägt die katholische Kirche – in Deutschland zunehmend konsequenter erst seit 2018 – ein. Aber sie muss dem institutionell Ausdruck verleihen. Das schließt kirchenrechtliche Bestimmungen ein, geht allerdings darüber hinaus. Es bedarf einer Umstellung der kirchlichen Perspektive auf die Wahrheit, von der Bischof Overbeck gesprochen hat: auf das Lehramt der Menschen, denen das Evangelium Jesu Christi zuvorderst gilt – auf „die Armen und Bedrängten aller Art" (GS 1). Das zieht eine andere Disposition kirchlicher Wahrheitsorganisation nach sich, denn die Betroffenen stellen einen *locus theologicus proprius et alienus* in der Kirche dar.[25] Dem Zeugnis von Missbrauch betroffener Menschen darf die Kirche nicht ausweichen. Die Authentizität kirchlicher Gottesbestimmung muss sich daran messen lassen, welches Stimmrecht Betroffene erhalten. Das bedeutet aber auch, dass die Kirche über dieses Zeugnis nicht verfügt. Es spricht in jede Form intransparenter, alleinwirksamer Macht in der Kirche ein – und auch gegen ihre sakrale Überhöhung.

Vertrauensbildung in der kirchlichen Auflösung?

In dieser Herausforderung besteht der *Kairos* der katholischen Kirche. Glauben und Vertrauen bilden nicht nur entwicklungspsychologisch und glaubensbiographisch, sondern auch epistemisch einen Zusammenhang. Vertrauen in die Belastbarkeit von Überzeugungen ist an lebensweltlich eingespieltes Sinnvertrauen gekoppelt. Es richtet sich nicht zuletzt auf Akteure, die Sinnversprechen machen. Für die katholische Kirche stellt der Missbrauchsskandal deshalb ein fundamentaltheologisches Problem dar. Der Bruch basalen Vertrauens betrifft die Grundlegung des Glaubens. Der christliche Glaube an die schöpferische Lebensmacht Gottes ist im Leben und in der Botschaft Jesu begründet. Die Kirche nimmt die Zeichen des Lebens auf, die Jesus gesetzt hat – in besonderer Weise mit ihren sakramentalen Handlungen. Es handelt sich um performative Akte, die Glauben voraussetzen und beanspruchen. Dann werden sie zu Zeichen des Lebens, in denen sich die Wirklichkeit des Reiches Gottes erschließt. Wenn die Kirche im Zeichen des Todes erfahren wird, verliert sie nicht nur ihre Grundlage. Sie zerstört Glauben, wenn sie mit zerstörerischer Macht identifiziert wird. An diesem Abgrund einer selbstverschuldeten Auflösung ihrer Glaubensgrundlagen steht die katholische Kirche – zumal Bischöfe, die in der Nachfolge der Apostel stehen und für die unverfälschte Weitergabe des Evangeliums verantwortlich zeichnen, die längste Zeit für Verschleierung statt für Aufklärung, für Täter- statt Opferschutz, für fehlende Empathie mit Betroffenen standen. Ihre Autorität zerfällt im Missbrauchsskandal. Der kirchliche Glaubwürdigkeitsverlust bedingt den Kollaps eines Vertrauens, der sich mitten in der Kirche vollzieht – bei Betroffenen, aber auch über sie hinaus.

Die Kirche verstetigt ihren inneren Glaubenswiderspruch, wenn sie nicht verändert, was Missbrauch kirchlicher Macht ermöglicht. Diese Wahrheit aber wird bis heute nicht als eine *kirchliche Lehre* anerkannt: dass der Missbrauch in der Kirche keine Episode darstellt, sondern zu der Wahrheitsform sakralisierter Macht gehört, mit der sie sich organisiert. Deshalb reichen vertrauensbildende kirchliche Maßnahmen nicht mehr. Es geht um die grundlegende Glaubwürdigkeit der katholischen Kirche:

> „Die gesamte Kirche ist aufgerufen, sich der Last einer Kultur bewusst zu werden, die von Klerikalismus gekennzeichnet ist und welche sie aus ihrer Geschichte geerbt hat, sowie derjenigen Formen der Ausübung von Autorität, aus welchen verschiedene Arten des Missbrauchs entspringen können (Missbrauch von Macht, ökonomische Missbräuche, geistlicher Missbrauch, sexueller Missbrauch)."[26]

Dafür bedarf es mehr als Absichtsbekundungen. Es braucht auch mehr als Vergebungsbitten und Geldzahlungen.[27] Es braucht kirchenbildende Konsequenzen.[28] Mit Blick auf die Rolle des Papstes gilt dies in besonderer Weise. Mehr Konsequenz bei der Umsetzung bereits bestehender kirchlicher Vorschriften fordert auch P. Hans Zollner SJ, langjähriger Leiter des Instituts für Safeguarding an der päpstlichen Universität Gregoriana, und adressiert mit seiner Kritik auch den Papst:[29]

> „Rom verlangt von den einzelnen Bischofskonferenzen, dass sie Verantwortung übernehmen und hat vor wenigen Jahren ein neues Gesetz erlassen, in dem es um die Rechenschaftspflicht und die Mitverantwortung von Bischöfen auch für das geht, was ihre bischöflichen Mitbrüder zum Beispiel in Betracht auf Missbrauchs-Meldungen, zu denen sie angehalten sind, nicht machen. Da ist ein Schritt in Richtung Rechenschaftspflicht geschehen und das wurde den jeweiligen Bischofskonferenzen aufgetragen. Die Bischofskonferenzen sagen aber oft, wir warten auf Rom und den Papst, wir können nicht entscheiden."[30]

Hier zeichnet sich ein Widerspruch in der Konstruktion und in der Wahrnehmung kirchlicher Autorität ab. Die Konzentration auf die römische Entscheidungskompetenz hat zu einer ekklesiologischen Verschiebung geführt. Im Missbrauchsskandal ermöglicht sie den Aufschub von Entscheidungen und hält damit das System am Leben, in dem Missbrauch möglich wurde und verschleiert werden konnte. Zugleich löst sich die Autorität der römischen Kirchenzentrale auf, wenn sie von ihrem Durchgriffsrecht genau in diesem Fall nicht konsequent Gebrauch macht – oder wenn der Papst bischöfliche Mitbrüder im Amt hält, wenn sie in ihren Ortskirchen Vertrauen verspielt haben. Als der Münchener Kardinal Reinhard Marx am 21. Mai 2021 dem Papst seinen Amtsverzicht anbot, um Konsequenzen aus seinem Handeln im Missbrauchskomplex zu ziehen, lehnte Franziskus dies nach einer Bedenkzeit von zwei Wochen mit einer sehr persönlich gehaltenen Begründung ab:

> „Ich stimme Dir zu, dass wir es mit einer Katastrophe zu tun haben: der traurigen Geschichte des sexuellen Missbrauchs und der Weise, wie die Kirche damit bis vor Kurzem umgegangen ist. Sich der Heuchelei in der Art, den Glauben zu leben, bewusst zu werden, ist eine Gnade und ein erster Schritt, den wir gehen müssen. Wir müssen für die Geschichte Verantwortung übernehmen, sowohl als einzelner als auch in Gemeinschaft. Angesichts dieses Verbrechens können wir nicht gleichgültig bleiben. Das anzunehmen bedeutet, sich der Krise auszusetzen. Nicht alle wollen diese Tatsache annehmen, aber es ist der einzige Weg. Denn ‚Vorsätze' zur Änderung des Lebens zu machen, ohne ‚das Fleisch auf den Grill zu legen', führt zu nichts. Die persönliche, soziale und geschichtliche Realität ist Konkret. Es genügt nicht, sie nur mithilfe von Ideen anzunehmen. Denn über Ideen wird diskutiert (zu Recht). Aber die Wirklichkeit muss immer angenommen werden und braucht Unterscheidung. Es stimmt, dass die geschichtlichen Vorkommnisse mit der Hermeneutik jener Zeit bewertet werden müssen, in der sie geschehen sind. Das befreit uns aber nicht von der Aufgabe, Verantwortung zu übernehmen und diese Vorkommnisse anzunehmen als die Geschichte der ‚Sünde, die uns bedrängt'. Deswegen glaube ich, jeder Bischof der Kirche muss sie annehmen und sich fragen: Was muss ich angesichts dieser Katastrophe tun?"[31]

Diese Frage führt in die persönliche Verantwortung und fordert eine Gewissensentscheidung, die der Papst in diesem Fall für Marx übernimmt. Vor allem aber bleibt die Lösung, für Aufklärung im Amt zu sorgen, im Rahmen eines systemischen Problemzusammenhangs. Sie verstärkt ihn sogar. Ein halbes Jahr später wurde Kardinal Marx durch das Münchener Missbrauchsgutachten schwer belastet. Die Glaubwürdigkeit des Bischofs, aber auch die des Papstes, der ihn im Amt hielt, nahm weiteren Schaden.

Die Stärke des persönlichen Umgangs mit kirchlichem Vertrauen schlägt im Missbrauchs-Komplex der römisch-katholischen Kirche auf sie selbst zurück. Denn das grundlegende Vertrauen in die Bereitschaft, wirklich Konsequenzen aus dieser „Katastrophe" zu ziehen, ist gesamtgesellschaftlich verspielt. Genau das schlägt auch und nicht zuletzt auf den Papst zurück. Die mediale Öffentlichkeit begegnete Franziskus von Beginn seines Pontifikats an mit hoher Sympathie. Sein Besuch in Lampedusa, sein Einsatz für marginalisierte Menschen, sein Kampf für eine gerechte Verteilung der Güter dieser Welt, sein ökologisches Engagement – all das brachte ihm ein Vertrauen ein, das von seiner Person auf seine Kirche abstrahlte. Mit seinem Handeln im Missbrauchsskandal droht es sich aufzulösen. Damit steht nicht nur die Person des Papstes, sondern die römisch-katholische Kirchenform in Frage. Denn ihre Leitung erweist sich in einer schweren Krise als systemisch blind.

Achte Blende: Römischer Katholizismus in digitaler Gesellschaft

Magische Vorstellungswelten in digitalen Zeiten

Ein Priester sitzt in vollem Ornat in einem abflugbereiten Helikopter, vor sich eine Monstranz mit konsekrierter Hostie. Die uniformierten Piloten im Cockpit wirken wie Militärs bei einem Einsatz. Zu den Bildern des Corona-Jahres gehören auch katholische Szenen wie diese: Prozessionen mit dem Allerheiligsten organisierten eine Art sphärische Luftabwehr.[1] Was kurios wirkt, bringt die eigentümlich paradoxe Gegenwart des Katholizismus im 21. Jahrhundert zur Anschauung. Im Sakrament wird das Allerwirklichste beansprucht. Aber diese Wirklichkeit ist welthaltig und weltfremd zugleich. Da und nicht da. Gegenwärtig nur im Entzug. Um im anti-pandemischen Segen manifest zu werden. Unter der Hand wandelt sich die Hostie zum Emblem dessen, was Karl Marx als Fetischcharakter der Ware beschrieb:

> „Hier scheinen die Produkte des menschlichen Kopfes mit eignem Leben begabte, untereinander und mit den Menschen in Verhältnis stehende selbständige Gestalten."[2]

Der Gegenzauber aus himmlischen Höhen erinnert an den eigenweltlichen Zusammenhang von „Macht und Magie", den der Ethnologe Thomas Hauschild in der süditalienischen Basilicata untersucht hat: mit Werwölfen und Engeln und Sonderriten zur Vermeidung des Bösen.[3] Die kulturelle Fremdheit des Katholischen besitzt dort freilich auch etwas Grundvernünftiges. Denn die Kirche nimmt untergründige Traditionen in sich auf, um das Abweichende zu domestizieren und ans Dogma zu vermitteln. Kontakte mit allzu fassbarer Transzendenz dürfen auf pastorale Duldsamkeit setzen, auch wenn sie grenzwertig erscheinen, solange sich der Code sakramentaler Einfassung aller Getauften als wirksamer Rahmen erweist. Noch so abwegiger Glaube lässt sich hermeneutisch umbiegen, weil er die Integrationskraft katholischen Glaubens erweist. Wo aber diese Klammer fehlt, wo der sakramentale Kirchenrahmen an Bindungskraft verliert, wird Glaube im magischen Grenzverkehr zum Merkmal eines kulturellen Bruchs. In digitalen Zeiten ist das der Fall. Der pandemisch gegenwirksame Kirchenglaube erscheint jedenfalls wie aus der Welt gefallen. An die Stelle sakramentaler Glaubenszeichen tritt deren magische Verselbständigung.

Und doch passt die Flugmonstranz – im Spiegel verzerrt – paradoxerweise gerade deshalb in ein Leben unter pandemischen Bedingungen. Allerdings unbeabsichtigt. Hier wird der Bruch mit vertrautem Leben zur Form, in der es sich reorganisieren musste. Ausgerechnet die magische Inszenierung des Katholizismus legt frei, dass sich der Glaube an sakramental erschlossenes Heil nur im Bruch mit seiner Vergegenständlichung, mit seiner wörtlichen Manipulation erweisen kann – im rituell erhandelten Wissen um den Abstand zur Welt. Sakramentaler Glaube markiert den Bruch in der Welt. Er kann ihn nur bearbeiten, indem er ihn bestimmt. Leben und Tod werden so aufeinander bezogen, dass im Tod Hoffnung auf Leben wirksam wird: im Zeichen gebrochenen Lebens, des Leibes Christi. Wenn die Hostie indes zum Gegenstand wird, der eigengesetzlich wirkt, entkoppelt sich das Zeichen vom konstitutiven Bezug, vom Moment eucharistischer Verwandlung. Das Altarsakrament wird aus seiner komplexen semiotischen Anlage gelöst, wo es unter Corona-Bedingungen ausgerechnet zur Immunisierung der Welt taugen soll. Der Glaube verliert damit den Boden unter den Füßen – was wiederum, ironisch, zum Überflug mit dem Allerheiligsten passt. Die sakramentale Wirklichkeit der Eucharistie erschließt sich nur *als* Verwandlung – im Übergang von Zeichen und Bezeichnetem; in der Gegenwart Jesu Christi in Brot und Wein, also in Zeichen, die sich nur in der ständigen Rekombination von Anwesendem und Abwesendem vermitteln. Das Sakrament lebt insofern vom Bruch. Es ist, zugespitzt formuliert, der Bruch im Leben *als Sakrament*.

Dieser Bruch, der zugleich der Bruch des Lebens durch den Tod im Leben darstellt, ist entscheidend, grundlegend für den christlichen Glauben. Deswegen ist der Glaube an den Bruchstellen des Lebens von besonderem Interesse. Hier muss er greifen. Umso markanter erscheint, dass dieser Kirchenglaube unter Corona-Bedingungen kaum abgefragt wurde. Vor dem Hintergrund der Pandemie ist dies deshalb dramatisch, weil sie eine religionskulturelle Transformation sichtbar macht. Sie gibt Auskunft über die gelebte Wirksamkeitseinschätzung des Glaubens. Die Pandemie stellt ein Ereignis dar, das die Weltgesellschaft grundlegend verändert. Es gibt ein Vorher und ein Nachher, das sich in vielerlei Hinsicht zeigt und auswirkt: gesundheitspolitisch, ökonomisch, aber auch in den seelischen Belastungsfolgen. In der Pandemie wurden die menschlichen Kontaktzonen auf ein Leben im Abstand verschoben. Was das für die Kulturgeschichte der menschlichen Gefühle und Beziehungen bedeutet, welche psychischen Effekte damit verbunden sind, lässt sich noch kaum absehen. Das Leben im pandemischen Ausnahmezustand hat aber auch Fragen nach der Transparenz von Daten und Informationen sowie politischer Entscheidungen hinterlassen. Ein Aspekt ist dabei von besonderer Bedeutung: Bis in die alltägliche Kommunikation hinein hat die Pandemie die Digitalisierung der Gesellschaft in einem eminenten Maße gesteigert und beschleunigt. Unter diesen Transformationsbedingungen stellt sich die Frage, welchen Ort Religionen und die römisch-katholische Kirche in dieser Welt einnehmen.

Das Paradigma des *römischen Katholizismus* ist historisch eng mit gesellschaftlichen und religionskulturellen Umbrüchen verbunden: im 16. Jahrhundert mit der Reformation, im 19. Jahrhundert mit Säkularisierungsprozessen. Sie bestimmten die Form, in der kirchliche Geltungsansprüche angemeldet wurden. Das Konzil von Trient betrieb mit der Kontrolle über den Druck von Bibeln seine Theologie der Offenbarung. Während Luther auf das *sola scriptura* setzte, machte die katholische Kirche klar, dass sie über den Zugang zur Schrift und über den authentischen Bibeltext verfügte.[4] Im 19. Jahrhundert griff die kirchliche Zensur mit dem *Index librorum prohibitorum* auf das Leseverhalten der Katholiken zu. Diskurshoheit sollte als Abwehrtechnik den Wahrheitsbestand der Kirche sichern. Mit dem Zugriff auf das neue Medium des Buchdrucks verband sich schon im 16. Jahrhundert die Aussicht auf eine Hoheit über die entstehende Öffentlichkeit der neuzeitlichen Gesellschaft. Die Hoffnung trog. Der Zugang zu Druckwerken ließ sich nicht einhegen, die Eigendynamik sozialer Medien nicht aufhalten. Im 21. Jahrhundert radikalisiert sich diese Entwicklung unter digitalen Bedingungen. Einer effektiven Verbreitung von Druckerzeugnissen und dem ökonomischen Interesse an Zeitungen und Presse in der Moderne des 19. Jahrhunderts entspricht die durchschlagende Pluralisierung von Meinungen und Überzeugungen in den gesellschaftlichen Gegenwarten unserer Zeit.

Das frühneuzeitliche Kontrollproblem im Zeichen von Reformation und Buchdruck hat die katholische Kirche mit ihrem Lehramt, vertreten durch die römische Glaubenskongregation, bis in die Gegenwart begleitet. Noch das 2. Vatikanische Konzil hielt mit seinem Dekret über die sozialen Kommunikationsmittel *Inter mirifica* an der Vorstellung fest, die Kirche könne medienpolitische Vorgaben machen.[5] Das zeigt sich exemplarisch an den

> „Beziehungen zwischen der ‚Freiheit der Kunst' und den Normen des Sittengesetzes. Die sich mehrenden Diskussionen darüber beruhen häufig auf falschen Auffassungen von Ethik und Ästhetik. Das Konzil betont darum, daß der Vorrang der objektiven sittlichen Ordnung in allem und für alle gilt. Die Sittenordnung überragt alle übrigen menschlichen Ordnungen, die Kunst nicht ausgenommen, so wertvoll sie auch sein mögen, und bringt sie in das rechte Verhältnis. Allein die sittliche Wertordnung umfaßt die ganze Natur des Menschen, der ein geist-

begabtes und zu Höherem berufenes Geschöpf Gottes ist. Wird sie in vollem Umfang getreu beachtet, ist sie für den Menschen der Weg zu seiner Erfüllung und zu seinem Heil.“ (IM 6)

Hier zeichnet sich ein aktuelles Thema ab: die ethische Haftbarkeit medialer Wirklichkeitsproduktion. Objektive Wahrheit versus *Fake News*! Die Frage nach der Bestimmung und Kommunikation der Wahrheit stellt eine Herausforderung dar, die im Zeichen digitaler Medien und politischer Manipulationen gerade auch in offenen Gesellschaften wie den USA seit der Präsidentschaft von Donald Trump, aber auch in Zeiten des Ukraine-Krieges und eben den Auseinandersetzungen um die Corona-Pandemie an Bedeutung gewinnt. So waren es auch katholische Bischöfe und Kardinäle wie Gerhard Ludwig Müller, der ehemalige Präfekt der Glaubenskongregation, die Verschwörungstheorien verbreiteten, um die Freiheitsrechte der katholischen Kirche zu schützen.[6]

Hier zeichnet sich ein wahrheitspragmatisch-medientechnologischer Zusammenhang ab. Bedarf es nicht gerade in Krisenzeiten der Systemfestigkeit eines fest verfugten Glaubens mit sicherer Tektonik? In diesem Zusammenhang ist noch einmal an die Überlegungen der ersten Blende zur theologischen und ekklesiologischen Bedeutung der Pandemie zu erinnern. Sie spielt eine eigene Rolle für die römisch-katholischen Auflösungsprozesse der Gegenwart – und zwar gerade mit Blick auf den Ort der Kirche in einer digitalen Gesellschaft.

Die römisch-katholische Kirche verfügt über ein großes Arsenal von immunologischen Techniken und Instrumenten eines sakramental bewehrten Glaubens. Glaube bietet Zufluchtsräume für Menschen in Not. Volksfrömmigkeit, wie sie Papst Franziskus als Ausdruck eines vitalen Glaubens gerade marginalisierter Menschen schätzt, schließt sich daran unterschiedlich an. Das gilt es zu respektieren. Freilich schienen manche Glaubensräume in der Pandemie nach dem Bauplan von *Panic rooms* angelegt. Sie öffneten sich über Segensgesten, die auf den ethnologisch informierten Beobachter wie Gegenzauber wirkten, und verschlossen sich in Plausibilitäten, vor denen das Virus offensichtlich nicht Halt machte.[7] Im Gegenteil – hier entfaltete die Pandemie ihre tödliche Macht. Denn sie nahm auch noch den Glauben an die schöpferische Lebensmacht Gottes in Haft. Angst und Verzweiflung kommandierten das, was sich in unglaublich vielen Aktionen, Videos und Blogs im Netz abspielte. Unter Beteiligung von Bischöfen und Priestern.

Ein ins Magische ausbrechender Glaube, der auf sakramentalen Abruf Wirkung erzielen soll, muss sich nach dem Abklingen des Virus fragen lassen, welchen Unterschied er gemacht hat. Hat die Muttergottes, die mit ihrem Sohn „über unser schwieriges Heute" sprechen möge, wie es das Mariengebet zur Weihe des Bistums Augsburg formuliert[8], Heilungen veranlasst, für die Medikamente und Impfstoffe entwickelt wurden? Auf welcher Ebene spielt dieser Glaube, wenn er sein Gebet ernst nimmt? Wenn es sich nicht um bloße Zeigegesten von tiefem Vertrauen handelt – womit dürfen die rechnen, die sich ins Gebet nehmen lassen? Und was bedeutet das für die *Art und Weise*, wie geglaubt wird?

Glauben ins Leere?

Im Glauben selbst tut sich ein Abgrund auf, der sich unter den Bedingungen der Pandemie verschärft. Er betrifft die Form des Glaubens. In seinen Gebetsadressen zeigt sich nicht nur, worauf er setzt, sondern wie er funktioniert. Angesichts von Katastrophen, die Lebensgrundlagen erschüttern, ist der Mensch mit der unendlichen Verletzbarkeit seiner Existenz konfrontiert – und mit der Aussicht auf eine Vernichtung nicht nur seiner Lebensressourcen, sondern allen Lebens. Die abgründige Leere des Lebens als „Krankheit zum Tode"[9] fordert den Glauben an die schöpferische Lebensmacht Gottes heraus. Diese Leere lässt sich weder leugnen noch ausblenden. Die schnelle Lösung des Glaubens besteht darin, aus ihm Lebensversicherungen zu beziehen. Was auch immer geschieht, wird mit einem Plan Gottes, mit dem Willen Gottes verrechnet. Dafür können anthropomorphe Deutungsmuster wie „Zorn“ oder „Gericht“ aufkommen. Aber sie drohen die Leere zu überspielen, die dem Glauben an Gott erst ihren existenziellen Grund gibt.

Der Glaube in Zeiten der Pandemie stand und steht vor der Herausforderung, sich im Zeichen radikaler Verunsicherung als wirksam, als lebenstragend zu erweisen. Er muss mit einer konstitutiven Unbestimmtheit umgehen: dem Entzug eines sicher verfügbaren Sinns, der sich an erlebtem Un-Sinn bewähren würde. Das Christentum verweist in diesem Zusammenhang auf die Bedeutung des Lebens und des Todes Jesu Christi. Die Performanz der schöpferischen Lebensmacht Gottes durch den Nazarener soll sich im Tod bewähren, was die Botschaft von der Auferweckung des Gekreuzigten als konsequenten Glauben an diese Lebensmacht Gottes umsetzt. Aber das Zeugnis dieses Lebens und die Zeugnisse des Osterglaubens kommen selbst nicht ohne Leerstellen aus. Die Vorstellung vom *leeren Grab* bildet dafür einen metaphorischen Rahmen. Es fehlt das direkte Zeugnis der Auferweckung, seine Dokumentation. Nur wenn man sich auf die Glaubensperspektive einlässt, die Jesus selbst gelebt hat, kann sich die Wirklichkeit erschließen, die er in seiner Botschaft vom Reich Gottes und in Zeichenhandlungen vermittelt hat.

Diese Zeichen aber bedürfen der Deutung und Aneignung. Sie *vermitteln* – was die theologische Bedeutung des kirchlichen Überlieferungsgeschehens ausmacht. Aber was hier vermittelt wird, setzt nicht nur den Abstand zum historischen Ursprung voraus, sondern auch ein Moment der Unerreichbarkeit seines theologischen Sinns. Denn der Auferstandene bleibt der geschichtlich Entzogene. Die Rede vom *deus absconditus*, vom *abwesenden Gott*, hat hier ihren christologischen Ort. Nur auf den entzogenen Christus, damit aber auch auf den *in Christus* entzogenen Gott kann sich der christliche Glaube beziehen. Er muss diesen Abstand, der immer auch ein spiritueller Abstand der Erfahrungsverschiebung, der

Entfernung bis hin zur Leere ist, vermessen. Er muss ihn theologisch deuten, vor allem aber auch religiös wahrnehmen.

Analoger Kirchenglaube – digitale Kommunikation?

Was hat das nun mit der Auflösung des *römischen Katholizismus* zu tun? Die Leere im Glauben steht in einem signifikanten Kontrast zu den Zeichen der Fülle, mit denen sich die römisch-katholische Kirche als *societas perfecta* versteht. So organisierte sie sich im 16. und 19. Jahrhundert, und auch das 2. Vatikanische Konzil weist Elemente dieses ekklesiologischen Modells auf. Seine Rezeptionsgeschichte vollzog sich oft genug entlang einer Neuauflage dieser kirchlichen Glaubensform. Sie ist nicht zwingend, aber auch nicht zufällig oder nebensächlich mit dem sakramentalen Verständnis der Kirche verbunden. Die entscheidende Frage lautet, wie man diese Sakramentalität versteht und wer die Hoheitsmacht ihrer Deutung beansprucht. Beide Fragen laufen im Verständnis des sakramentalen Amtes zusammen – als Ausdruck und als Vollzugsform dieses Glaubens. Das Amt bildet den Raum einer sakramentalen Entsprechung. Die Kommunikation des Glaubens vollzieht sich mit der gottesdienstlichen Performance des Priesters. Er übernimmt die Rolle Jesu Christi.

Zeichen der Fülle des Lebens – dafür stehen die Sakramente der Kirche. Sie *aktivieren* die Zeichen, die Jesus gesetzt hat. Sie bilden einen Glaubensraum, in dem sich *angesichts der Leere* im Leben und des Glaubens eine Perspektive auf Leben über jeden Tod hinaus abzeichnen soll. Eine körperliche Erfahrung bestimmt den Glauben daran, dass Gott menschlich *kommuniziert*. Das geschieht in einem gemeinsamen Mahl, der Eucharistiefeier. Sie erinnert an das *letzte Abendmahl* Jesu mit seinen Jüngern, bestimmt aber zugleich *jetzt*, akut die Gegenwart des Glaubens. Dieses Sakrament scheint ein entscheidendes Manko zu haben: Es ist flüchtig. Der eucharistische Augenblick vergeht. Reale Präsenz zerbricht mit jedem Zeigegestus, in dem es heißt: „Dies *ist* mein Leib. Dies *ist* mein Blut." Schon vorbei! Genau darin zeigt sich aber die Stärke eines Glaubens, der sich am Schnittpunkt von Leben und Tod festmacht. Die Leere, die der gekreuzigte Nazarener hinterlässt, wird nicht durch das aufgefüllt, was die Auferstehungszeuginnen vorfinden. Es bleibt die Leere, die sich im Herzen der Emmausjünger auftut. Sie verwandelt sich, als sie akzeptieren, dass sich der auferweckte Gekreuzigte nicht in die eigenen Glaubenserwartungen einschließen lässt. Dass sich seine Gegenwart vielmehr in jenen Lebenszeichen offenbart, die er gesetzt hat. „Da gingen ihnen die Augen auf, und sie erkannten ihn; dann sahen sie ihn nicht mehr." (Lk 24,31)

Die Kirche setzt sich dem jedes Jahr neu aus. Sie schließt die Passionsgeschichte nicht ab. Es bedarf der Erfahrung der Leere des eigenen Glaubens, um zu ermessen, was die Tode dieser Welt im Spiegel der unbegrenzten schöpferischen Lebensmacht Gottes bedeuten. Das muss jeweils neu riskiert werden. Glaube kann biographisch scheitern. Er steht auf der Kippe wie bei den Emmausjüngern. Aber ein Glaube, der auf Versicherungen setzt, droht ins Magische abzugleiten, wo er Zeichen als selbstwirksame Mittel gebraucht. Sakramente lassen sich nicht wie Policen einlösen. Sie setzen Zeichen, die Glauben beanspruchen und Leben verwandeln, indem man ihrem Richtungssinn folgt – also selbst Lebenszeichen setzt.

Viele Menschen trauen das der katholischen Kirche nicht mehr zu. Der Glaube in Zeiten der Pandemie führt auch deshalb an Grenzen, weil seine kirchliche Gewährleistung in Frage steht. Der Priester *repräsentiert* Christus. Mit der Weihe wird dies zu einem *untilgbaren Prägemal.* Alles was sich auf dieser Basis vollzieht, hat einen *objektiven* Grund. Das *Sein des Priesters* sichert, was die Wandlungsworte in der Eucharistiefeier besagen: „Dies *ist* mein Leib. Dies *ist* mein Blut." Aber diese Zeichen nehmen erst in einem komplexen Geschehen ihre sakramentale Bedeutung an. Sie schaffen eine neue Wirklichkeit, indem sich der Glaubensraum des Reiches Gottes öffnet, von dem Jesus sprach. Ohne Glauben kann Jesus keine Wunder vollbringen. Der Blick richtet sich auf die Zeichen, die Jesus im Namen Gottes setzt. Sie lassen sich nicht von ihm trennen, aber die Lebensmacht Gottes bestimmt alles. Damit verschiebt sich der Fokus auf die performative Dimension des Glaubens, wie sie die Emmausperikope bestimmt. Die Zeichen von Brot und Wein nehmen ihre Bedeutung auf dem Weg und beim gemeinsamen Mahl an. Ihre Wirkung zeigt sich im Aufbruch. Dort greift die Verwandlung im Zeichen des Auferstandenen.

Das bestimmt die Form, in der sich der Glaube an ihn vermittelt. Er stiftet Beziehung. So setzt sich die Lebensmacht Gottes durch. Sie lässt sich nicht nach Art eines Kontaktzaubers verschaffen, wie die Geschichte von der Heilung einer blutflüssigen Frau belegt, die Jesus am Gewand packt (Mt 9,18–22). Der Versuch, Tuchfühlung mit Gott[10] aufzunehmen, ist prekär, wenn man auf direkte Übertragungsverhältnisse von Macht setzt. Der Missbrauchsskandal der katholischen Kirche betrifft insofern Grundsätzliches. Die Fragen nach der Sakralmacht der Kirche und nach der Sakralisierung ihres Amtes führen mitten in den Umbruch katholischer Glaubenswelten.

Das betrifft die Bedeutung des Amtes in der Kirche. Es findet seinen Haftpunkt in den Bischöfen als Nachfolgern der Apostel und im Papst als Stellvertreter Christi. Im Missbrauchsskandal steht dieses Amt unter einem Plausibilitätsdruck, der unter den Bedingungen einer digitalen Gesellschaft noch einmal eine ganz eigene Form annimmt. Missbrauch durch Priester und seine Verschleierung durch Bischöfe bilden ein wesentliches Moment in der Auflösung des römischen Katholizismus, weil ihn der Anspruch auf eine *objektiv-personale Repräsentation* Jesu Christi durch das Amt auszeichnet.

Digitale Gesellschaften

Die digitalisierte Welt des 21. Jahrhunderts zeichnet sich, einer These Armin Nassehis folgend, dadurch aus, „dass wir nicht Digitales sehen, sondern dass wir digital sehen, damit so etwas wie Digitales erscheinen/entstehen/erfolgreich sein kann.“[11] Indem man die Spuren und Folgen der Digitalisierung aller Lebensbereiche untersucht, stellt sich die Frage, nicht nur wie das Phänomen *Digitalisierung* sichtbar wird, sondern wie es *seine Wahrnehmung* bereits bestimmt. Alle Erkenntnis *über digitale Prozesse* vollzieht sich von daher im Modus ihrer Aneignung, sprich: operativ. Das betrifft in technischer Hinsicht die computerbasierte Textproduktion und in epistemischer Hinsicht das Erreichen, Abrufen und Verarbeiten von Daten. Diese Vorgänge sind in eine soziale Welt eingelassen, in der Kommunikation digitalisiert abläuft und formiert wird. Sie hängt an Systemen wie der Energiezufuhr (Strom) und der Daten-Konnektivität (Halbleiter), die operativ digitalisieren. Selbst die Vorstellung eines gesellschaftlichen, aber auch individuellen Ausstiegs aus diesem System haftet an dessen Rahmenbedingungen. Man entkommt dem Datenverkehr nicht. Ob durch Satellitenüberwachung, die Aufzeichnung von Bankdaten oder durch biometrische Erfassungen: Im Zuge digitaler Rasterung lässt sich die Welt nicht jenseits ihrer *digitalen Datenkonstitution* erfahren. Mensch und Gesellschaft digitalisieren sich performativ.

Damit ergibt sich ein Beobachtungsproblem digitalisierter Welten. Sie treten nur in und als Gesellschaft in den jeweiligen *Gegenwarten von Gesellschaft* zutage.[12] Wenn die Welt nur in Daten *gegeben* ist[13], vermittelt sie sich im Modus einer repräsentierenden Distanzierung. Man erfährt Welt, indem man sie *als Welt* bestimmt und deutet. Sie wird sozial handelnd erschlossen. In diesen Prozessen einer „gesellschaftlichen Konstruktion der Wirklichkeit“[14] nehmen digitale Zeichen eine besondere Funktion ein, weil an ihnen die „Verdoppelung der Welt“[15] beobachtet werden kann, insofern

> „Daten bzw. der Gebrauch von Daten letztlich *als Beobachter* begriffen werden müssen. Wenn es stimmt, dass Datensätze gewissermaßen zeichenimmanente Formen der Rückkopplung von Zuständen aufeinander sind, dann sind Daten selbst spezifische Formen von Beobachtern, die nur mit jener Realität umgehen können, die sie selbst erzeugen oder die mit ihnen verarbeitbar sind."[16]

Anders als über Daten kann keine Beobachtung der Welt erfolgen. Weil sie wiederum in der Welt stattfindet, zeichnet sich kein Schritt aus der epistemischen Geschlossenheit systemischer Beobachtung ab. Jeder Standpunkt ist Aspekt von Beobachtungsprozessen: technisch und ökonomisch durch sie bestimmt. Es sind Daten, mit denen der Klimawandel und die Corona-Pandemie wissenschaftlich beobachtet, politisch beurteilt und ethisch bewertet werden. Und es handelt sich ebenfalls um Daten, mit denen man ihre Folgen abschätzt. Dabei zeigt sich, dass „Naturereignisse" gesellschaftliche Ereignisse darstellen. Man nimmt sie als solche wahr. Zugleich beansprucht *die systemtheoretische Form der Beobachtung der digitalen Gesellschaft* einen Standpunkt, der mit der Beobachtung der Beobachtung *gleichzeitig* eine systemimmanente und systemtranszendente Operation vollzieht. Dieses Paradox lässt sich nicht mehr auflösen, sondern nur ein weiteres Mal beobachten.

Auf diese Weise kristallisiert sich das Problem heraus, das Digitalisierung bearbeitet:

> „Aus wissenssoziologischer Sicht ist das strukturelle Bezugsproblem moderner Gesellschaft die Perspektivität des jeweiligen Weltzugangs. Die entscheidende Frage lautet nicht mehr, was die Welt sei. Es handelt sich nicht mehr um die ontologische Frage nach den Beschaffenheiten, sondern um die epistemologische Frage nach dem Zugang und der Repräsentation. Die Welt ist nur noch in der Verdoppelung zugänglich, genauer: nur noch als Verdoppelung, die ihr Original nur in der Verdoppelung kennt."[17]

Mit der digitalen Datenverdoppelung der Welt wird die Aussicht auf eine Wahrnehmung der *wirklichen Welt* nur als *Wirksamkeit von Beobachtungen* in dieser Welt greifbar. Kunst macht dies sichtbar, indem sie *als* und *im Bild* Wahrnehmung zum Thema macht. Sie stellt die eigene Wahrnehmung dar und wird zugleich zum Gegenstand von Wahrnehmung. Die epistemische Form wird umgestellt: von einer *ontologischen* auf eine *semiotisch-performative.*[18] Dieses Beobachtungsproblem verschärft sich, wenn sich die Frage auf die Möglichkeitsbedingung jeder Wahrnehmung verschiebt. Sie lässt sich evolutionsbiologisch mit Blick auf die Herausbildung menschlicher Kognition beantworten. Evolutionäre Erklärungen beanspruchen funktionale Grundmuster, deren Plausibilität sich den Phänomenen nicht unmittelbar ablesen lässt. Sie bleibt Aspekt einer funktionsgebundenen Sichtweise. Keine Theorie sozialer Systeme entkommt der Frage nach der *Funktion der Funktion*, weil sie diese nur voraussetzen und prozessieren, nicht aber noch einmal jenseits dieser Funktionsannahme erörtern kann. Diese Frage bleibt *konstitutiv* offen. Sie bezieht sich *als Wahrnehmung* auf ein der eigenen Wahrnehmungsform Entzogenes – auf die nur im Vollzug erreichbare Bedingung der Möglichkeit eben *dieser Wahrnehmung*. Sie läuft als ein permanenter Übergang ab. Der epistemische Bezug auf die *Wirklichkeit der Wirklichkeit* simuliert sie. Das geschieht aber unausweichlich, weil dieser Bezug *wirksam* ist. Diese Wahrnehmung haftet wiederum an analogen Referenzen auf die Welt – auf ihre Effekte. Sie unterläuft aber zugleich analoge Wahrnehmungsbezüge, weil sie der Form nach nur *digital* funktioniert. Das wird wiederum technologisch wirksam, eben als

> „*Verdoppelung der Welt in Datenform* mit der technischen Möglichkeit, Daten miteinander in Beziehung zu setzen, um dies auf bestimmte Fragestellungen rückzuübersetzen. Die Vergleichbarkeit ergibt sich dadurch, dass es sich um Übersetzungen von Signalen in ein einheitliches Medium handelt, das Inkommensurabilität zumindest relationierbar macht.“[19]

Der Sinngehalt dieser Codierungen hängt aber nicht an dem Mechanismus von Input und Output. Er funktioniert nicht intentional-direkt und semantisch einlinig. Vielmehr setzen digitale Zeichen sowohl in der Form des Datenverkehrs wie in der Überschreitung analoger Zuordnungen komplexe Semiosen in Gang. Sie steuern die Bedeutung von Zeichen nur über andere Zeichen und ermöglichen jeweils neues Sinnverstehen. Dem entspricht Nassehis Grundthese, dass sich Gesellschaft nur *in Gegenwarten* vollzieht: operativ, mit performativen Sinnbildungen.

Römischer Kirchenglaube und digitaler Katholizismus

Genau das hat entscheidend mit der Auflösung des *römischen Katholizismus* zu tun. Zum einen zeigt sie sich im Repräsentationsmuster *heiliger Körper*, für die der Bischof von Rom als Schaltfigur dient. Zum anderen verändert sich die Glaubensform einer Kirche, die ihre Sakramentalität an analoge Darstellungsformen bindet. So soll der Körper des Priesters die geschlechtliche Identität Jesu abbilden und auf diese Weise die menschliche Wirklichkeit des Erlösers anzeigen. Das Übertragungsverfahren vollzieht sich in einer direkten Zuordnung: von Mann zu Mann. Das hat zur Folge, dass im priesterlichen Amt ausschließlich Männer über diesen Code verfügen. Sie bestimmen ihn, sie wenden ihn an. Die Frage ist, inwieweit diese Form kirchlicher Analogiebildung in einer digitalen Gesellschaft anschlussfähig ist und ob sie der Komplexität der kirchlichen Zeichenproduktion entspricht. Die erste Frage stellt sich angesichts der Lebenswirklichkeit von Menschen, die nicht nur digital kommunizieren, sondern deren Wirklichkeit digital organisiert ist:

> „Wie eine hierarchische Welt eine in hierarchischen Ebenen geordnete Theorieform braucht und eine Welt, die gewissermaßen monotheistisch/monologisch das Eine präferiert, eine einheitsgenerierende Theorieform braucht, braucht eine dyna-

> misierte, komplexe Welt eine Theorieform, die sich für den dynamischen Ordnungsaufbau und Rückkopplungsprozesse interessiert."[20]

Die zweite Frage hat spezifisch theologischen Charakter. Nimmt das analoge Modell des kirchlichen Körperdiskurses das digitale Brechungsmoment der Eucharistie ernst? Sprich: Übergeht es möglicherweise die Leere im sakramentalen Zeichenvollzug, also die Abwesenheit Jesu Christi, um die Darstellungsmacht der Kirche zu stärken und zu stützen? Sie manifestiert sich in der Darstellungsvollmacht von Priester und Bischof.

Was hier von besonderem Interesse ist: Diese theologische Figur macht entscheidende Spielzüge in der Form einer Stellvertretung, für die der Papst steht. Die entsprechenden Begründungsformen laufen über eine Verbindung von kirchlicher Traditionsbildung und amtlicher Traditionsgewähr. Beide werden offenbarungstheologisch begründet: in der apostolischen Überlieferung, die von Jesus Christus auf die Apostel und Bischöfe mit Petrus an der Spitze zuläuft. Die dogmatische Verfugung dieser Begründungskette hat das 1. Vatikanische Konzil geliefert. Deswegen weist auch die digitale Unterwanderung eindeutiger, sicherer, durch die kirchliche Autorität garantierter Zeichenproduktion und -rezeption auf die Auflösung des römischen Katholizismus hin. Digitale Kommunikation findet nämlich in je eigenen Zeichenwelten und Zeichenzeiten statt. Operativer Sinn erzeugt performative Anschlüsse und Glaubensräume. Sie erlauben kirchliche Zusammenhänge, entziehen sich aber zunehmend dogmatischer Glaubenskontrolle. Die normative Orientierung des kirchlichen Lehramts bleibt angesichts von prekären und gefährlichen Glaubensformen von bleibender Bedeutung. Aber die Bedeutung seiner Regulative weist unweigerlich in seine Aneignungs- und Anwendungsszenarien zurück.

Das Modell der *römisch*-katholischen Kirche haftet dabei an mehreren Voraussetzungen:

1. Es verbindet sich mit der Vorstellung von Kirche als einer *societas perfecta* und organisiert sich durch die Lehrgewalt und pastorale Leitungsmacht der römischen Kurie mit dem Papst an der Spitze. Dass Päpste im 20. und 21. Jahrhundert inzwischen mit einer gewissen Regelmäßigkeit heiliggesprochen werden, stellt die sakrale Sonderstellung des Petrusdienstes unter Beweis.[21] Der Ort der Heiligsprechungen war jeweils Rom und der erste Papst der Neuzeit, der zur Ehre der Altäre erhoben wurde, charakteristischerweise Pius V. am 22.5.1722. Auf diese Weise wird der Kontakt mit einer 2000 Jahre lebendigen Tradition in ihrer apostolischen Dignität anschaulich. Repräsentation ist immer vermittelt, aber in diesem Fall besitzt sie die Aura eines anhaltenden ästhetischen Kontakts, so wie sie Reliquien im katholischen Verständnis vermitteln. Die Form ihrer sakralen Vergegenwärtigung tritt bei Heiligsprechungen mit dem Papst vor Augen. Nur er kann sie vollziehen. Die Bindungsmacht des Petrusdienstes beansprucht dabei, was sie deklariert: eine von Gott stammende Vollmacht, die diesseitige und jenseitige Welt verbindet und sich *urbi et orbi* erstreckt. Die Metaphysik der Gegenwart Gottes, die sich als Einheit des Wahren und Schönen in der Liturgie darstellt, rückt in einer digitalen Gesellschaft in ein plurales Feld wirksamer Sakralisierungen ein. Dass Körperkulte eine besondere Rolle als Heilsversprechen spielen, bildet eine Folie für die Auffassung katholischer Sakraltechniken. Ein Haftpunkt: Heiligsprechungen. Für Nichtkatholiken mögen sie als Überbleibsel einer magischen Welt des Zugriffs aufs Heilige erscheinen, lösen aber auf diese Weise auch Faszination aus – als ein besonderes Produkt auf den globalisierten Religionsmärkten. Der römische Katholizismus behauptet sich somit in seinen *umfassenden* Ansprüchen als religiöse *Sonder*welt. Es handelt sich um einen geltungspragmatischen Widerspruch. Er kann nur von innen her, von der Selbstauffassung der katholischen Kirche als einem wahrheitssicheren System, behoben werden.

Die Folge: Man besitzt die Wahrheit, auch wenn niemand sonst sie teilt.

2. Dieser innere Widerspruch der kommunikativen Anlage des römischen Katholizismus verbindet sich unter den Bedingungen digitaler Gesellschaften mit einem zweiten Aspekt: mit seinen Vereinheitlichungstendenzen. In der formativen Phase des 16. und 19. Jahrhunderts entsprachen sie der Markierung eines klaren Gegenübers: des Feindes, gegen den die Kirche als *ecclesia militans* antrat. Diese Möglichkeit eindeutiger Bestimmung entfällt in einer digitalen Gesellschaft, weil sich ihre Zeichenproduktion permanent verschiebt und variable Sinnmuster auflegt. Wenn es für eine dogmatische Definition in der Regel eine häretische Herausforderung brauchte, so verschiebt sich dies in der digitalen Gesellschaft.[22] Das 2. Vatikanische Konzil stellte sich den Pluralisierungseffekten der Moderne im Zuge einer echten Auseinandersetzung. Dialog statt Verurteilung und Diskurs als Voraussetzung für die eigene Positionsbestimmung: Damit entwickelte sich ein kirchlicher Raum der Selbstüberschreitung, der für Entwicklung der Lehre Platz lässt, aber bis heute *in der Kirche* verteidigt werden muss.[23]
3. Damit sind Relativierungen verbunden. Der Bezug auf den Reichtum und Wahrheitswert anderer religiöser und kirchlicher Traditionen wie auf die Orientierungskraft gesellschaftlicher Sinnbildungen löst ein Modell von Kirche auf, dessen Wahrheit immer schon vorab feststeht und nur situationsbezogen anders dargestellt werden muss. An seine Stelle tritt eine selbstkritische Wahrnehmung von Kirche, die sich in einem pluralen religiösen Feld verortet. Ökumene und Religionsgespräche drücken dies aus – und zwar gerade dort, wo kirchliche Absolutheitsansprüche angemeldet werden, aber eine Bindungskraft nur noch nach innen, in sich ausdrücklich *römisch-katholisch* verstehenden Kreisen auslösen.[24]
4. Die Organisation der römisch-katholischen Wahrheitsmacht verband sich mit einer Ästhetik, die sich vor allem klerikal or-

ganisierte. Sein Sinnbild ist der römische Priesterkragen, den ähnlich auch andere Konfessionen kennen, der aber in der römisch-katholischen Kirche ein Unterscheidungsmerkmal als *Stand* darstellt. In den Kleidervorschriften des Vatikans aus dem Jahr 1994 wird festgehalten:

> „In einer säkularisierten und tendentiell materialistischen Gesellschaft, wo auch äußere Zeichen sakraler und übernatürlicher Wirklichkeiten im Schwinden begriffen sind, wird besonders die Notwendigkeit empfunden, daß der Priester – als Mann Gottes und als Ausspender seiner Geheimnisse – den Augen der Gemeinde auch durch seine Kleidung als unmißverständliches Zeichen seiner Hingabe und seiner Identität als Träger eines öffentlichen Amtes zu erkennen sei. Der Priester muß vor allem durch sein Verhalten erkennbar sein, aber auch durch seine Bekleidung, so daß jedem Gläubigen und überhaupt jedem Menschen seine Identität und seine Zugehörigkeit zu Gott und zur Kirche unmittelbar erkenntlich ist. Aus diesem Grund muß der Kleriker gemäß den von der Bischofskonferenz herausgegebenen Normen und gemäß den legitimen lokalen Gewohnheiten eine schickliche kirchliche Kleidung tragen. Dies bedeutet, daß diese Bekleidung, falls sie nicht der Talar ist, verschieden von der Art der Kleidung der Laien zu sein hat und konform der Würde und Sakralität des Amtes … Abgesehen von ganz außergewöhnlichen Situationen, kann der Nichtgebrauch der kirchlichen Kleidung seitens des Klerikers einen schwachen Sinn für die eigene Identität als ganz dem Dienst der Kirche ergebener Hirte manifestieren."[25]

Die *Form* und die *Organisation* des römischen Katholizismus wird in diesen weiterhin gültigen Vorschriften sichtbar: mit identitären Bezügen sowie einer standesbezogenen Hervorhebung des Priesters, nicht zuletzt mit der ordnungspolitischen

Regie der römischen Kurie. Im Klerikalismus wirkt die Macht des römischen Katholizismus bis heute. Aber auch er löst sich auf: nicht nur soziologisch etwa mit Blick auf den Missbrauchsskandal, sondern vor allem mit einer veränderten Wahrnehmung der Grammatik, die dieses Priesterbild trägt. In einer Gesellschaft der Gegenwarten gilt es, asymmetrische Sinnbildungen auszutragen und ihre Konflikte zu moderieren, also Spannungen und Differenzen nicht nur als Folie, sondern als Voraussetzung der eigenen Überzeugungen wahrzunehmen. Die kirchliche Organisation und Garantie von Einheit durch eine Zentrale überfordert einerseits, verliert in offenen Gesellschaften andererseits an Plausibilität.

5. Damit verbindet sich eine veränderte Zeitwahrnehmung. Scheinbar ewig feststehende Ordnungen werden durch Prozesse und Muster digitaler Organisation lebensweltlich abgelöst. Die Digitalisierung der Gesellschaft vollzieht sich „als eine Revolution der gesellschaftlichen Komplexität selbst."[26] Sie besteht entscheidend darin, dass sich kein Blick *jenseits* gesellschaftlicher Blickbindung einspielen lässt, dass sich also auch der kirchliche Blick auf die ewige Gültigkeit einer Ordnung *als Ordnungsblick* darstellt und auf diese Weise verzeitlicht.

Das weist noch einmal in die Entstehungsgeschichte des römischen Katholizismus zurück, der sich als kirchliches Krisenmanagement formierte.

1. Dass er sich antimodern befestigte und mit Nachdruck gegen die Einsichten der Evolutionstheorie stemmte, beweist ein feines Gespür für die Auflösungsdynamiken evolutiven Denkens, die *das Ewigkeitsparadigma* des römischen Katholizismus in Frage stellen. In dem Maße, in dem es an Überzeugungskraft verlor, veränderte sich auch die Disposition der entsprechenden Organisation kirchlicher Wahrheit.
2. Im ästhetisch offenen Widerspruch des klerikalen Standes wird anschaulich, dass der römische Katholizismus in offenen demokratischen Gesellschaften zunehmend als gesellschaftlicher Ge-

gensatz fortlebt. Dass dies wiederum mit katholischen Konflikten verbunden ist, mit der Kritik an männlich-priesterlichem Standesdenken, weist auf eine innere Pluralisierung hin, die über das Modell des römischen Katholizismus mit seiner Bindungsmacht hinausführt.

3. In einer digitalen Gesellschaft stößt der römische Katholizismus ordnungspolitisch an Grenzen, über die Kirche nicht mehr verfügt. Auch auf diese Weise ist sie Teil der Kämpfe offener Gesellschaften um Positionen und Einfluss, wobei sich Vertreter des römischen Katholizismus nicht selten auf Positionen autoritärer Politik zurückziehen. Doch auch so bleibt der römische Katholizismus Aspekt eines Ganzen, das er weder reguliert noch auch nur überschaut. Digitale Fragmentierung bildet die Anschauungsform, auf die sich die katholische Kirche in ihrer pastoralen Ausrichtung wie in der Architektur ihrer Lehre einstellen muss. Sie führt im Moment seiner Auflösung über das neuzeitliche Paradigma des römischen Katholizismus hinaus.

Abblendung: Auflösung des römischen Katholizismus?

Im Jahr 1596 ging die alte Kaiserresidenz Domitians in päpstlichen Besitz über. Clemens VIII. ordnete ihre Beschlagnahmung an. Seine Nachfolger bauten Castel Gandolfo zu einem Apostolischen Palast aus, der den römischen Päpsten fortan als Sommerresidenz diente: ein emblematischer Ort päpstlicher Ausstrahlung vor allem mit den kunstvoll angelegten Gartenanlagen. Die Aufnahme des römischen Erbes bildet hier eine eigene Traditionslinie imperialer Kirchenauffassung. Das gilt nicht zuletzt für Clemens VIII., und zwar gerade in der Widersprüchlichkeit seiner Gestalt.[1] Er ging als strenger Reformpapst in die Geschichte der katholischen Kirche ein, setzte aber auch den päpstlichen Nepotismus fort. Er war persönlich bescheiden und kümmerte sich um die Armen, trat aber auch als unerbittlicher Kirchenfürst in Erscheinung. In seinem Pontifikat wurde das *Pontificale Romanum* (1595/96) herausgegeben, dazu Neuauflagen des *Breviarum Romanum* (1602) und des *Missale Romanum* (1604). Die konsequente römische Kirchenregie drückte sich nicht zuletzt in der Bekämpfung von Häresien aus: mit einer revidierten Ausgabe des *Index librorum prohibitorum* und der Verbrennung Giordano Brunos im Jahr 1600 als Ketzer. Das Denkmal auf dem Campo de Fiori erinnert bis heute an die Wahrheitsmacht einer Kirche, die in Castel Gandolfo ihren Ausdruck, aber auch einen Abschluss gefunden hat. Benedikt XVI. zog sich nach seinem Amtsverzicht zunächst nach Castel Gandolfo zurück. Hier hatte er seinen letzten öffentlichen Auftritt als Papst. Das „Buona notte" des Pontifex[2] nahm einen Abschied vorweg, den Papst Franziskus einige Jahre später vollziehen sollte: Der Ort des päpstlichen Abschieds wurde zum Museum.[3]

Mit Castel Gandolfo verbindet sich nicht nur die Geschichte des *römischen Katholizismus* in der Neuzeit, sondern auch ein symbolischer Übergang. Die ästhetische Form und die Disposition der römisch-katholischen Wahrheitsmacht hat sich in den beiden formativen Epochen ihrer Entwicklung und seitdem immer wieder verändert. Im 21. Jahrhundert nimmt sie eine grundlegend neue Gestalt an. Dafür sind die gesellschaftlichen und kulturellen Rahmenbedingungen ebenso entscheidend wie die Auflösung des *römischen* Katholizismus von Rom selbst her: mit den Weichenstellungen des 2. Vatikanischen Konzils und den Übergängen der letzten drei Pontifikate.

Dabei lassen sich mehrfache Auflösungsmomente jenes römischen Katholizismus beobachten, der sich seit den ersten Jahrhunderten an Rom als einen Ort der Bestimmung des Katholischen bindet und dann – mit den gregorianischen Reformen des 11. und 12. Jahrhunderts als Weichenstellung – vor allem im 16. und 19. Jahrhundert ein spezifisches Gepräge angenommen hat (Zweite Blende). Da er in diesen Phasen auf Krisen reagierte, lässt sich das krisenintensive dritte Jahrzehnt des 21. Jahrhunderts als Spiegel für die Gegenwart des römischen Katholizismus heranziehen (Erste Blende). Gerade in pandemischen Zeiten müsste sich der christliche Glaube mit seinen immunologischen Techniken als Bezugspunkt anbieten. Dabei macht sich eine Veränderung der katholischen Glaubensformen bemerkbar. Sein sakramentales Gepräge büßt jene Selbstverständlichkeit ein, die von der Kirche die längste Zeit *als allgemein verbindlich* vorausgesetzt wurde. Zugleich zeigt sich, dass sich die Glaubensformen zwischen dem 16. Jahrhundert (mit Pius V. als Referenzfigur) und der Gegenwart des 21. Jahrhunderts (mit Papst Franziskus als Referenzfigur) so verändert haben, dass sie *vom Bestimmungsort römischer Katholizität* her in einen Widerspruch führen. Die Auflösung kirchlicher Wahrheitsformen bietet die Chance, Katholizismus im Modus seiner Selbstüberschreitung zu fassen, um Herausforderungen des Glaubens produktiv aufnehmen zu können.

Das wiederum entspricht der Bedeutung *Roms* als kirchlichem Code. Der Bezug auf *Rom* erlaubt in Form von Erinnerungsgeschichten und Traditionsvergewisserungen unterschiedliche historische Anschlüsse. Was Rom als Fixpunkt apostolischer Überlieferung bedeutet, erweist sich in kirchlichen Aneignungen dieses Ortes. Es handelt sich um eine topologische Auskunft über die Form, in der Katholizität gelebt wird. Man *hat* diesen Ort nicht einfach, man muss ihn immer wieder erschließen – wie die Geschichte der Stadt zeigt (Zweite Blende).

Diese Geschichte aber weist fortlaufende Überschreibungen auf, die sich in der römischen Bestimmung des Katholischen durchsetzen. In der Gegenwart des 21. Jahrhunderts sind sie soziologisch von mehrdeutigen Bezügen auf den Bindungswert römischer Katholizität bestimmt. Effekte von Pluralisierung und Individualisierung zeigen sich auch in besonders starken Anbindungen an die katholische Kirche – vor allem im Bereich von charismatisch-pentekostal geprägten Bewegungen. Die überschreitende Form der Rückbindung an den Katechismus, an kirchliche Sakramente oder die Figur des Papstes (Night Fever, Generation Benedikt) weist einerseits eine neue Form katholischer Identitätsbildung auf, zeigt andererseits religionskulturelle Anschlüsse an konfessionsentgrenzende Spiritualitätsformen. Im Widerspruch *identitär-transformativer Religionskulturen* vollzieht sich ein Moment der Auflösung des *römischen* Katholizismus, der auf diese Weise eine neue Form annimmt (Dritte Blende).

Damit verbindet sich ein konstitutiver Aspekt des römischen Katholizismus. Die Fokus-Verschiebung auf religiöse Erfahrung spielt sich zwar im objektiven Repräsentationsraum sakramentaler Kirchlichkeit ab, setzt aber mit der Intensität von Christus-Unmittelbarkeit (wie in der Loretto-Bewegung) ein anderes Programm katholischer Ästhetik auf. Das entspricht dem Bedarf an Erfahrung und Sakralisierung im Raum einer „Gesellschaft der Singularitäten“[4], nimmt aber die dogmatische Wahrheitsgewähr unter anderen Formen kirchlicher Vergemeinschaftung wahr. Kirchliche Moralvorstellungen spielen dabei durchaus eine maßgebliche Rolle. Ihre Wahrnehmung ist jedoch in ein anderes Setting der Inszenierung des Katholischen eingebettet. Es handelt sich um eine kirchliche Performance, die deutlich macht, wie sich Tradition auch dann nur als Interpretation erschließen lässt, wenn sie ausdrücklich *traditionsbewahrend* gedacht wird.

Dieses Moment katholischer Kirchlichkeit im Aufbruch jugendreligiöser Bewegungen spiegelt auf eigene Weise die Auflösung des katholischen Wahrsprechens. Sie vollzieht sich in fortlaufenden Deutungsgeschichten kirchlicher Lehrvorgaben. Innere Spannungen in der Disposition päpstlicher Lehrgewalt haben entlang der Genese des Infallibilitätsdogmas gezeigt, dass auch diese Entscheidung in kirchliche Interpretationsserien eingelassen bleibt. Aktuell wird dies in Diskussionen um den Status und die Reichweite des Verbots einer Frauenordination sichtbar. Das römisch-katholische Auflösungsmoment besteht hier im inneren Widerspruch definitiver Lehrfestlegung und kirchlicher Rezeptionsgeschichten (Vierte Blende).

Mit der innovativen Figur eines *Papa emeritus* nimmt diese Auflösung wiederum eine eigene päpstliche Gestalt an. Der Kampf von Benedikt XVI. gegen jede Form eines Relativismus führte in seinem Pontifikat zu fortlaufenden Interpretationskonflikten päpstlicher Aussagen. Im Streit der Deutungen löst sich die Ambition auf eine zentrale kirchliche Wahrheitsmacht auf. Die Definitionsmacht der katholischen Kirche bricht sich an der Vielfalt von kirchlichen und theologischen, aber auch gesellschaftlichen, kulturellen Perspektiven *auf sie* (Fünfte Blende). Der Zerfall des Modells von Kirche als einer *societas perfecta*, mit dem der römische Katholizismus vom 16. bis zum 19. Jahrhundert verbunden war, nimmt unter Globalisierungsbedingungen zu. Das Pontifikat von Papst Franziskus setzt unter diese Entwicklung einen eigenen Schlussstrich (Sechste Blende). Aus der *römisch*-katholischen Kirche entwickelt sich eine synodal verfasste Weltkirche. Dass seit 1978 kein Italiener mehr zum Papst gewählt und wie die römische Kurie vom Kurienkritiker Franziskus energisch umgebaut wurde, sind Zeichen einer Auflösung des römischen Katholizismus, dem liturgisch-ästhetisch, aber auch kommunikativ-organisatorisch die Aufgabe des Lateinischen als katholischer *lingua franca* entspricht.

Wesentlich radikaler wirkt sich die Bedeutung des katholischen Missbrauchskomplexes auf die Auflösung des römischen Katholizismus aus. Die römische Kirchenzentrale hat den Skandal lange ausgeblendet und bis heute nicht in den Griff bekommen. Es handelt sich um eine Ohnmachtserfahrung ersten Ranges: Die römische Disziplinarmacht ist im katholischen Missbrauchskomplex gescheitert. Da sich dieses Scheitern wiederum mit der klerikalen Organisation dieser Wahrheitsmacht verbindet, steht mit der Auflösung kirchlichen Vertrauens, das sich weltweit in Kirchenstatistiken niederschlägt[5], auch die Haftbarkeit und Belastbarkeit des tragenden ekklesiologischen Modells zur Diskussion. Synodale Prozesse in der Weltkirche reagieren darauf mit Reformforderungen. Sie wurden von Papst Franziskus auf den Weg gebracht, führen aber in ihren Formen und Erwartungen über das römische Modell des Katholizismus hinaus – nicht zuletzt mit Ansprüchen auf ein synodales *decision making and taking* (Siebte Blende).

Das wiederum entspricht der Funktionsweise digitaler Gesellschaften. In ihnen entregulieren sich Zeichen. Die römische Steuerungsmacht tritt unter diesen Bedingungen nur noch als Aspekt weltkirchlicher Katholizität auf. Die Organisation auch des kirchlichen Wissens hängt dabei nicht nur an digitalen Medien, sondern ist selbst digital verfasst. Das bedeutet für das Modell des römischen Katholizismus, dass sich einlinige Bestimmungen einer *repraesentatio Christi* in Serien von Zeichen der *traditio Christi* verschieben. Das betrifft vor allem den Anspruch auf die analoge Körper-Darstellung Jesu durch den männlichen Priester. Wenn es sich um ein Zeichen handelt, das sakramental kommuniziert wird, muss es selbst in seiner digitalen Übertragungsqualität bestimmt werden. Die Gegenwart Jesu Christi ist auch in der Eucharistie nur in der operativen Aneignung des sakramentalen Geschehens vorstellbar – als Glauben. Damit verbindet sich die Auflösung des römischen Katholizismus in seiner ästhetischen Form: Sie erweist ihre Wahrheit im und als Übergang, in der Wahrheitsform der Auflösung (Achte Blende).

Die formative Macht des römischen Katholizismus nimmt damit auf mehreren Ebenen ab: in seiner repräsentativen Darstellung, in der Form kirchlicher Einheitsbildung, aber auch im organisierenden Machtwillen der römischen Kirchenzentrale. Die Rückbindung an Rom hat sich kirchengeschichtlich immer unterschiedlich vollzogen. Das machen gerade die synodalen Elemente in ihr deutlich. Die altkirchliche Communio-Ordnung hat ihnen anders Raum gegeben, als es die Konzilien des Mittelalters und der Neuzeit taten. Das wiederum schloss gegenläufige Tendenzen ein. Einerseits wurden die Communio-Struktur und synodale Elemente zurückgedrängt, andererseits aber weiter Synoden veranstaltet. „(S)eit der gregorianischen Zeit wurde die ganze westliche Kirche in steigendem Maße an diesen Synoden beteiligt.“[6] Ihre synodale Gestalt wurde jedoch zunehmend von der Rolle des Papstes und später der römischen Kurie überlagert. Einen Wendepunkt stellte der Konziliarismus des 15. Jahrhunderts dar. Er stärkte die Bedeutung des Papstes für die gesamte Kirche, indem er das Problem konkurrierender Päpste löste. Ein Konzil, dessen weitere Bestimmungen kirchlich in Frage stehen, wählte einen gültigen Papst. Der Konziliarismus siegte und verlor. Er rettete die Einheit der Kirche. Aber der Weg zu einer synodal verfassten Kirche wurde im Folgenden gerade von Rom unterbunden. Auf dem Konzil von Trient ist dann ausdrücklich die Rede von der *römischen Kirche*, wobei das petrinische Felsenwort von Mt 16 nicht auf den Papst, sondern auf das Symbolon bezogen wird.[7] Maßgeblich ist der *apostolische Stuhl*, also der Bezug auf die Wahrung der apostolischen Tradition im Sinne der *Notae ecclesiae*. Im Sinne des Glaubensbekenntnisses von Konstantinopel (381) erkennt man die wahre Kirche daran, dass sie die *eine, heilige, katholische und apostolische* ist. Ein Bezug auf Rom fehlt. Er präzisiert die kirchliche Kriteriologie topologisch. Rom ist nicht als Ort bindend. Den Ausschlag gibt, wofür dieser Ort steht – für die authentische Überlieferung der Botschaft Jesu Christi.

Insofern geht es jeweils um die Form, in der sich Rom als Ort der Bestimmung und Wahrung kirchlicher Einheit sowie apostolischer Tradition erweist: *als katholisch.* Die neuzeitliche Tendenz kirchlicher Vereinheitlichung und römischer Machtkontrolle erwies sich dabei vor allem in Krisen als produktiv. Rom konnte für die Ortskirchen in unterschiedlichen Konflikten als Rückversicherung dienen. Eine Kontrolle kirchlicher Prozesse bleibt bis in die Gegenwart wichtig: Man denke an geistliche Bewegungen, die von Rom anerkannt werden müssen, und nicht zuletzt an den katholischen Missbrauchskomplex. Dass Bischofsernennungen nicht von Interessen und Einflussnahmen vor Ort gesteuert, sondern in ein Gleichgewicht von orts- und universalkirchlichen Perspektiven gebracht werden, gehört in diesen Zusammenhang. Allerdings zeigen sich hier auch die Grenzen römischer Leitungsmacht. Zum einen gehen die Interessensspiele in die Kurie ein, wie Bischofsbesetzungen im Pontifikat Johannes Pauls II. belegen (etwa mit der Rolle restaurativer Kirchenkreise, aber auch der Zusammensetzung der römischen Bischofskongregation). Zum anderen wachsen Ansprüche auf Beteiligung des ganzen Volkes Gottes in dem Maße, in dem Katholik:innen als Bürger:innen selbstverständlich demokratische Rechte wahrnehmen. Wo – wie im Missbrauchskomplex – die römische Kirchenleitung regulativ versagt, nehmen Rechtsansprüche nicht nur innerkirchlich – wie auf dem Synodalen Weg der katholischen Kirche in Deutschland – eine neue Form an. Staat und Justiz stellen Forderungen, denen sich auch Rom auf Dauer nicht entziehen kann. Dass sich Papst Franziskus nicht an die rechtlich vorgesehenen Fristen bei der Bearbeitung von episkopalen Rücktrittsgesuchen hält, löst die charakteristische Rechtssicherheit auf, die sich mit dem römischen Profil des Katholizismus verbindet.

Gerade unter Papst Franziskus entsteht eine Form von Katholizität, die mit ihrem synodalen Gepräge das Modell des *römischen Katholizismus* aus dem 16. und 19. Jahrhundert ablöst. Dieser Prozess wird vom Papst, also von Rom her betrieben – wobei dieser

Papst selbst kein charakteristisch *römischer* Papst ist (Sechste Blende). Der Papst vom anderen Ende der Welt richtet die katholische Kirche auf eine neue Balance von universal- und ortskirchlichen Perspektiven aus. Die sehr unterschiedlichen Positionen zu Fragen, die den Glauben und damit die gelebte Einheit der Kirche betreffen, erhalten Raum. Eine entscheidende kirchliche Herausforderung wird in Zukunft darin bestehen, sie aufeinander abzustimmen. Welche Rechte die jeweiligen Perspektiven erhalten, wie sich Positionen zur Sexualmoral und zur Frauenordination, aber auch zur Beteiligung von Laien an kirchlichen Entscheidungen darstellen und welche Rechtsform sie wiederum annehmen – genau das überführt Papst Franziskus in einen weltkirchlichen synodalen Beratungs- und Entscheidungsprozess. Auch wenn dem Papst die letzte Entscheidung reserviert bleibt, verändert die synodale Disposition die katholische Kirchenarchitektur bereits in einem Maße, dass sich die Rückkehr zum Modell des römischen Katholizismus nur noch *im Widerspruch* zu ihm vollziehen könnte. Dieser Widerspruch wäre einer der inneren Auflösung, nämlich im Volk Gottes.

Damit stellt sich die Frage, was *nach dem römischen Katholizismus* kommt. Sein Ende wird nicht erklärt, es vollzieht sich: umwegig, langsam, widersprüchlich, diskret – nicht zuletzt in signifikanten Situationen und Entscheidungen. Der *römische Katholizismus* hört bereits auf, indem er sich behauptet – nicht zuletzt am entscheidenden Ort seiner Genese und Durchsetzung: in der römischen Kurie und mit dem Papst. Dabei wird es Rom als organisierenden Bindungspunkt katholischer Kircheneinheit ebenso wie den Papst weiterhin geben. Rom als ästhetische Anschauungsform dieser Einheit bleibt, schon weil sich mit der einzigartigen Faszination dieses Ortes, der architektonisch wie kulturell Antike und Gegenwart verbindet, eine konkrete Erfahrung lebendiger Tradition vermittelt. Aber so wie es mit dem ersten Papst aus Asien oder Afrika die Gestalt des Papstes nicht ohne eine Spannung zur *römischen* Provenienz seiner kirchlichen Figur geben wird, verändert sich auch die Ausrichtung der katholischen

Kirche als globalisierter Religionsakteur. Der Weg der katholischen Kirche in der Auflösung des römischen Katholizismus kann von daher zu einer Wiederentdeckung des Katholischen führen. Ob dies gelingt, stellt eine entscheidende Zukunftsfrage dar – für die Kirche, aber auch für eine Weltgesellschaft, in der die Bedeutung von Religionen nicht verschwindet. Im Gegenteil. Im Kontakt mit den verschiedenen Religionsgemeinschaften spielt die katholische Kirche eine vermittelnde Rolle, nicht nur weil sie zahlenmäßig (noch) die stärkste bildet, sondern weil sie einen historisch gewachsenen Bezugspunkt darstellt. Die Erklärung von Abu Dhabi (Sechste Blende) hat die Richtung angezeigt, in der sich die weltgesellschaftliche und religionspolitische Bedeutung der katholischen Kirche entwickeln kann. Die Haltung, die diese Erklärung anleitet, führt ihrerseits über das Modell des römischen Katholizismus und seine Ekklesiologie hinaus.

Anmerkungen

Einblendung:
In Auflösung? Zur ambivalenten Gegenwart des römischen Katholizismus

1 Vgl. zu kirchlichen Auflösungserscheinungen auch: https://www.strategiekongress.org/. Auflösung wird in diesem Buch anders gefasst: konzentriert auf das Paradigma römischer Katholizität. Zusammenhänge und Übergänge ergeben sich auf der Basis dieses Analyseinteresses. – Webseiten wurden, soweit nicht anders ausgewiesen, zuletzt am 1. März 2023 abgerufen.

2 Der Ausdruck stammt von Annette Schavan: https://www.katholisch.de/artikel/32757-schavan-kritisiert-insolvenzrhetorik-der-katholischen-kirche (17.1.2022).

3 Vgl. W. Kasper, Zur Theologie und Praxis des bischöflichen Amtes, in: W. Schreer/G. Steins (Hrsg.), Auf neue Art Kirche sein (FS Bischof Dr. J. Homeyer), München 1999, 32–48. – J. Ratzinger, „Es scheint mir absurd, was unsere lutherischen Freunde jetzt wollen." Die Pluralität der Bekenntnisse relativiert nicht den Anspruch des Wahren: Joseph Kardinal Ratzinger antwortet seinen Kritikern, in: FAZ v. 22.9.2000 (Nr. 221), 51f. – W. Kasper, Das Verhältnis von Universalkirche und Ortskirche. Freundschaftliche Auseinandersetzung mit der Kritik von Joseph Kardinal Ratzinger, in: StdZ 218 (2000) 795–804. – J. Ratzinger, The Local Church and the Universal Church, in: America 185 (19.11.2001) 7–11. – W. Kasper, From the President of the Council for Promoting Christian Unity, in: America 185 (26.11.2001) 28f.

4 Vgl. J. Ratzinger, Die große Gottesidee „Kirche" ist keine Schwärmerei. Nicht nur eine Frage der Kompetenzverteilung: Das Verhältnis von Universalkirche und Ortskirche aus der Sicht des Zweiten Vatikanischen Konzils, in: FAZ v. 22.12.2002 (Nr. 298) 46.

5 Vgl. G. M. Hoff, Ökumenische Passagen – zwischen Identität und Differenz. Fundamentaltheologische Überlegungen zum Stand des Gesprächs zwischen römisch-katholischer und evangelisch-lutherische Kirche (STS 25), Innsbruck/Wien 2005, 90–101.

6 A. Nassehi, Gesellschaft der Gegenwarten. Studien zur Theorie der modernen Gesellschaft II, Berlin 2011.

Erste Blende: In Auflösung *oder* Im Weltraum römischer Katholizität

[1] M. Perniola, Vom katholischen Fühlen, Berlin 2013, 24.– Zu Perniolas phänotypischer Bestimmung des spezifisch *römischen* Katholizismus vgl. die zweite Blende.

[2] Vgl. A. Weisman, Die Welt ohne uns. Reise über eine unbevölkerte Erde, München 2007.

[3] Der titularische Übergang vom *Vicarius Petri* zum *Vicarius Christi* vollzog sich erst mit Innozenz III. (1198–1216). In Weiterentwicklung der kirchlichen Reformpolitik des 11./12. Jahrhunderts (Gregor VII. [1073–1085]) baute er die Macht des Papstes entscheidend aus. Aus religiösen Interessen leitete er den Vorrang geistlicher vor weltlicher Macht ab. Er wird gestützt durch ein päpstliches Selbstbewusstsein, das eine mystische Rollenidentität des Papstes mit Petrus beansprucht. „Es ist eine bestimmte Weise des geistlichen ‚Kirchengefühls', welches in eminenter Weise aus der Rombindung lebt und aus ihr seine spirituelle Kraft schöpft. Die römische Kirche ist ‚mater omnium Ecclesiarum' (Mutter aller Kirchen) … Die Gesundheit des ganzen Leibes der Kirche hängt von ihrem Haupt, der römischen Kirche ab". Kl. Schatz, Der päpstliche Primat. Seine Geschichte von den Ursprüngen bis zur Gegenwart, Würzburg 1990, 110; vgl. zum Ganzen ebd., 109–118. – Das Paradigma römischer Katholizität, das sich im 16. und 19. Jahrhundert durchsetzte, hat hier einen historischen Ausgangspunkt. Die Weichenstellungen werden aufgegriffen, aber unter einer besonderen ekklesiologischen Maßgabe weiterentwickelt: im Modell der Kirche als *societas perfecta*.

[4] Der Text der Ansprache findet sich auf: https://www.vatican.va/content/francesco/de/homilies/2020/documents/papa-francesco_20200327_omelia-epidemia.html.

[5] Zu seiner Biographie vgl. Kl. Ganzer, Art. Pius V., in: LThK[3] Bd. 8, 325f. – Der traditionsgeschichtliche Zusammenhang, in dem dieser Papst das Paradigma des römischen Katholizismus formierte, spiegelt sich auch darin, dass er „das letzte Absetzungsurteil eines Papstes gegen einen Herrscher" aussprach (ebd., 326).

[6] Das verweist noch einmal auf das 12. Jahrhundert als einen Ausgangspunkt für das neuzeitlich-moderne Paradigma des römischen Katholizismus zurück: Gregor VII. hatte bereits eine „strikte Durchsetzung der römischen Liturgie" verlangt (Kl. Schatz, Der päpstliche Primat, 113.)

[7] Vgl. M. Foucault, Subjekt und Macht, in: ders., Dits et Ecrits. Schriften Bd. 4, Frankfurt a. M. 2005, 269–280; besonders 277–279.

[8] Vgl. für Deutschland A. Holzem, Christentum in Deutschland 1550–1850. Konfessionalisierung – Aufklärung – Pluralisierung. 2 Bde., Paderborn 2015.

[9] Zitiert nach der Übersetzung der Pius-Bruderschaft: https://web.archive.org/web/20110521231035/http://www.piusbruderschaft.de/lehre/lehramt/299-bulle-qquo-primumq-zur-einfuehrung-des-roem-messbuches-hl-papstes-pius-v-1570.

[10] Vgl. zu diesem Konzept Chr. Clark, Von Zeit und Macht. Herrschaft und Geschichtsbild vom Großen Kurfürsten bis zu den Nationalsozialisten, München 2018, 9–27.

[11] Vinzenz von Lérins, Commonitorium 3 (zitiert nach: P. Neuner, Ekklesiologie I. Von den Anfängen zum Mittelalter [Texte zur Theologie, Abteilung Dogmatik Bd. 5,1], Graz u. a. 1994, 85).

[12] Vgl. A. Nassehi, Muster. Theorie der digitalen Gesellschaft, München 2019. – Das Format eines personalen Gottesglaubens stößt im Zeichen von Künstlicher Intelligenz religionskulturell an Plausibilisierungsgrenzen. Zugleich steht die analoge kirchliche Repräsentationslogik in Frage, die nicht zuletzt für das Paradigma des *römischen* Katholizismus charakteristisch ist.

[13] Dass politische Theologie zu den Markern des *römischen* Katholizismus gehört, belegen die beiden formativen Epochen im nachtridentinischen 16. und im 19. Jahrhundert mit den regierenden Päpsten eindringlich. Der kirchliche Machtanspruch bezieht sich ordnungspolitisch wie territorial jeweils auch auf säkulare Sphären und Länder. Das Erbe der katholischen Kirchenreformen des 11. Jahrhunderts wirkt hier nach.

[14] Das Ökumenismusdekret spricht davon, dass die Kirche von Christus zu einer ständigen Reform gerufen sei: „Ecclesia in via peregrinans vocatur a Christo ad hanc perennem reformationem“ (UR 7).

[15] Die Besetzung des Kardinalskollegiums in den vergangenen Pontifikaten zeigt diese Richtung eindeutig an – vor allem mit Papst Franziskus, der selbst der erste nicht-europäische Papst seit der Spätantike (Gregor III. [731–741]) ist.

[16] Das betrifft sinnbildlich das erste Dokument des 2. Vatikanischen Konzils, das Dekret über die sozialen Kommunikationsmittel *Inter mirifica*. Die religionstheologischen Fragen haben sich in den vergangenen 60 Jahren ebenso verändert wie ökumenische Prozesse. Nicht zuletzt der Ort der katholischen Kirche hat sich gesellschaftlich verschoben – und eben auch die gelebte Kirchlichkeit. Das wirkt nicht zuletzt auf die Ekklesiologie zurück. Eine weitere Herausforderung stellen Erkenntnisse der historischen und der Bibel-Wissenschaften dar, in diesem Zusammenhang auch kulturwissenschaftliche Methoden, die auf die theologische Grammatik rückwirken.

[17] Im Folgenden wird Transformation systemtheoretisch verstanden: im Sinne von Prozessen, die neue Anschlusslogiken und Organisationsformen sozialer

Systeme generieren. Sie sind nur zum Teil planbar. Sie emergieren aus Konstellationen und Herausforderungen, die z. B. Problemlösungsstrategien unter Ereignis-Handlungsdruck erfordern – wie in der Corona-Pandemie, wie in Kriegen, wie im Zuge der Bearbeitung der ökologischen Krise.

18 Vgl. zu diesem Konzept A. Nassehi, Gesellschaft der Gegenwarten. Studien zur Theorie der modernen Gesellschaft II, Berlin 2011.

19 Das Konzept „Auflösung" wird transformationstheoretisch eingesetzt. Wo es normative Assoziationen auslöst, ist daran zu erinnern, dass es um die Analyse und theologische Interpretation eines Formprinzips, eines Musters organisierter Kirchlichkeit geht.

20 Anders formuliert: Gehört *Auflösung* zur dogmatischen Formbestimmung von Katholizität? Oder handelt es sich um einen Unfall, einen Missstand, ein Missverständnis etc.? Die Form, in der das Problem wahrgenommen wird, muss sich dabei wiederum als Ausdruck von Katholizität erweisen – im Sinne eines geschichtsbezogenen, nämlich dynamischen Traditionsbezugs sowie differenzbewusster Organisation der kirchlichen und der erkenntnistheologischen Größen, in denen sich die katholische Kirche ihrer selbst bewusst wird (nicht zuletzt im Gebrauch der *loci theologici* als einer Methodologie wie einer praktizierten Ekklesiologie).

21 Vgl. M. Stausberg/St. A. Wright/C. M. Cusack (Eds.), The Demise of Religion. How Religions End, Die, or Dissipate, London u. a. 2020.

22 Vgl. J. Habermas, Auch eine Geschichte der Philosophie, 2 Bde., Berlin 2019; Bd. 1, 138f. et passim.

23 Vgl. Lutz Berger, Die Entstehung des Islam. Die ersten hundert Jahre, München 2016, 275–282. Berger weist nach, dass der Islam spezifische Ankopplungseffekte in der Übernahme lokaler Formen von Gouvermentalität erzielte.

24 Vgl. G. Stroumsa, Das Ende des Opferkults. Die religiösen Mutationen der Spätantike, Berlin 2011, 53–85. Stroumsa macht auf die mediale Erfolgsgeschichte des Christentums im Zeichen der Umstellung von Papyri/Schriftenrollen zu Kodices aufmerksam. Die mediale Passung einer Religionskultur in Konkurrenz zu anderen Religionen kann ein Aspekt des Untergangs einer *Religionsform* sein, während die religiöse Tradition als Bezugspunkt erhalten bleibt. Die Entstehung des rabbinischen Judentums nach der Zerstörung des 2. Tempels lässt sich unter diesem Aspekt verstehen.

25 Habermas argumentiert dafür, dass sich die Plausibilität des Glaubens nur in einer „aus der Teilnehmerperspektive des Gläubigen erschlossene(n) Sphäre" vermittelt (Auch eine Geschichte der Philosophie II, 14).

26 Mit der Figur Pius' V. lassen sich diese Gegensätze nicht nur in einer historischen Widerspruchsform fassen, sondern haben mit Blick auf die Pius-Bruder-

schaft (außerhalb der katholischen Kirche) sowie auf gegenläufige Interessen und kirchliche Grundeinstellungen zwischen Ortskirchen auch eine synchrone Bedeutung.

Zweite Blende: Römischer Katholizismus – ein Suchbild

1 W. Brandmüller, The Election of the Pope in the Tension between Center and Periphery, in: L'Espresso vom 26.10.2021; abrufbar auf: http://magister.blogautore.espresso.repubblica.it/2021/10/26/fewer-electors-and-more-candidates-the-conclave-of-cardinal-brandmuller%e2%80%99s-dreams/. – Alle folgenden Zitate ebd.

2 Vgl. die Angaben auf der Website des Vatikan: https://press.vatican.va/content/salastampa/en/documentation/cardinali—statistiche/composizione-per-area.html.

3 https://www.vaticannews.va/de/vatikan/news/2022-03/kurienreform-papst-franziskus-praedicate-evangelium.html.

4 Vgl. das Porträt von M. Galgano, Der Papst vom anderen Ende der Welt, Augsburg 2013.

5 So in seiner Weihnachtsansprache https://www.deutschlandfunkkultur.de/katholische-kirche-der-papst-gegen-die-kurie-100.html.

6 Die erste Auflage erschien 1923. Hier zitiert nach der 7. Auflage, Stuttgart 2019.

7 Mit dem ersten Satz: „Es gibt einen anti-römischen Affekt." (5)

8 Ebd., 5.

9 Ebd., 6.

10 Tatsächlich haben die römischen Päpste vor allem seit dem 19. Jahrhundert immer wieder diplomatisch agiert – wenn auch vor allem mit ihren Friedensbemühungen durchaus öffentlich und nicht auf eigene Vorteilnahme bezogen. Vgl. dazu J. Ernestis Rezension von V. Reinhardt, Pontifex, Die Geschichte der Päpste. Von Petrus bis Franziskus, München 2017: Diplomatischer Seelenheildiener, in: FAZ v. 12.4.2017, 10: „Nicht von ungefähr kann man von einem Zeitalter der Diplomatenpäpste sprechen, insofern quasi alle Päpste zwischen 1878 und 1978 Diplomaten waren. Diplomatie und Friedenspolitik waren die Antwort des Papsttums auf die antiklerikalen und totalitären Regime der Zeit." Damit wird der politische Charakter des Papsttums in der Moderne manifest. Er weist historisch in die Entstehung des römischen Katholizismus zurück – in seine Anerkennung als Staatsreligion, aber auch in die Koalitionen und Konflikte mit den politischen Mächten der jeweiligen Zeit.

11 C. Schmitt, Römischer Katholizismus und politische Form, 6.

[12] Ebd., 9.

[13] Ebd., 9f.

[14] Ebd., 11.

[15] Ebd.

[16] Ebd., 14. – Dort auch das folgende Zitat.

[17] Vgl. ebd., 23f. – Im Blick auf die Kriteriologie der *römisch*-katholischen Auflösungsmuster wird zu diskutieren sein, was gerade der katholische Missbrauchs-Komplex vor diesem Hintergrund bedeutet.

[18] Ebd., 31.

[19] Ebd., 36.

[20] M. Perniola, Vom katholischen Fühlen, Berlin 2013.

[21] Ebd., 36.

[22] Vgl. ebd., 24.

[23] Ebd., 24; 43.

[24] Zu Schleiermacher vgl. ebd., 12f. – Zum Motiv der Verzauberung vgl. ebd., 24.

[25] Vgl. dazu die dritte Blende.

[26] M. Perniola, Vom katholischen Fühlen, 24.

[27] Ebd., 24f.

[28] Ebd., 27.

[29] Vgl. Kl. Schatz, Allgemeine Konzilien – Brennpunkte der Kirchengeschichte, Paderborn u. a. 1997, 63: „Das Konzil von Chalkedon stellt an sich, ähnlich wie später Konstantinopel III (680/81) einen Höhepunkt der Anerkennung römischer Lehrautorität auf den alten Konzilien dar."

[30] Vgl. dazu die achte Blende: „Römischer Katholizismus in digitaler Gesellschaft".

[31] Vgl. O. Zwierlein, Petrus in Rom. Die literarischen Zeugnisse. Mit einer kritischen Edition der Martyrien des Petrus und Paulus auf neuer handschriftlicher Grundlage. 2. durchgesehene u. ergänzte Auflage, Berlin – New York 2010.

[32] Ignatius von Antiochien, An die Römer, Präskript, zitiert nach: W. R. Schoedel, Die Briefe des Ignatius von Antiochien. Ein Kommentar, München 1990, 266.

[33] Kl. Schatz, Der päpstliche Primat, 18. Die folgende historische Skizze folgt der Darstellung von Schatz.

[34] Ebd., 19.

[35] Irenäus v. Lyon, Adversus haereses, III 3,2; zitiert nach der Ausgabe der *Fontes Christiani* (Bd. 8). übers. u. eingel. V. N. Brox, Freiburg u. a. 1995, 31.

[36] Kl. Schatz, Der päpstliche Primat, 31–43.

[37] Dass sie sich in Anlehnung an die metropolitane Ordnung des römischen Reiches entwickelt haben, belegt zum einen das römische Profil der katholischen Kirche in seinen politischen Bezügen, zum anderen in dieser kirchlichen Ordnung die wiederum am imperialen Zentrum orientierte Vorrangstellung der Ortskirche in der politischen Zentrale. Auf der Grundlage der vorrangigen Bedeutung der *kirchlichen* Traditionsbildung behauptet Rom den ersten Rang in der Pentarchie auch gegenüber Konstantinopel als östlicher Reichshauptstadt.

[38] In Rom wird der Papst-Titel erstmals in der 2. Hälfte des 4. Jahrhunderts greifbar, dann in Briefen an Leo I. kirchlich manifest und seit Mitte des 5. Jahrhunderts im Westen selbstverständlich.

[39] Die Französische Revolution belegt dies paradigmatisch. Der Gallikanismus zerfällt historisch unter ihrem Druck, der sich mit Napoleon Bonaparte noch einmal steigert. In den totalitären Regimen des 20. Jahrhunderts wird Rom als übergeordnete, die Weltkirche repräsentierende Instanz von den Ortskirchen adressiert. *Rom* als Bezugspunkt bildet eine auch politisch schwer zu ignorierende Instanz, weil der römische Katholizismus weltweit agiert – nicht zuletzt mit seinen Nuntiaturen und diplomatischen Kontakten.

[40] Diesen historischen Prozess kann man in San Clemente in Rom nachvollziehen: mit architektorischen Zeugnissen aus dem 1. bis 3. Jahrhundert und einem Mithräum, mit der Überbauung durch eine frühchristliche Basilika um 384 sowie der mittelalterlichen Basilika aus dem 12. Jahrhundert.

[41] Die Lehre von den loci theologici wurde für die katholische Theologie im 16. Jahrhundert von Melchior Cano entwickelt. Sie bestimmte die Dogmatik und die Fundamentaltheologie (bzw. Apologetik) entscheidend, indem sie die Frage nach der authentischen Tradition und Auslegung des Glaubens topologisch entfaltete. Es gibt konstitutive Bezugspunkte jeder theologischen Urteilsbildung wie die Heilige Schrift und die Tradition sowie auslegende Referenzen, auf die man sich beziehen muss, um eine belastbare theologische Erkenntnis zu gewinnen. Zu diesen Interpretationsbezügen zählen die Kirche, die Konzilien, die Päpste, die Kirchenväter und Theologen. Neben diesen *loci theologici proprii* sind fremde Bezugsorte zu berücksichtigen: die Vernunft, die Philosophen sowie die Geschichte. – Vgl. B. Körner, Melchior Cano, De locis theologicis. Ein Beitrag zur Theologischen Erkenntnislehre, Graz 1994.

[42] Kl. Schatz, Der päpstliche Primat, 121.

Dritte Blende:
Katholische Kirchenwirklichkeiten – soziologische Perspektiven

1 Vgl. https://loretto.at/.

2 https://pfingsten.at/. Das folgende Zitat stammt vom selben Pfingstevent 2022.

3 https://home-salzburg.com/.

4 Vgl. dazu die Analysen von D.-M. Kosack, Fasziniert und überwältigt. Identität in Literatur der Gebetshausbewegung, in: Geist und Leben 95 (2022) 148–157; besonders 152–154 (mit Bezug auf ein Buch der Leitung der Salzburger Home-Mission-Base: P. Knittelfelder/B. Lang, Lifestyle Jüngerschaft. Lege das Fundament deines Lebens, Holzgerlingen ^{2}2020). Kosack zeigt auf, dass sich das Heteronomie-Moment durch die Literatur der Gebetshausbewegung zieht, und belegt dies anhand weiterer programmatischer Bücher: R. Harter, Radical Love. Jesus light gibt es nicht – Echte Nachfolge braucht das ganze Herz, Freiburg 2021; J. Hartl, Eden Culture. Ökologie des Herzens für ein neues Morgen, Freiburg 2021.

5 A. Koch, Religionswissenschaft an einer Theologischen Fakultät. Am Beispiel der Analyse des „Vintage"-Katholizismus der charismatischen Gemeinschaft Loretto e. V., in: F. Gmainer-Pranzl/G. M. Hoff (Hrsg.), Das Theologische der Theologie. Wissenschaftstheoretische Reflexionen – methodische Bestimmungen – disziplinäre Konkretionen (STS 60), Innsbruck/Wien 2019, 291–311; alle Zitate: 303.

6 Vgl. G. Ward, Auf der Suche nach der wahren Religion (ReligionsKulturen 4), Stuttgart u. a. 2009; vgl. zu diesem Abschnitt G. M. Hoff, Ein anderer Atheismus. Spiritualität ohne Gott?, Kevelaer 2015, 57–62.

7 Was altersbezogen auf Sinn- und Orientierungsangebote mit starken religiösen Sicherheitsavancen abgestellt ist (Wissen um das, was Gott von uns will).

8 Jede Liturgie stellt eine Inszenierung dar, aber die Loretto-Performance verdoppelt dieses Moment, weil die Sakralisierung sich in der Form eventreligiös verselbständigt.

9 Der folgende Abschnitt greift Passagen auf, die zuerst veröffentlicht wurden in: G. M. Hoff, Religion in Europa und ihre Bedeutung für den Kontinent, in: ThRv 112 (2016) 355–376; besonders 366f.

10 F. W. Graf, Die Wiederkehr der Götter. Religion in der modernen Kultur, München ^{3}2005.

11 F. W. Graf, Götter global. Wie die Welt zum Supermarkt der Religionen wird, München 2014. – Im Folgenden mit Seitenzahlen im Text zitiert.

12 Ein inneres religionskulturelles Transformationsmoment der Loretto-Bewegung lässt sich am Übergang von den stark ausgeprägten katholisch-maria-

nischen Anfängen hin zu einer stärker evangelikal-charismatischen Bewegung beobachten.

13 Vgl. ebd., 237ff.

14 Vgl. A. Weiß, Trump – Du sollst keine anderen Götter neben mir haben: Was wir nie für möglich hielten, hat uns schon verändert, Ostfildern 2019.

15 Vgl. die Anfragen von vier Kardinälen zur Auslegung des päpstlichen Schreibens *Amoris laetitia* mit Bezug auf die Zulassung von wiederverheirateten Geschiedenen zur Kommunion: https://www.katholisch.de/artikel/11214-amoris-laetitia-kardinaele-bitten-papst-um-klaerung.

16 Vgl. dazu die siebte Blende.

17 Vgl. die zweite Blende.

18 C. Schmitt, Römischer Katholizismus und politische Form, 9f.

19 Vgl. L. Scheffczyk, Art. Gnadenstreit, in: LThK[3] Bd. 4, 797f.

20 Vgl. K. Meier, Bis an die Ränder der Welt. Wege des Katholizismus im Zeitalter der Reformation und des Barock, Münster 2018.

21 Zur Semantik des Konzepts vgl. den entsprechenden Artikel von F. Rüdebusch auf der Homepage der Gesellschaft für deutsche Sprache: https://gfds.de/identitaet-identisch-identitaer/: Danach „kann dem Adjektiv *identitär* die folgende Bedeutung zugeschreiben werden: ‚die Identität betreffend, zum Man-selbst-und-niemand-anders-Sein gehörend, die Übereinstimmung mit dem, was man ist, betreffend'."

22 Zum Text des Urteils vgl. https://www.law.cornell.edu/supremecourt/text/410/113.

23 Vgl. https://www.politico.com/news/2022/05/02/supreme-court-abortion-draft-opinion-00029473: „The Supreme Court has voted to strike down the landmark *Roe v. Wade* decision, according to an initial draft majority opinion written by Justice Samuel Alito circulated inside the court".

24 Vgl. M. Eckholt, Pentekostalisierung des Christentums? Zur „Rekonfiguration" der religiösen Landkarte in Lateinamerika, in: StdZ 138 (2013) 507–520; vgl. dies., Der Pentekostalismus und die katholische Kirche in Guatemala/Zentralamerika. Sozial- und politikwissenschaftliche Analysen, pastorale Herausforderungen und ökumenische Perspektiven. Eine Zusammenfassung und Reflexion der Fachtagung in Guatemala-Stadt, 07.–09.08.2018. Forschungsergebnisse Nr. 13. Bonn: Bereich Weltkirche und Migration der Deutschen Bischofskonferenz, Bonn 2019.

25 Vgl. die Instruktion der Glaubenskongregation über einige Aspekte der „Theologie der Befreiung" vom 6.8.1984 (https://www.vatican.va/roman_curia/congregations/cfaith/documents/rc_con_cfaith_doc_19840806_theology-liberation_ge.html) sowie die Notifikation zu dem Buch „Kirche: Charisma und

Macht. Versuch einer militanten Ekklesiologie" von Pater Leonardo Boff OFM vom 11.3.1985 derselben Kongregation (https://www.vatican.va/ro man_curia/congregations/cfaith/documents/rc_con_cfaith_doc_19850311_notif-boff_ge.html).

26 H. W. Schäfer, Die Taufe des Leviathan. Protestantische Eliten und Politik in den USA und Lateinamerika, Bielefeld 2021, 37. – Die Studie konzentriert sich auf den Protestantismus, bezieht sich dabei aber immer wieder auch im Sinne eines religionskulturellen Vergleichs auf die Rolle der römisch-katholischen Kirche. Dabei spielen die Übergänge von politischer und kirchlicher Sphäre die entscheidende Rolle – und vor allem die Transformationsprozesse in diesem Feld, in dem sich Auflösungsmomente eines formativen römischen Katholizismus (nicht der katholischen Kirche!) zeigen lassen. – Die Studie wird im Folgenden mit Seitenzahlen im Text zitiert.

27 Vgl. Cl. Zilla, Die Evangelikalen und die Politik in Brasilien: https://www.swp-berlin.org/10.18449/2019S26/.

28 Artikel 31 der Verfassung: http://www.verfassungen.net/br/verf46-i.htm.

29 Vgl. dazu K. Gabriel, Häutungen einer umstrittenen Institution. Zur Soziologie der katholischen Kirche (Religion und Moderne 26), Frankfurt a. M. 2023.

30 Katholiken im Erzbistum München und Freising. Ergebnisse einer repräsentativen Umfrage, Berlin/Heidelberg 2018.

31 Vgl. zur weltweiten Kirchenstatistik 2021: https://www.vaticannews.va/de/vatikan/news/2023-03/vatikan-statistik-katholiken-zahlen-weltkirche-priester-orden.

32 Vgl. https://de.statista.com/statistik/daten/studie/434113/umfrage/wachstum-der-religionen-weltweit/.

33 https://www.domradio.de/artikel/katholiken-bleiben-groesste-religioese-gemeinschaft-der-usa; https://www.zdf.de/nachrichten/panorama/polen-katholische-kirche-mitglieder-100.html.

34 Angaben zu dieser Gruppe auf: https://www.store.rubbettinoeditore.it/autore/essere-qui/.

35 Essere qui, Il gregge smarrito. Chiesa e società nell'anno della pandemia, Soveria Manelli 2021.

36 A. Nassehi, Gesellschaft der Gegenwarten. Studien zur Theorie der modernen Gesellschaft II, Berlin 2011, 12. – Im Folgenden mit Seitenzahlen im Text zitiert.

37 Vgl. A. Nassehi, Unbehagen. Theorie der überforderten Gesellschaft, München 2021, besonders 11–29.

38 Katholiken im Erzbistum München und Freising. – Im Folgenden Verweise und Zitate mit Seitenzahlen im Text.

[39] J. Ratzinger, Die große Gottesidee „Kirche" ist keine Schwärmerei. Nicht nur eine Frage der Kompetenzverteilung: Das Verhältnis von Universalkirche und Ortskirche aus der Sicht des Zweiten Vatikanischen Konzils, in: FAZ v. 22.12.2002 (Nr. 298) 46.

[40] Das lässt sich nicht zuletzt mit innerkirchlichen Konflikten darstellen, die auf der Basis unterschiedlicher religionskultureller Hintergrundeinstellungen nicht nur abweichende, sondern einander widersprechende katholische Plausibilitäten herstellen und wiederum kirchliche Gegenwarten erzeugen. Wenn die Bischöfe von Ghana für eine Strafverfolgung von Homosexualität eintreten (vgl. https://www.katholisch.de/artikel/32014-ghanas-bischoefe-fuer-gesetz-zur-kriminalisierung-von-homosexualitaet), gibt es eine so starke Pluralität im Episkopat der katholischen Kirche, dass man förmlich von unterschiedlichen, ja oppositionellen Katholizismen sprechen muss. Sie werden – auch wenn der Papst gegen eine solche Position argumentiert – zumindest disziplinär durch Rom nicht auf eine Linie gebracht – und Rom kann dies offensichtlich auch nicht mehr, ohne Spaltungen bis hin zu offenen Schismen zu produzieren. Das löst die römische Kontrollmacht auf. Sie verliert gerade im Horizont der lehramtlich-rechtlichen Mittel an Bedeutung, die dem Papst zur Verfügung stehen, von denen er aber um der Kircheneinheit willen keinen Gebrauch macht.

Vierte Blende:
Die Auflösung des Wahrsprechens – der römische Katholizismus im Spiegel seiner Unfehlbarkeit

[1] Vgl. dazu die Darstellung von Kl. Schatz, Vaticanum I 1896–1870. Bd. III: Unfehlbarkeitsdiskussion und Rezeption, Paderborn u. a. 1994, 164–167. – Zu den Einzelheiten der Vorgänge am 18.7.1870 vgl. ebd.

[2] Ebd., 167.

[3] Die klassische Definition stammt von Carl Schmitt: „Souverän ist, wer über den Ausnahmezustand entscheidet." Ders., Politische Theologie. Vier Kapitel zur Lehre von der Souveränität, Berlin [10]2015, 13. Nach Schmitt betrifft der Ausnahmezustand einen „Grenzfall" (13) – und genau darum handelt es sich bei einer dogmatischen Definition, die unzweifelhafte Klarheit angesichts einer häretischen Position oder einer Infragestellung der kirchlichen Lehre herstellen soll, während der „Normalfall" die rechtgläubige Ordnung darstellt. Mit der Definition der päpstlichen Unfehlbarkeit wird die Souveränität des Papstes als Oberhaupt der Kirche auch in der Weise festgelegt, dass er „ex sese" unfehlbar ist, dass also seine Lehrgewalt als „höchste, nicht abgeleitete Herrschermacht" (13) konfiguriert wird. Dem widerspricht nicht, dass der Papst von Gott seine Macht erhält – das gilt analog auf für staatlich-königliches Recht. In diesem

Recht agiert er aber als Kirchensouverän. Mit dem Lehr- und Jurisdiktionsprimat des Papstes zieht eine Rechtsfigur in das kirchliche Lehrgefüge ein, die einen permanenten Ausnahmezustand ermöglicht – in der ständig möglichen Beanspruchung dieser einzigartigen Vollmacht. Dass ein Papst nur ein einziges Mal von dieser Vollmacht Gebrauch gemacht hat, lässt sich als theologische Vorsicht deuten, mag aber auch auf ein Unbehagen im System hinweisen. Schließlich ist auch das Verbot der Frauenordination nicht im eigentlichen Sinn „ex cathedra" definiert worden. Vgl. dazu die folgenden Ausführungen.

4 Nr. 3 – abrufbar auf: https://www.vatican.va/content/leo-xiii/en/encyclicals/documents/hf_l-xiii_enc_01111885_immortale-dei.html). Mit der Primatsdefinition des Vaticanum I im Hintergrund nimmt die Interpretation der Kirche als *societas perfecta* Konturen an: „Over this mighty multitude God has Himself set rulers with power to govern, and He has willed that one should be the head of all, and the chief and unerring teacher of truth, to whom He has given ‚the keys of the kingdom of heaven.' (Matt. 16,19) ‚Feed My lambs, feed My sheep.' (John 21,16–17). ‚I have prayed for thee that thy faith fail not.' (Luke 22,32)
This society is made up of men, just as civil society is, and yet is supernatural and spiritual, on account of the end for which it was founded, and of the means by which it aims at attaining that end. Hence, it is distinguished and differs from civil society, and, what is of highest moment, it is a society chartered as of right divine, perfect in its nature and in its title, to possess in itself and by itself, through the will and loving kindness of its Founder, all needful provision for its maintenance and action. And just as the end at which the Church aims is by far the noblest of ends, so is its authority the most exalted of all authority, nor can it be looked upon as inferior to the civil power, or in any manner dependent upon it." (Nr. 9f.)

5 Vgl. H. Wolf, Der Unfehlbare. Pius IX. und die Erfindung des Katholizismus im 19. Jahrhundert. Biographie, München 2020, 292–297.

6 Vgl. dazu die Biographie von A. Wulf, Alexander von Humboldt und die Erfindung der Natur, München 2015.

7 Im Missbrauchskomplex zeigen sich bis heute Spuren eines vormodernen Verständnisses der Medien und des Rechtsstaates. Die katholische Kirche reklamierte die längste Zeit für sich das Recht, die Aufklärung über Missbrauchsfälle selbst zu übernehmen. Dieses Modell ist angesichts der Unfähigkeit zur konsequenten Auflösung des Missbrauchskomplexes gescheitert. Dieses Scheitern stellt ein Moment der Auflösung jenes *römischen Katholizismus* dar, der sich im 16. und 19. Jahrhundert im Zeichen der Lehre von der Kirche als einer *societas perfecta* herausgebildet hat.

[8] Der Text der Enzyklika findet sich auf: https://www.vatican.va/content/pius-ix/de/documents/enciclica-qui-pluribus-9-novembre-1846.html

[9] Ebd. – Vgl. DH 2781 (dort mit anderer Übersetzung als auf der Seite des Vatikan).

[10] Das stellte 1865 bereits Clemens Schrader fest (Pius IX. als Papst und König. Dargestellt aus den Akten seines Pontificates, Wien 1865; vgl. den Hinweis von H. Wolf, Der Unfehlbare, 213).

[11] H. Wolf verbindet damit eine weitere Innovation: „Pius IX. erfand einen neuen, bislang unbekannten Typ von dogmatischer Definition: das Devotionsdogma." (Der Unfehlbare, 210)

[12] DH 2800–2804.

[13] H. Wolf weist darauf hin, dass es keinen eindeutigen Konsens in der Kirchen- und Theologiegeschichte im Glauben an die *Unbefleckte Empfängnis Mariens* gegeben habe (Der Unfehlbare, 209f.). In einem dogmatischen Text, der eine unfehlbare Feststellung des Glaubens vollzieht, findet sich eine Begründung, die sich selbst als historisch fehlbar erweist. Diese Konstellation stellt die Frage, wie sich die Begründung eines Dogmas zu seiner Dogmatisierung verhält. Zumindest bleiben Zweifel an der Dogmatisierungs*form*, was wiederum den Glauben an das Dogmatisierte betrifft. Das Ziel, eine unzweifelhafte, letztgewisse Glaubensform auf dem Weg infallibler Lehrbestimmung zu finden, lässt sich auf diese Weise nicht erreichen, weil man weiteren Auslegungsnotwendigkeiten nicht entkommt. Der einzige Ausweg wäre eine rechtpositivistische Glaubensform, die den Glauben auf einen einmal verbindlich vorgelegten Satz verpflichtet. Aber eine solche Glaubensform widerspricht dem Glauben selbst, der nicht nur aus Glaubensgehorsam besteht, sondern auch eine persönlich verantwortete Zustimmung *zum* und *im* Glauben verlangt. Sonst wäre es nicht *mein Glaube* und dieser soteriologisch nicht relevant. Über diese Disposition wurde in der Folge der Lehrbestimmungen des 19. Jahrhunderts in der römisch-katholischen Kirche immer wieder diskutiert. Das römische Lehramt reagierte darauf mit einer Ausweitung der Befugnisse und Reichweite unfehlbaren päpstlichen Sprechens und einer Profilierung der Pflicht zum Glaubensgehorsam. Vgl. die *Professio fidei* von 1998 sowie die *Lehramtliche Stellungnahme der Glaubenskongregation* (https://www.vatican.va/roman_curia/congregations/cfaith/documents/rc_con_cfaith_doc_1998_professio-fidei_ge.html) und das Motu proprio *Ad tuendam fidem* (1998: https://www.vatican.va/content/john-paul-ii/de/motu_proprio/documents/hf_jp-ii_motu-proprio_30061998_ad-tuendam-fidem.html).

[14] H. Wolf, Der Unfehlbare, 206f.

[15] Papst Franziskus weist darauf hin, dass Tradition lebendig sei und nicht erstarren dürfe. Die Erfindung von Tradition in der Form ihrer Stillstellung haftet

an dem Grundwiderspruch, dass sie Tradition in dem Moment zu Grabe trägt, wo sie diese als „ewig“ behauptet – was unhistorisch gedacht und theologisch häretisch ist, also auch insofern kirchlich selbstwidersprüchlich. Vgl. https://www.katholisch.de/artikel/40461-papst-franziskus-verurteilt-traditionalismus-in-der-kirche.

16 Vgl. Kl. Schatz, Vaticanum I, Bd. III, 312–322.

17 Ebd., 314.

18 Seine Persönlichkeit, seine Marienfrömmigkeit, seine kirchlich-politischen Interessen wirken in die Amtsführung auf eine Weise ein, dass er missliebige Kritiker wie in der geschilderten Szene daran erinnert, er habe sie gefördert und förmlich *gemacht*. Sie schuldeten ihm also persönlich Loyalität. Vgl. Kl. Schatz, Vaticanum I, Bd. III, 314. „Aus dem Nichts hervorgezogen“, gibt Tizzani diese Szene wieder (ebd.). Pius IX. wählt eine Redewendung, die schöpfungstheologische Konnotationen hervorruft – mit der entsprechenden Position, die der Papst einnimmt.

19 Vgl. ebd., 164.

20 Vgl. ebd., 300.

21 Vgl. LG 18 mit Bezug auf das Vaticanum I unter ausdrücklicher Anerkennung seiner Primatslehre: „Das damals Begonnene fortführend, hat sie sich entschlossen, nun die Lehre von den Bischöfen, den Nachfolgern der Apostel, die mit dem Nachfolger Petri, dem Stellvertreter Christi und sichtbaren Haupt der ganzen Kirche, zusammen das Haus des lebendigen Gottes leiten, vor allen zu bekennen und zu erklären.“

22 Das bringt ein Dokument der Internationalen Theologischen Kommission aus dem Jahr 2014 zum *Sensus fidei im Leben der Kirche* zur Geltung: „Die dogmatische Konstitution ‚Pastor Aeternus‘ des Ersten Vatikanischen Konzils, in der das unfehlbare Lehramt des Papstes erklärt wurde, ließ den ‚Sensus fidei fidelium‘ keineswegs unberücksichtigt; es setzte ihn vielmehr voraus.“ (Nr. 40) (https://www.vatican.va/roman_curia/congregations/cfaith/cti_documents/rc_cti_20140610_sensus-fidei_ge.html)

23 Bei Bischof Hefele ist das sicher der Fall. – Vgl. Kl. Schatz, Allgemeine Konzilien, 261.

24 Das betrifft vor allem den Fall des Papstes Honorius I., der von einem Konzil (Konstantinopel III [680/681]) als Häretiker verurteilt wurde. Dabei geht es nicht nur um die korrekte Einschätzung der Position des Papstes, sondern um die Tatsache der Verurteilung durch ein Konzil. – Vgl. Kl. Schatz, Allgemeine Konzilien, 81. Zudem erscheint bemerkenswert, dass ausgerechnet dieses Konzil „einen Höhepunkt römischer Autorität für den Osten“ (83) darstellte. „Damit kontrastiert freilich die Verurteilung des Honorius, welche von römischer

Seite damals wohl so gedeutet wurde, daß der auf die Petrus-Tradition gegründete Glaube der römischen Kirche intakt blieb, unbeschadet des Versagens des einzelnen Papstes." (83) Damit lässt sich für eine funktionale Unfehlbarkeit im Petrusamt argumentieren, nicht aber für eine an den jeweiligen Papst *in persona* gebundene. Diese Relativierung betrifft dann aber auch die Frage, wie sich das Glaubenszeugnis des Papstes im Konfliktfall evaluieren lässt.

25 Vgl. M. Seewald, Dogma im Wandel. Wie Glaubenslehren sich entwickeln, Freiburg u. a. 2018, 48–51.

26 Was das für den Glauben der Kirche bedeutet, stellt eine eigene, offene Frage dar. Vgl. dazu die Ausführungen zur Frauenordination.

27 Vgl. Kl. Schatz, Vaticanum I, Bd. III, 339.

28 Dogmatische Konstitution des 1. Vatikanischen Konzils über die Kirche Christi *Pastor aeternus*, in: J. Wohlmuth (Hrsg.), Dekrete der ökumenischen Konzilien. Bd. 3: Neuzeit, Paderborn u. a. 2002, 811–816.

29 Vgl. W. Beinert, Art. Unfehlbarkeit, in: $LThK^3$, Bd. 10, 389–392; 389.

30 Vgl. M. Seewald, Dogma im Wandel, 36–42.

31 Vgl. K. Hilpert/S.M ller (Hrsg.), Humanae vitae – die anstößige Enzyklika. Eine kritische Würdigung, Freiburg u. a. 2018. Zur Kontextualisierung vgl. die Hinführung der Herausgeber. Zum Votum der Kommission und zur Entscheidung von Paul VI. vgl. ebd., 11f.

32 Vgl. dazu die Auseinandersetzungen um die Schwangerenkonfliktberatung, aber auch den Vorschlag der oberrheinischen Bischöfe Saier, Lehmann und Kasper aus dem Jahr 1993, wiederverheiratete Geschiedene in Ausnahmefällen – pastoral begleitet und auf der Grundlage ihrer Gewissensentscheidung – zur Kommunion zuzulassen (Hirtenbrief „Zur seelsorglichen Begleitung von Menschen aus zerbrochenen Ehen, Geschiedenen und wiederverheirateten Geschiedenen"). Bis in die unmittelbare Gegenwart setzt sich diese Linie fort: zuletzt in der Frage einer Zulassung von nicht-katholischen Partnern in einer konfessionsverbindenden Ehe.

33 Unter Johannes Paul II. waren Ministrantinnen lange Zeit nicht zugelassen.

34 Vgl. zum Diskussionsstand M. Eckholt/J. Rahner (Hrsg.), Christusrepräsentanz. Zur aktuellen Debatte um die Zulassung von Frauen zum priesterlichen Amt (QD 319), Freiburg u. a. 2021.

35 Zuletzt von Kardinal Ladaria als Präfekt der Glaubenskongregation: Zu einigen Zweifeln über den definitiven Charakter der Lehre von Ordinatio sacerdotalis, abrufbar auf: https://www.vatican.va/roman_curia/congregations/cfaith/ladaria-ferrer/documents/rc_con_cfaith_doc_20180529_caratteredefinitivo-ordinatiosa cerdotalis_ge.html.

Fünfte Blende:
Römische Rückzugsgefechte im 21. Jahrhundert – zur tragischen Wahrnehmung Benedikts XVI.

[1] Text der Erklärung auf: https://www.spiegel.de/panorama/papst-benedikt-xvi-ruecktrittserklaerung-im-wortlaut-a-882616.html.

[2] Seit dem Rücktritt machten Gerüchte über die wahren Gründe des Rücktritts die Runde. Auch nach dem Tod von Benedikt XVI. am 31.12.2022 gehen die Spekulationen weiter (https://www.zdf.de/nachrichten/panorama/papst-benedikt-xvi-ruecktritt-gruende-100.html). Im öffentlichen Interesse spiegelt sich die kirchliche Ausnahmesituation des Rücktritts, der in den medialen Würdigungen des verstorbenen Pontifex eine hervorgehobene Rolle spielte.

[3] Der Titel wurde im *Annuario Pontificio* des Jahres 2006 nicht mehr aufgenommen. Zur Erklärung vgl. die Meldung von Radio Vatikan vom 22.3.2006: http://www.archivioradiovaticana.va/storico/2006/03/22/vatikan_warum_der_papst_einen_titel_aufgibt/ted-71580.

[4] Vgl. J. Ratzinger, Primat und Episkopat, in: ders., Gesammelte Schriften Bd. 8/1: Kirche – Zeichen unter den Völkern, Freiburg u. a. 2010, 629–659; 641–645.

[5] Vgl. die Auseinandersetzungen um ein Buch von Kardinal Robert Sarah über den Zölibat, für das er den Papa emeritus als Ko-Autor reklamierte. Es brauchte eine eigene Klarstellung von Erzbischof Gänswein, um diesen Eindruck zu konterkarieren. Vgl. https://www.vaticannews.va/de/papst/news/2020-01/papst-benedikt-xvi-emeritiert-zoelibat-sarah-buch-dementi-gaensw.html.

[6] Vgl. exemplarisch A. Merkl/P. Körbs/B. Koch (Hrsg.), Die Friedensbotschaften der Päpste. Von Paul VI. bis Franziskus, Freiburg u. a. 2022.

[7] Th. Jansen, Der weiße Revolutionär, in: https://www.katholisch.de/artikel/16682-benedikt-xvi-der-weisse-revolutionaer (28.2.2018). – Der Ausdruck „Revolutionär“ wurde von Papst Franziskus gebraucht (vgl. ebd.).

[8] Ph. Sarasin, 1977. Eine kurze Geschichte der Gegenwart, Berlin 2021.

[9] Ebd., 11.

[10] Ebd., 12.

[11] Ebd., 17.

[12] Ebd., 12.

[13] Vgl. J. Ratzinger, Offenbarungsverständnis und Geschichtstheologie Bonaventuras. Habilitationsschrift und Bonaventura-Studien (GS Bd. 2), Freiburg u. a. 2009.

[14] Vgl. J. Ratzinger, Aus meinem Leben. Erinnerungen (1927–1977), Stuttgart 1998, 77–91. Dort auch der Hinweis auf einen dynamischen Offenbarungsbegriff: Offenbarung „bezeichnet den Akt, in dem Gott sich zeigt, nicht das ob-

jektivierbare Ergebnis dieses Aktes. Und weil es so ist, gehört zum Begriff ‚Offenbarung' immer auch das empfangende Subjekt: Wo niemand ‚Offenbarung' wahrnimmt, da ist eben keine Offenbarung geschehen, denn es ist nichts offen geworden." (84)

15 Vgl. E. Höftberger, Religiöse Tradition in Bewegung. Zur Hermeneutik des Zweiten Vatikanischen Konzils im jüdisch-christlichen Dialog, Bielefeld 2023; dort vor allem die grundlegenden Partien und die Bezüge auf J. Ratzinger.

16 https://www.vatican.va/gpII/documents/homily-pro-eligendo-pontifice_20050418_ge.html (Ansprache vom 18.4.2005).

17 Jesus von Nazareth? Bd.1: Von der Taufe im Jordan bis zur Verklärung, Freiburg u. a. 2007; Jesus von Nazareth? Bd.2: Vom Einzug in Jerusalem bis zur Auferstehung, Freiburg u. a. 2011; Jesus von Nazareth. Prolog? Die Kindheitsgeschichten, Freiburg u. a. 2012.

18 Ohne ihn gibt es kein Konzil; ohne ihn kann es keinen Konsens der Gesamtkirche und des Bischofskollegiums geben; seine Unterschrift gibt wichtigen Dokumenten der *päpstlichen* Kongregationen und Kommissionen ihren verbindlichen Rang.

19 C. Schmitt, Der Begriff des Politischen. Text von 1932 mit einem Vorwort und drei Corollarien, Berlin 1991 (3. Aufl. der Ausg. von 1963; Erstauflage 1932), 26.

20 Vgl. https://www.vaticannews.va/de/papst/news/2019-11/papst-johannes-paul-ii-pontifikat-wende-zeitzeuge-wuerdigung.html.

21 https://www.vatican.va/content/benedict-xvi/de/speeches/2005/december/documents/hf_ben_xvi_spe_20051222_roman-curia.html.

22 https://www.vatican.va/gpII/documents/homily-pro-eligendo-pontifice_20050418_ge.html.

23 J. Ratzinger, Einführung in das Christentum. Vorlesungen über das Apostolische Glaubensbekenntnis, München 1968, 146.

24 Text auf: https://www.vatican.va/content/benedict-xvi/de/speeches/2006/september/documents/hf_ben-xvi_spe_20060912_university-regensburg.html. – Die folgenden Zitate ebd.

25 So hat Al-Kaida nach der Regensburger Rede eine Morddrohung gegen den Papst ausgesprochen. Vgl. https://www.katholisch.de/artikel/31221-ein-satz-als-dynamit-regensburger-rede-benedikts-xvi-vor-15-jahren.

26 St. Bullivant, Massexodus. Catholic Disaffiliation in Britain and America since Vatican II, Oxford 2019. – Dort findet sich empirisches Material aus den USA und dem Vereinigten Königreich.

27 Dabei ist – auch mit Bullivant – festzuhalten, dass die Gründe für den „Mass Exodus" nicht einfach in der Liturgiereform zu suchen sind.

28 Eine letzte Klarstellung erfolgte erst 2015 mit einem Dokument der Päpst-

lichen Kommission für die religiösen Beziehungen zum Judentum. – Eine theologische Stellungnahme Benedikts XVI. zu diesem Dokument löste eine erneute Debatte über die Haltung des Papstes zum Judentum aus. Vgl. J. Ratzinger/ Benedikt XVI., Gnade und Berufung ohne Reue. Anmerkungen zum Traktat ‚De Iudaeis', in: IKaZ Communio 47 (2018) 387–406.

29 Vgl. H. Heinz, So darf die Kirche nicht beten. Eine neue Karfreitagsfürbitte im alten Geist, in: HerKorr 62 (2008) 228–231 (https://www.herder.de/hk/hefte/archiv/2008/5-2008/so-darf-die-kirche-nicht-beten-eine-neue-karfreitagsfuerbitte-im-alten-geist/). – Dort auch der Text der Fürbitte.

30 https://www.vatican.va/content/benedict-xvi/de/letters/2007/documents/hf_ben-xvi_let_20070707_lettera-vescovi.html.

31 Gutachten, Anlage 2, 71 (S. 66 in der Stellungnahme von Benedikt XVI.).

32 Gutachten, Anlage 2, 8 (S. 2 in der Stellungnahme von Benedikt XVI.).

33 Gutachten: Sonderband: Der Fall X., 177f.

34 Gutachten, 179.

35 Dogmatische Konstitution des 1. Vatikanischen Konzils über die Kirche Christi *Pastor aeternus*, in: J. Wohlmuth (Hrsg.), Dekrete der ökumenischen Konzilien. Bd. 3: Neuzeit, Paderborn u. a. 2002, 811–816; 813.

36 Gutachten, 751.

37 https://www.vaticannews.va/de/vatikan/news/2022-02/wortlaut-benedikt-xvi-botschaft-erzbistum-muenchen-missbrauch.html.

38 https://www.sueddeutsche.de/politik/missbrauch-katholische-kirche-gutachten-1.5511779.

39 Inzwischen ist ein weiteres Dokument gefunden worden, das nahelegt, dass Kardinal Ratzinger über den Missbrauchsfall informiert war. Vgl. https://www.katholisch.de/artikel/43740-bericht-ratzinger-wusste-schon-1986-von-missbrauch-durch-priester-h (Meldung vom 22.2.2023).

40 Vgl. H. Waldenfels, Das Scheitern Benedikts XVI., in: Pastoralblatt 74 (2022) 143–150. Waldenfels spricht ebenfalls von einem tragischen Moment (ebd., 149).

Sechste Blende:
Katholische Ironie und römische Wahrheit – ein Papst vom anderen Ende der Welt

1 Der Film von Fernando Meirelles aus dem Jahr 2019 beruht auf dem Buch „Die zwei Päpste: Franziskus und Benedikt und die Entscheidung, die alles veränderte" (Zürich 2019) von Anthony McCarten, der auch das Drehbuch verfasste.

2 Vgl. https://www.katholisch.de/artikel/11116-der-beinahe-papst.

[3] Vgl. Dokumentation: Die ersten Worte von Papst Franziskus, in: ZEIT ONLINE, 14.3.2013.

[4] https://www.diepresse.com/1381892/im-wortlaut-was-bergoglio-vor-der-papst-wahl-sagte.

[5] *Evangelii Gaudium:* Apostolisches Schreiben über die Verkündigung des Evangeliums in der Welt von heute (24. November 2013), Nr. 48; abrufbar auf: https://www.vatican.va/content/francesco/de/apost_exhortations/documents/papa-francesco_esortazione-ap_20131124_evangelii-gaudium.html.

[6] https://www.vatican.va/content/francesco/en/speeches/2022/june/documents/20220601-convegno-pattoeducativo.html.

[7] Eine Skulptur von Giovanni Lorenzo Bernini, die die drei Figuren auf ihrer Flucht darstellt, befindet sich im Museo Borghese in Rom. Bernini arbeitete bei der Überschreibung des römischen Mythos mit biblischen Motiven, indem er Züge einer Christus-Statue von Michelangelo und einer Darstellung von Johannes dem Täufer aus der Werkstatt seines Vaters aufgriff. Besonders charakteristisch erscheint die Dynamik der Skulptur, die sich in den Körpern, aber auch in den Zügen der Figuren zeigt. Dabei blicken Aeneas, Anchises und Ascanius leicht versetzt nach vorne, in die Zukunft, bilden aber einen inneren Zusammenhang als Figurengruppe. Keiner der drei wendet sich noch einmal zurück. Nur die Penaten, die Anchises gerettet hat, weisen auf die Vergangenheit und die Heimat, die sie verlassen müssen. – Vgl. https://de.borghese.gallery/sammlung/skulpturen/aeneas -anchises-und-ascanius.html.

[8] https://www.vatican.va/content/francesco/de/homilies/2013/documents/papa-francesco_20130708_omelia-lampedusa.html.

[9] https://www.vatican.va/content/benedict-xvi/de/speeches/2007/may/documents/hf_ben-xvi_spe_20070513_conference-aparecida.html.

[10] Aparecida 2007 – Schlussdokument der 5. Generalversammlung des Episkopats von Lateinamerika und der Karibik: „Jünger und Missionare Jesu Christi – damit unsere Völker in Ihm das Leben haben ‚Ich bin der Weg, die Wahrheit und das Leben' (Joh 14,6)" (Stimmen der Weltkirche 41), Bonn 2007. – Das folgende Zitat ebd.

[11] Vgl. H.-J. Sander, Theologischer Kommentar zur Pastoralkonstitution über die Kirche in der Welt von heute *Gaudium et spes*, in: HThKVatII, Bd. 4, 581–886.

[12] https://www.vatican.va/content/francesco/de/speeches/2019/february/documents/papa-francesco_20190204_emiratiarabi-incontrointerreligioso.html. – Die folgenden Zitate ebd.

[13] https://www.vatican.va/content/francesco/de/apost_exhortations/documents/papa-francesco_esortazione-ap_20160319_amoris-laetitia.html.

[14] https://www.katholisch.de/artikel/29384-fuenf-jahre-amoris-laetitia-viel-mehr-als-eine-fussnote.

[15] Dazu passt eine Aussage von Papst Franziskus aus einem Gespräch mit europäischen Kulturzeitschriften der Jesuiten im Juni 2022: „Meiner Meinung nach entsteht eine Häresie, wenn die Idee von der menschlichen Realität abgekoppelt wird." Abrufbar auf: https://www.herder.de/stz/online/papst-franziskus-im-gespraech-mit-den-europaeischen-kulturzeitschriften-der-jesuiten/.

[16] https://www.vatican.va/roman_curia/congregations/cfaith/ladaria-ferrer/documents/rc_con_cfaith_doc_20180529_caratteredefinitivo-ordinatiosacerdotalis_ge.html.

[17] https://www.vatican.va/content/john-paul-ii/de/apost_letters/1994/documents/hf_jp-ii_apl_19940522_ordinatio-sacerdotalis.html.

[18] https://www.katholisch.de/artikel/25121-papst-franziskus-laesst-frauendiakonat-erneut-pruefen.

[19] Vgl. die vierte Blende.

[20] Vgl. https://www.katholisch.de/artikel/11214-amoris-laetitia-kardinaele-bitten-papst-um-klaerung.

[21] Vgl. Kardinal Brandmüller, Kommunionspendung an nichtkatholische Mischehepartner?, in: https://www.kath.net/news/64226 (25.6.2018).

[22] https://www.katholisch.de/artikel/17781-papst-gegen-veroeffentlichung-von-handreichung.

[23] So argumentiert Kardinal Woelki: „Wenn einzelne Betroffenen nicht mehr warten könnten, sollten sie ‚im Raum der persönlichen Seelsorge und der individuellen Gewissensentscheidung' agieren, sagte Woelki auf der Vollversammlung des Diözesanrats, der Laienvertretung im Erzbistum Köln, in Bensberg. Sie würden dann nach einer ‚ungeschriebenen Regel' der Kirche nicht abgewiesen." https://www.ksta.de/politik/streit-ueber-kommunion-in-katholischer-kirche-kardinal-rainer-woelki-mit-koelscher-loesung-281803?cb=1675092995910.

[24] Vgl. D. Deckers, Der Karneval ist aus. Der Vatikan unter Papst Franziskus, in: FAZ v. 24.3.2011; abrufbar auf: https://www.faz.net/aktuell/politik/die-wahl-des-papstes/der-vatikan-unter-papst-franziskus-der-karneval-ist-aus-12125804.html?printPagedArticle=true#pageIndex_2.

[25] Unter der Militärdiktatur verschaffte dies Bergoglio Handlungsspielräume, brachte ihn aber im Fall zweier vom Regime inhaftierter Mitbrüder, Franz Jalics und Orlando Yorio, ins Zwielicht. Yorio war davon überzeugt, Bergoglio habe sie angezeigt und sei für ihre Folterhaft mitverantwortlich. Jalics zog diese Behauptung später zurück. – Die Aussagen von Jalics werden zitiert auf: https://www.spiegel.de/panorama/papst-franziskus-pater-jalics-entkraeftet-vorwuerfe-a-890089.html.

[26] Vgl. exemplarisch die Enzyklika *Laudato Si* (24.5.2015; abrufbar auf: https://www.vatican.va/content/francesco/de/encyclicals/documents/papa-francesco_20150524_enciclica-laudato-si.html). Bis in die Semantik finden sich Anklänge an befreiungstheologische Motive: vgl. Nr. 64 mit dem Hinweis, es gehe darum, „gemeinsame Wege der Befreiung zu suchen". Vgl. auch das nachsynodale apostolische Schreiben *Querida Amazonia* (2.2.2020); abrufbar auf: https://www.vatican.va/content/francesco/de/apost_exhortations/documents/papa-francesco_esortazione-ap_20200202_querida-amazonia.html.

[27] L. Boff, Papst Franziskus, die Befreiungstheologie und ihre Zukunft im Spiegel der Zeit, abrufbar auf: https://leonardoboff.org/2017/05/18/papst-franziskus-die-befreiungstheologie-und-ihre-zukunft-im-spiegel-der-zeit/.

[28] Vgl. die Ausführungen zur Befreiungstheologie in der dritten Blende.

[29] https://www.katholisch.de/artikel/39537-weltsynoden-untersekretaerin-becquart-der-heilige-geist-ist-am-werk. – Das folgende Zitat ebd.

[30] https://www.vatican.va/content/francesco/de/motu_proprio/documents/20210716-motu-proprio-traditionis-custodes.html.

[31] Vgl. J.-H. Tück, Nein zur alten Messe: Papst Franziskus stösst einen Entscheid seines Vorgängers um und gefährdet damit die Autorität des Amts, in: NZZ v. 22.7.2021 (abrufbar auf: https://www.nzz.ch/feuilleton/nein-zur-alten-messe-papst-franziskus-korrigiert-benedikt-xvi-ld.1636939?reduced=true): „Papst Franziskus hat einmal bemerkt, es könne sein, dass er als Papst der Spaltung in die Kirchengeschichte eingehe. Am vergangenen Freitag hat er dieses Wort beinahe wahr gemacht. Durch das Dekret ‚Traditionis Custodes' hat er die Lizenz für die alte Messe, die sein Vorgänger gewährt hatte, ohne mit der Wimper zu zucken, zurückgenommen."

[32] C. Tóibín, Das Lächeln Bergoglios. Vom peronistischen Jesuiten zum Heiligen Vater im Vatikan – eine Karriere, in: Lettre International 132 (2021) 68–75; 74.

[33] Ebd., 72.

[34] Das Zitat wird dokumentiert auf: https://religion.orf.at/v3/stories/2595300/.

[35] C. Tóibín, Das Lächeln Bergoglios, 74.

[36] Die Zitate von G. Gänswein werden dokumentiert auf: https://www.domradio.de/artikel/gaenswein-praezisiert-aeusserungen-ueber-geteiltes-papstamt.

[37] https://www.welt.de/politik/ausland/article227428017/Rom-Es-gibt-keine-zwei-Paepste-ermahnt-Benedikt-seine-Anhaenger.html.

Siebte Blende:
Auflösung des Vertrauens – der kirchliche Glaubwürdigkeitsverlust im katholischen Missbrauchskomplex

1 Der Text der Predigt ist abrufbar auf: https://www.bistum-essen.de/pressemenue/artikel/overbeck-wirbt-fuer-reformen-und-mehr-spiritualitaet-in-den-kirchen.

2 https://www.kirche-und-leben.de/artikel/umfrage-katholische-kirche-verliert-immer-mehr-an-vertrauen.

3 Vgl. dazu die fünfte Blende.

4 Bischof Overbeck fungierte auf dem Synodalen Weg als bischöflicher Vorsitzender des Forums 1 „Macht und Gewaltenteilung in der Kirche – Gemeinsame Teilnahme und Teilhabe am Sendungsauftrag".

5 CIC can. 344.

6 Eine gewisse Ausnahme stellt die Bischofssynode von 1985 dar, bei der die Communio-Ekklesiologie als Leitmotiv für die Interpretation des 2. Vatikanischen Konzils festgelegt wurde.

7 Vgl. dazu die Abblendung des Buches.

8 Vgl. J. Gruber/G. M. Hoff/J. Knop/B. Kranemann (Hrsg.), Laboratorium Weltkirche. Die Amazonien-Synode und ihre Potenziale (QD 322), Freiburg u. a. 2022.

9 Vgl. die Homepage: https://www.synodalerweg.de/. Zur theologischen Rezeption des Synodalen Wegs liegen mittlerweile viele Publikationen vor. Vgl. aus fundamentaltheologischer Sicht besonders die freiheitstheoretische Interpretation von M. Striet, Für eine Kirche der Freiheit. Den Synodalen Weg konsequent weitergehen, Freiburg u. a. 2022.

10 Die MHG-Studie „Sexueller Missbrauch an Minderjährigen durch katholische Priester, Diakone und männliche Ordensangehörige im Bereich der Deutschen Bischofskonferenz" ist abrufbar auf: https://www.dbk.de/fileadmin/redaktion/diverse_downloads/dossiers_2018/MHG-Studie-gesamt.pdf.

11 Der Studientag wurde von Prof. Dr. Julia Knop moderiert. Die Impulsreferate wurden von den Professoren Philipp Müller, Eberhard Schockenhoff und dem Autor dieses Bandes gehalten. Die Texte finden sich auf: https://www.dbk.de/presse/aktuelles/meldung/studientag-zum-thema-die-frage-nach-der-zaesur-zu-uebergreifenden-fragen-die-sich-gegenwaertig-stel/.

12 Auf dem Synodalen Weg wurde ein weiteres Forum zum Thema „Frauen in Diensten und Ämtern in der Kirche" eingerichtet.

13 https://www.katholisch.de/artikel/20022-voderholzer-schamt-sich-und-warnt-vor-instrumentalisierung.

[14] Vgl. das Schreiben von Papst Franziskus „An das pilgernde Volk Gottes in Deutschland" v. 29.6.2019; abrufbar auf: https://www.vatican.va/content/francesco/de/letters/2019/documents/papa-francesco_20190629_lettera-fedeligermania.html.

[15] Der Synodale Weg der katholischen Kirche in Deutschland ist mit seiner 5. Plenarversammlung vom 9.–11. März 2023 beendet worden. Die Frage nach der Legitimität dieses Projekts hat es bis zum Ende begleitet. Das Ringen um systemische Konsequenzen, die aus dem Missbrauchskomplex der Kirche zu ziehen sind, wurde auch zwischen Kurie und den deutschen Bischöfen kritisch verhandelt. Von eigener Bedeutung ist dabei die Tatsache, dass eine Zweidrittel-Mehrheit der Bischöfe die vorgelegten Dokumente – mit der Ausnahme des Grundtextes „Leben in gelingenden Beziehungen" – angenommen hat. Die synodale Performance wurde in diesem Zusammenhang als eine vertrauensbildende Maßnahme angelegt und inszeniert. Ob dies gelungen ist, wird sich erweisen müssen. In jedem Fall zeigt sich im Agieren der deutschen Bischöfe eine gespannte Loyalität zur römischen Kirchenleitung – etwa im Zuge des Verbots eines Synodalen Ausschusses, an dessen Einrichtung die letzte Plenarversammlung des Synodalen Wegs mit Zustimmung der erforderlichen Zweidrittel-Mehrheit der Bischöfe festhielt. Dieser Vorgang greift in die Form ein, in der die römische Kirchenleitung Loyalität einfordern und mit ihr rechnen kann. Das gehört in die Ablösungsdynamiken des *römischen* Katholizismus als bestimmender Kirchenform. Vgl. G. M. Hoff, Performative Macht Zur ekklesiologischen Bedeutung des Synodalen Wegs, in: ThGl 111 (2021) 125–136.

[16] Zur Chronik der Kölner Ereignisse vgl. https://www.domradio.de/artikel/zwei-gutachten-und-ihre-konsequenzen-chronik-der-missbrauchsaufarbeitung-im-erzbistum-koeln.

[17] Vgl. die Mitteilung des Heiligen Stuhls: https://www.kirche-und-leben.de/artikel/papst-entscheidung-im-fall-woelki-die-begruendung-des-vatikan-im-wortlaut.

[18] Das wurde mit einem Gutachten über die Situation im Bistum Mainz im März 2023 auch für Kardinal Lehmann bestätigt (https://www.uw-recht.org/images/230303%20Bericht%20EVV_final.pdf; vgl. ebd., besonders 480–497). Der ehemalige Vorsitzende der DBK hat zwar immer wieder öffentlich beteuert, alles für eine konsequente Aufklärung und Ahndung von Missbrauchsfällen tun zu wollen, hat sich aber in seiner Diözese nicht daran gehalten. Schlimmer noch: Er hat „bewusst falsche Informationen übermittelt" (496) und den Institutionen- und Täterschutz der Sorge um die Betroffenen übergeordnet. Aus den Aussagen Lehmanns und seinem Verhalten ergibt sich ein förmlich schizophrenes Bild, das sich wohl nur aus der systemischen Verankerung des Bischofs erklären lässt: *Church first!*

[19] Vgl. zur Analyse katholischer Sakralmacht G. M. Hoff, Kirche zu, Problem tot! Theologische Reflexionen zum Missbrauchsproblem in der katholischen Kirche, in: Kursbuch 196 (2018) 26–41.

[20] Im Folgenden wird mit Sigel MHG und Seitenzahlen im Text auf die Studie verwiesen bzw. wird sie zitiert.

[21] https://de.catholicnewsagency.com/story/die-erklaerung-von-weihbischof-schwaderlapp-im-wortlaut-8076.

[22] D. Wagner/Chr. Schönborn, Schuld und Verantwortung: Ein Gespräch über Macht und Missbrauch in der Kirche, Freiburg u. a. 2019.

[23] Vgl. Th. Schüller, https://www.feinschwarz.net/verachtung-vom-unfehlbaren-lehramt-der-betroffenen/; J.-H. Tück, https://www.synodale-beitraege.de/de/unfehlbares-lehramt-der-betroffenen-eine-problemanzeige.

[24] Vgl. H.-J. Sander, Anders glauben, nicht trotzdem. Sexueller Missbrauch der katholischen Kirche und die theologischen Folgen, Ostfildern ^{2}2021, 64–72.

[25] Das hat sich in den Diskussionen des Synodalen Wegs auch auf die Weise gezeigt, dass von der Seite Betroffener eine Reduzierung auf die Opferrolle und zudem eine kirchliche Instrumentalisierung befürchtet wurde. Der Einspruch führte dazu, dass im Grundtext des Forums „Macht und Gewaltenteilung in der Kirche – Gemeinsame Teilnahme und Teilhabe am Sendungsauftrag“ der Begriff „Lehramt der Betroffenen“ durch die Rede von einem „locus theologicus“ ersetzt wurde. Damit wurde der Notwendigkeit des Bezugs auf die *Position* der Betroffenen durch die Diskussion performativ bestätigt.

[26] Papst Franziskus, Für eine synodale Kirche: Gemeinschaft, Teilhabe und Sendung. Vorbereitungsdokument, Vatikan 7.9.2021, Nr. 6.

[27] Vgl. dazu die Einschätzung von Chief Rankin als Sprecher von Indigenen in Kanada, die als Kinder in katholischen Internaten missbraucht wurden: „Anstelle eines Dialogs über sexuelle Übergriffe, Schläge und verheimlichte Todesfälle blieb es aber bei schriftlichen Statements. Chief Rankin hofft nun auf Papst Franziskus. ‚Wir müssen Worte der Heilung von ihm hören‘, sagt der Indigene. Dass das Oberhaupt der katholischen Kirche Ende März Vertreter der Inuit, Mestizen und First Nations in Rom empfing, sieht er als ersten Schritt. Bei dem Besuch im Vatikan hatte sich der Papst Berichte über die Schrecken in den von Nonnen, Priestern und Missionaren geleiteten Heimen in Kanada angehört. Anschließend bat er Gott ‚für das verwerfliche Verhalten der Mitglieder der katholischen Kirche‘ um Vergebung. Bislang hat der Vatikan schon etwa 50 Millionen Dollar Reparationen gezahlt, für die kommenden Jahre sind weitere 30 Millionen Dollar geplant. Wie die Vertreter der Stämme in Rom fordert Chief Rankin ein stärkeres Signal. Der Papst, meint der Vierundsiebzigjährige, muss zu den Indigenen nach Kanada kommen: ‚Der Schmerz ist hier bei uns!‘“

(in: Chr. Heil, Opfer der Umerziehung. Missbrauch an Indigenen, in: FAZ 21.5.2022)

28 Vgl. J. Knop, Anders katholisch werden. Mögliche Wege aus der Kirchenkrise, in: HerKorr 2/2023, 30–32: „Es braucht eine grundlegend erneuerte Ekklesiologie, die Klerikalismus, Sexismus und eine Unkultur des Gehorsams nicht nur nicht mehr fördert oder toleriert, sondern aktiv verhindert. Und es braucht eine Neukonfiguration des individuellen Verhältnisses zur Institution Kirche, das immun wird gegenüber den Manipulationen des Denkens, des Glaubens und des Betens, die Klerikalismus, Sexismus und eine kirchliche Ideologie des Gehorsams provozierten." (32)

29 Vgl. sein Interview mit der WELT vom 21.1.2022: https://www.welt.de/politik/ausland/plus236380675/Sexueller-Missbrauch-in-der-Kirche-Wir-muessen-uns-der-Verantwortung-stellen.html.

30 Interview mit dem ZDF vom 3.2.2022: https://www.zdf.de/nachrichten/panorama/missbrauch-kirche-vatikan-100.html.

31 Der Brief ist dokumentiert auf: https://press.vatican.va/content/salastampa/it/bollettino/pubblico/2021/06/10/0372/00815.html.

Achte Blende:
Römischer Katholizismus in digitaler Gesellschaft

1 So der Erzbischof von Panama Jose Domingo Ulloa. Vgl. https://www.stol.it/artikel/chronik/panama-bischof-spendet-segen-vom-helikopter-aus (letzter Abruf 9.6.2020).

2 K. Marx, Das Kapital, in: Karl Marx – Friedrich Engels Werke, hrsg. v. Institut für Marxismus-Leninismus beim ZK der SED, 43 Bde., Berlin 1956–1990; hier: Bd. 23, 86. – Die Ausgabe steht online zur Verfügung: http://www.dearchiv.de/php/mewinh.php.

3 Th. Hauschild, Magie und Macht in Italien. Über Frauenzauber, Kirche und Politik, Gifkendorf ^{2}2003.

4 Vgl. die Dekrete über die Annahme der heiligen Bücher und der Überlieferungen der Apostel sowie über die Annahme der Vulgata-Bibel und Vorschriften zur Art und Weise der Auslegung der Heiligen Schrift usw. (*Sessio IV* vom 8.4.1546), in: J. Wohlmuth (Hrsg.), Dekrete der ökumenischen Konzilien, besorgt von Giuseppe Alberigo u. a., Paderborn u. a. 2002, 663–665.

5 Vgl. H.-J. Sander, Theologischer Kommentar zum Dekret über die sozialen Kommunikationsmittel *Inter mirifica,* in: HThKVatII Bd. 2, Freiburg u. a. 2004, 229–261.

6 Vgl. https://www.welt.de/politik/deutschland/article235631970/Corona-Ver-

schwoerung-Kardinal-Mueller-befuerchtet-Ueberwachungsstaat-mit-totaler-Kontrolle.html.

[7] Vgl. die Segnungsaktionen von Christian Sieberer https://www.youtube.com/watch?v=LM9kkn17zvo&t=105s sowie die Ausführungen des Churer Weihbischofs Marian Eleganti: https://hpd.de/artikel/gott-schuetzt-kommunion-coronavirus-17869 (letzter Abruf 9.6.2020).

[8] Vgl. den Text des Gebets auf: https://bistum-augsburg.de/Nachrichten/Marienweihe-des-Bistums_id_218867 (letzter Abruf 1.2.2023).

[9] S. Kierkegaard, Die Krankheit zum Tode. In neuer Übertragung und mit Kommentar von L. Richter (Philosophie der Neuzeit Bd. 4), Reinbek bei Hamburg 1962.

[10] Die Formulierung lehnt sich an Überlegungen von Bischof Klaus Hemmerle anlässlich der Aachener Heiligtumsfahrt 1986 an. Vgl. Kl. Hemmerle, Andere Ikonen?, abrufbar auf: https://www.klaus-hemmerle.de/de/werk/andere-ikonen.html#/reader/0.

[11] A. Nassehi, Muster. Theorie der digitalen Gesellschaft, München 2019, 30.

[12] Vgl. dazu A. Nassehi, Gesellschaft der Gegenwarten.

[13] Vgl. A. Nassehi, Muster, 77.

[14] P. L. Berger/Th. Luckmann, Die gesellschaftliche Konstruktion der Wirklichkeit. Eine Theorie der Wissenssoziologie, Frankfurt a. M. 1980.

[15] A. Nassehi, Muster, 110.

[16] Ebd.

[17] Ebd.

[18] Vgl. ebd., 110f.

[19] Ebd., 33f.

[20] Ebd., 98.

[21] Pius X. am 29.5.1954; Johannes XXIII. und Johannes Paul II. am 27.4.2014; Paul VI. am 14.10.2018.

[22] Die beiden modernen Mariendogmen von 1854 und 1950 bilden nur zum Teil Ausnahmen. Zum einen funktioniert das Dogma von 1854 selbstreferentiell als Bestätigung päpstlich unfehlbarer Lehrvollmacht noch vor seiner formellen Festlegung auf dem 1. Vatikanischen Konzil, zum anderen bringen beide Dogmen anthropologische Grundüberzeugungen zur Geltung. Sie werden mit antimodernen Codes aufgeladen und stellen einen supranaturalistischen Gegenpol zur szientifischen Moderne dar.

[23] So hat Papst Franziskus verschiedentlich auf die Bedeutung des 2. Vatikanischen Konzils wie auf kirchliche Restaurationstendenzen hingewiesen. Vgl. https://www.katholisch.de/artikel/39918-franziskus-verteidigt-das-konzil-gegen-die-restauration.

24 Das zeigt sich in den Auseinandersetzungen um *Dominus Iesus* (2000) sowie in den religionstheologischen Positionen, die Papst Franziskus vertritt und die über die seines Vorgängers hinausführen. Vgl. die sechste Blende.

25 https://www.vatican.va/roman_curia/congregations/cclergy/documents/rc_con_cclergy_doc_31011994_directory_ge.html (Direktorium für Dienst und Leben der Priester, 1994), Nr. 66 Kirchliche Kleidungsvorschriften.

26 A. Nassehi, Muster, 30.

Abblendung: Auflösung des römischen Katholizismus?

1 Wie Pius V. ist auch Clemens VIII. in Santa Maria Maggiore begraben.

2 Nachzusehen auf: https://www.youtube.com/watch?v=X7ny81Xi_8s.

3 Inzwischen hat Papst Franziskus eine neue Funktion für Castel Gandolfo gefunden: Es wird zu einem Zentrum für ökologische Bildung und Landwirtschaft mit dem Namen „Borgo Laudato Si". Meldung vom 2.2.2023: https://www.katholisch.de/artikel/43410-castel-gandolfo-papst-verwandelt-sommerresidenz-in-oeko-zentrum.

4 Vgl. A. Reckwitz, Die Gesellschaft der Singularitäten. Zum Strukturwandel der Moderne, Berlin [4]2017.

5 Wo Missbrauch in der katholischen Kirche öffentlich aufgedeckt wurde, reagieren Menschen darauf mit Austritten. Polen lässt sich dafür als ein besonders sprechendes Beispiel heranziehen, weil Johannes Paul II. aus diesem Land stammte, dort hoch verehrt wird und seine Rolle im Missbrauchskomplex von der Kirche selbst nicht konsequent wahrgenommen wird. Gleichzeitig decken staatliche Behörden die Reichweite und Tiefenwirkung systemischen Machtmissbrauchs und geistlicher wie sexualisierter Gewalt von Klerikern immer weiter auf. Gesellschaftliche Säkularisierungstendenzen werden durch diesen Prozess massiv verstärkt. Vgl. für das Erzbistum Krakau, das Johannes Paul II. geleitet hat: https://www.katholisch.de/artikel/29091-kirchenaustritte-im-erzbistum-krakau-mehr-als-verdreifacht.

6 Kl. Schatz, Der päpstliche Primat, 121.

7 Vgl. die Dogmatische Konstitution des 1. Vatikanischen Konzils über die Kirche Christi *Pastor aeternus*. Erstes Kapitel: Die Einsetzung des apostolischen Primats im seligen Petrus, in: J. Wohlmuth (Hrsg.), Dekrete der ökumenischen Konzilien. Bd. 3: Neuzeit, Paderborn u. a. 2002, 812.

Nachweis der Erstveröffentlichungen

Erste Blende, eingearbeitet: Das Echo der Stille. Wie der leere Petersplatz mit Papst und Pestkreuz zur Kulisse der Welt wurde. Eine Bildbetrachtung, in: Christ und Welt 15, 2.4.2020, S. 2.

Dritte Blende, Abschnitt „Religionskulturelle Auflösung römischer Katholizität – säkularisierungstheoretische Kartierungen“, Passagen aus: Religion in Europa und ihre Bedeutung für den Kontinent, in: ThRv 112 (2016) 355–376, besonders 366f. Abschnitt „Auflösungsprozesse des *römischen* Katholizismus in den gesellschaftlichen Gegenwarten des 21. Jahrhunderts“, Passagen aus: G. M. Hoff, Die Mission der Kirche angesichts der religionssoziologischen Transformationen der westlichen Kultur, in: F.-X. Amherdt/M. Delgado (Hrsg.), „Baptisés et envoyés“: Quel Évangile et quelle Église pour le monde d'aujourd'hui? / „Getauft und gesandt“; Welches Evangelium und welche Kirche in der Welt von Heute? (Théologie pratique en dialogue / Praktische Theologie im Dialog 55), Basel 2020, 23–38.

Fünfte Blende, Abschnitt „Päpstliches Nachspiel: Das Münchener Missbrauchsgutachten“: in redigierter Form eingearbeitet: Joseph Ratzinger und das Münchener Missbrauchsgutachten: Beton, nicht Fels der Kirche, in: Die Furche, 26.1.2022: https://www.furche.at/religion/ratzinger-und-das-missbrauchsgutachten-beton-nicht-fels-der-kirche-7694230.

Sechste Blende, Abschnitt „Souveräne Ironie?“, in redigierter Form eingearbeitet: Eine päpstliche Entscheidung am Limit, in: Die Furche Nr. 47, 24.11.2016, S. 14. Abschnitt „Roma locuta – causa finita?“, in redigierter Form eingearbeitet: „Roma locuta“ mit viel Luft nach oben. Rom hat in Sachen Kommunion für konfessionsverschiedene Ehen gesprochen, aber die Sache ist keineswegs entschieden. Versuch einer Deutung der päpstlichen Agenda, in: Die Furche Nr. 24, 14.6.2018, S. 15.